COLEÇÃO DAS OBRAS DE NIETZSCHE
Coordenação de Paulo César de Souza

Além do bem e do mal — Prelúdio a uma filosofia do futuro
O Anticristo — Maldição ao cristianismo e
Ditirambos de Dionísio
Assim falou Zaratustra — Um livro para todos e para ninguém
Aurora — Reflexões sobre os preconceitos morais
O caso Wagner — Um problema para músicos
e Nietzsche contra Wagner — Dossiê de um psicólogo
Crepúsculo dos ídolos — ou Como se filosofa com o martelo
Ecce homo — Como alguém se torna o que é
A gaia ciência
Genealogia da moral — Uma polêmica
Humano, demasiado humano — Um livro para espíritos livres
Humano, demasiado humano — Um livro para espíritos livres — volume II
O nascimento da tragédia — ou Helenismo e pessimismo

FRIEDRICH NIETZSCHE

AURORA

Reflexões sobre os preconceitos morais

Tradução, notas e posfácio
Paulo César de Souza

1ª reimpressão

COMPANHIA DE BOLSO

Grafia atualizada segundo o Acordo Ortográfico da Língua Portuguesa de 1990, que entrou em vigor no Brasil em 2009.

Título original
Morgenröte.
Gedanken über die moralischen Vorurteile (1881, 1887)

Capa
Jeff Fisher

Preparação
Rafael Mantovani

Revisão
Renato Potenza Rodrigues
Larissa Lino Barbosa

Atualização ortográfica
Verba Editorial

Dados Internacionais de Catalogação na Publicação (CIP)
(Câmara Brasileira do Livro, SP, Brasil)

Nietzsche, Friedrich Wilhelm, 1844-1900.
Aurora : reflexões sobre os preconceitos morais / Friedrich Wilhelm Nietzsche ; tradução, notas e posfácio Paulo César de Souza. — 1ª ed. — São Paulo : Companhia de Bolso, 2016.

Título original: Morgenröte : Gedanken über die moralischen Vorurteile (1881, 1887).
ISBN 978-85-359-2818-1

1. Ética 2. Filosofia alemã 3. Preconceitos I. Souza, Paulo César de. II Título.

16-07734 CDD-193

Índice para catálogo sistemático:
1. Nietzsche : Filosofia alemã 193

2021

EDITORA SCHWARCZ S.A.
Rua Bandeira Paulista, 702, cj. 32
04532-002 — São Paulo — SP
Telefone: (11) 3707-3500
www.companhiadasletras.com.br
www.blogdacompanhia.com.br

SUMÁRIO

Há tantas auroras que não brilharam ainda.
RIGVEDA

PRÓLOGO

1. Neste livro se acha um "ser subterrâneo" a trabalhar, um ser que perfura, que escava, que solapa. Ele é visto — pressupondo que se tenha vista para esse trabalho na profundeza — lentamente avançando, cauteloso, suavemente implacável, sem muito revelar da aflição causada pela demorada privação de luz e ar; até se poderia dizer que está contente com o seu obscuro lavor. Não parece que alguma fé o guia, algum consolo o compensa? Que talvez queira a sua própria demorada treva, seu elemento incompreensível, oculto, enigmático, porque sabe o que também terá: sua própria manhã, sua redenção, sua *aurora*?... Certamente ele retornará: não lhe perguntem o que busca lá embaixo, ele mesmo logo lhes dirá, esse aparente Trofônio[1] e ser subterrâneo, quando novamente tiver se "tornado homem". Um indivíduo desaprende totalmente o silenciar, quando, como ele, foi por tão longo tempo toupeira, solitário — —

2. Na realidade, meus pacientes amigos, já lhes direi o que buscava eu lá embaixo, aqui neste prólogo tardio, que bem poderia ter sido um último adeus, uma oração fúnebre: pois eu retornei e — escapei. Não creiam que eu venha exortá-los às mesmas audácias! Ou à mesma solidão! Pois quem perfaz esses caminhos próprios não encontra ninguém: é o que sucede nos "caminhos próprios". Ninguém aparece para ajudá-lo; tem de lidar sozinho com tudo o que se lhe depara de perigo, de acaso, de maldade e mau tempo. Pois ele tem o seu caminho *para si* — e, como é justo, seu amargor, seu ocasional dissabor com esse "para si": o qual inclui, por exemplo, saber que nem seus amigos podem imaginar onde ele está e para onde vai, que às vezes perguntarão a si mesmos: "o quê? ele prossegue? ainda tem — um caminho?". — Naquele tempo empreendi algo que pode não ser para qualquer um: desci à profundeza, penetrei no alicerce, comecei a investigar e escavar uma velha *confiança*, sobre a qual nós, filósofos, há alguns milênios construíamos, como se fora o mais seguro fundamento — e sempre de novo, embora todo edifício desmoronasse até hoje: eu me pus a solapar nossa *confiança na moral*. Estão me compreendendo?

3. Até agora, foi sobre o bem e o mal que se refletiu da pior maneira: sempre foi um tema demasiado perigoso. A consciência, a boa reputação, o inferno, às vezes até a polícia não permitiam e não permitem a imparcialidade; na presença da moral, como diante de toda autoridade, não se *deve* pensar, menos ainda falar: aí — se *obedece*! Desde que o mundo é mundo, autoridade nenhuma se dispôs a ser alvo de crítica; e criticar a moral, tomá-la como problema, como problemática: o quê? isso não era — não *é* — imoral? — Mas a moral não dispõe somente de toda espécie de meios de apavoramento para conservar longe de si as mãos críticas e os instrumentos de tortura: sua segurança repousa mais ainda em certa arte do encanto, na qual é entendida — ela sabe "entusiasmar". Frequentemente consegue paralisar a vontade crítica com um único olhar e até atraí-la para o seu lado, havendo ocasiões em que sabe fazê-la voltar-se contra si mesma: de modo que, tal como o escorpião, ela crava o ferrão no próprio corpo. Há muito tempo a moral conhece todas as artes diabólicas da persuasão: não existe orador, hoje ainda, que não recorra à sua ajuda (ouça-se, por exemplo, os nossos anarquistas: como falam moralmente, a fim de convencer! Chegam a denominar-se "os justos e bons"). Desde sempre, desde que se usa palavra e persuasão nesta terra, a moral revelou-se a grande mestra da sedução — e no tocante a nós, filósofos, a autêntica *Circe*[2] *dos filósofos*. A que se deve que, a partir de Platão, todos os arquitetos filosóficos da Europa tenham construído em vão? Que tudo o que eles próprios tinham séria e honestamente por *aere perennius* [mais duradouro que o bronze] ameace desabar ou já se encontre em ruínas? Ah, como é falsa a resposta que ainda hoje se tem para essa pergunta, "porque todos eles negligenciaram o pressuposto, um exame do fundamento, uma crítica da razão inteira" — a fatídica resposta de Kant, que verdadeiramente não nos atraiu, a nós, filósofos modernos, para um terreno mais sólido e menos traiçoeiro! (— e, perguntando agora, não era algo estranho exigir que um instrumento criticasse a sua própria adequação e competência? Que o próprio intelecto "conhecesse" seu valor, sua força, seus limites? Não era isso até mesmo um pouco absurdo? —). A resposta correta seria, isto sim, que todos os filósofos construíram sob a sedução da moral, inclusive Kant — que aparentemente seu propósito dirigia-se à certeza, à "verdade", mas, na realidade, a "*majestosos edifícios morais*": para nos servirmos uma vez mais da inocente linguagem de Kant, que caracteriza sua tarefa "de pouco brilho, mas não sem algum mérito", como sendo a de "aplainar e preparar o solo para esses majestosos edifícios morais" (*Crítica da razão pura*, II, p. 257).[3] Oh, ele não conseguiu fazer isso, pelo contrário! — é o que hoje devemos dizer. Com essa entusiasmada intenção, Kant foi um verdadeiro filho do seu século, que pode ser chamado, mais do que qualquer outro, o século do Entusiasmo: tal como, felizmente, ele também o foi no tocante aos aspectos mais valiosos dele (por exemplo, na boa parcela de sensualismo que levou para sua teoria do conhecimento). Também a ele mordeu a tarântula moral que foi Rousseau, também sua alma abrigava a ideia do fanatismo moral, de que um outro discípulo de Rousseau sentia-se e confessava-se executor, ou seja, Robespierre, "*de fonder sur la terre l'empire de la sagesse, de la justice et de la vertu*" [de fundar na terra o império da sabedoria, da justiça e da virtude] (discurso de 7 de junho de 1794). Por outro lado, com tal fanatismo francês no coração não era possível agir de modo menos francês, mais profundo, mais radical, mais alemão — se o termo "alemão" ainda pode ter esse sentido atualmente — do que fez Kant: a fim de criar espaço para seu "reino moral", ele viu-se obrigado a estabelecer um mundo indemonstrável, um "Além" lógico — para isso necessitava de sua crítica da razão pura! Em outras palavras: *não teria necessitado dela*, se para ele uma coisa não fosse mais importante que tudo, tornar o "mundo moral" inatacável ou, melhor ainda, inapreensível pela razão — ele percebia muito bem como uma ordem moral do mundo é vulnerável à razão! Pois ante a natureza e a história, ante a radical *imoralidade* da natureza e da história, Kant era pessimista, como todo bom alemão desde sempre; ele acreditava na moral não por ela ser demonstrada pela natureza e a história, mas apesar de ser continuamente contrariada por elas. Talvez possamos, a fim de compreender esse "apesar de", lembrar de algo semelhante em Lutero, esse outro grande pessimista, que, com toda a sua luterana audácia, indagou certa vez aos amigos: "se pudéssemos apreender pela razão como pode ser justo e misericordioso o Deus que mostra tanta ira e maldade, para que necessitaríamos da *fé*?". Até hoje nada causou mais funda impressão na alma alemã, nada a "tentou" mais do que essa perigosíssima conclusão, que para todo verdadeiro romano é um pecado contra o espírito: *credo* quia *absurdum est* [creio *porque* é absurdo] — com ela, a lógica alemã surge pela primeira vez na história do dogma cristão; mas ainda hoje, um milênio depois, nós, alemães atuais, alemães tardios em todo sentido, aventamos um quê de verdade, de *possibilidade* de verdade, por trás do famoso princípio dialético-real com que Hegel, em seu tempo, ajudou o espírito alemão a conquistar a Europa — "a contradição move o mundo, todas as coisas contradizem a si mesmas"—: somos precisamente, até dentro da lógica, pessimistas.

4. Mas os juízos de valor *lógicos* não são os mais profundos e mais fundamentais a que pode descer a ousadia de nossa suspeita: a confiança na razão, com que se sustenta ou cai a validez desses juízos, é, sendo confiança, um fenômeno *moral*... Talvez o pessimismo alemão tenha ainda um último passo a dar? Talvez deva ainda justapor, de maneira terrível, seu *credo* e seu *absurdum*? E se *este* livro é pessimista até dentro da moral, até além da confiança na moral, — não seria justamente por isso um livro alemão? Pois representa, de fato, uma contradição, e não tem receio dela: nele é retirada a confiança na moral — e por quê? *Por moralidade!* Ou como deveríamos chamar o que nele — *em nós* — sucede? Pois, conforme nosso gosto, preferiríamos palavras mais modestas. Mas não há dúvida, também a nós se dirige um "tu deves", também nós obedecemos ainda a uma severa lei acima de nós — e esta é a última moral que ainda se nos faz ouvir, que também nós ainda sabemos *viver*; nisto, se em alguma coisa, ainda somos *criaturas da consciência*: no fato de que não desejamos voltar ao que consideramos superado e caduco, a algo "indigno de fé", chame-se ele Deus, virtude, verdade, justiça, amor ao próximo; de que não nos permitimos fazer pontes de mentiras em direção a velhos ideais; de que somos fundamentalmente hostis a tudo o que em nós gostaria de mediar e mesclar; hostis a toda espécie atual de fé e cristianismo; hostis ao mais ou menos de todo romantismo e patriotismo; também hostis ao deleite e falta de consciência dos artistas, que quer nos persuadir a adorar aquilo em que já não cremos — pois nós somos artistas —; hostis, em suma, a todo o *feminismo* (ou idealismo, se preferem) europeu, que eternamente "atrai para cima" e, com isso, eternamente "arrasta para baixo": — apenas como criaturas *dessa* consciência sentimo-nos parentes da retidão e piedade alemãs de milênios, embora como seus rebentos mais discutíveis e derradeiros, nós, imoralistas, nós, ateus de hoje, e até mesmo, em determinado sentido, como seus herdeiros, como executores de sua mais íntima vontade, de uma vontade pessimista, como dissemos, que não teme negar a si mesma, porque nega com *prazer*! Em nós se realiza, supondo que desejem uma fórmula — *a autossupressão da moral*.[4] — —

5. — E finalmente: por que deveríamos dizer tão alto e com tal fervor aquilo que somos, que queremos ou não queremos? Vamos observá-lo de modo mais frio, mais distante, com mais prudência, de uma maior altura; vamos dizê-lo, como pode ser dito entre nós, tão discretamente que o mundo não o ouça, que o mundo não *nos* ouça! Sobretudo, digamo-lo *lentamente*... Este prólogo chega tarde, mas não tarde demais; que importam, no fundo, cinco ou seis anos? Um tal livro, um tal problema não tem pressa; além do que, ambos somos amigos do *lento*, tanto eu como meu livro. Não fui filólogo em vão, talvez o seja ainda, isto é, um professor da lenta leitura: — afinal, também escrevemos lentamente. Agora não faz parte apenas de meus hábitos, é também de meu gosto — um gosto maldoso, talvez? — nada mais escrever que não leve ao desespero todo tipo de gente que "tem pressa". Pois filologia é a arte venerável que exige de seus cultores uma coisa acima de tudo: pôr-se de lado, dar-se tempo, ficar silencioso, ficar lento — como uma ourivesaria e saber da *palavra*, que tem trabalho sutil e cuidadoso a realizar, e nada consegue se não for *lento*. Justamente por isso ela é hoje mais necessária do que nunca, justamente por isso ela nos atrai e encanta mais, em meio a uma época de "trabalho", isto é, de pressa, de indecorosa e suada sofreguidão, que tudo quer logo "terminar", também todo livro antigo ou novo: — ela própria não termina facilmente com algo, ela ensina a ler *bem*, ou seja, lenta e profundamente, olhando para trás e para diante, com segundas intenções, com as portas abertas, com dedos e olhos delicados... Meus pacientes amigos, este livro deseja apenas leitores e filólogos perfeitos: *aprendam* a ler-me bem! —

Ruta, próximo a Gênova, outono de 1886.

LIVRO I

1. *Racionalidade* a posteriori. — Todas as coisas que vivem muito tempo embebem-se gradativamente de razão, a tal ponto que sua origem na desrazão torna-se improvável. Quase toda história exata de uma gênese não soa paradoxal e ultrajante para o nosso sentimento? O bom historiador não *contradiz* continuamente, no fundo?

2. *Preconceito dos eruditos.* — É um juízo correto, por parte dos eruditos, que em todos os tempos os homens acreditaram *saber* o que é bom e mau, louvável e censurável. Mas é um preconceito dos eruditos achar que *agora sabemos mais* do que em qualquer tempo.

3. *Tudo tem seu tempo.* — Quando o homem deu a todas as coisas um gênero, não acreditou estar brincando, mas haver obtido uma profunda compreensão: — apenas muito tarde, e talvez ainda não completamente, ele deu-se conta da enormidade desse erro. — De igual modo, o homem conferiu a tudo o que existe uma relação com a moral e revestiu o mundo de um *significado ético.* Um dia, isso terá tanto valor quanto hoje tem a crença na masculinidade ou feminilidade do Sol.

4. *Contra a pretensa desarmonia das esferas.* — Devemos tirar do mundo novamente a muita grandeza *falsa*, pois ela é contrária à justiça que todas as coisas podem esperar de nós! E para isto é necessário não querer ver o mundo como mais desarmonioso do que ele é!

5. *Sejam agradecidos!* — A grande conquista da humanidade, até agora, é não precisarmos mais temer continuamente os animais selvagens, os bárbaros, os deuses e os nossos sonhos.

6. *O prestidigitador e seu oposto.* — O que é espantoso na ciência é o contrário do que é espantoso na arte do prestidigitador. Pois este quer que vejamos uma causalidade bem simples onde atua, na realidade, uma causalidade bem complexa. Enquanto a ciência nos faz abandonar causalidades simples onde tudo parece facilmente compreensível e nós somos os bufões da aparência. As coisas "mais simples" são *muito complicadas* — não podemos nos maravilhar o bastante com isso!

7. *Reaprendendo o sentimento do espaço.* — Foram as coisas reais ou as coisas imaginadas que mais contribuíram para a felicidade humana? É certo que a *amplidão do espaço* entre a suprema felicidade e a mais profunda infelicidade foi criada apenas com o auxílio das coisas imaginadas. *Esse* tipo de sentimento do espaço, então, é reduzido cada vez mais pela ação da ciência: de modo que dela aprendemos a perceber a Terra como pequena, e o próprio sistema solar como simples ponto.

8. *Transfiguração.* — Os que sofrem desorientados, os que sonham confusos, os que se encantam com o sobrenatural — estas são as *três classes* em que Rafael divide a humanidade. Já não é assim que enxergamos o mundo — e também Rafael já não *poderia* vê-lo assim hoje: ele contemplaria uma nova transfiguração.

9. *Conceito da moralidade do costume.*[5] — Em relação ao modo de vida de milênios inteiros da humanidade, nós, homens de hoje, vivemos numa época muito pouco moral: o poder do costume está espantosamente enfraquecido, e o sentimento da moralidade, tão refinado e posto nas alturas, que podemos dizer que se volatilizou. Por isso vêm a ser difíceis para nós, que nascemos tardiamente, as percepções fundamentais sobre a gênese da moral; se apesar disso as alcançamos, elas nos ficam presas à garganta e não querem sair: porque soam grosseiras! Ou porque parecem caluniar a moralidade! Assim, por exemplo, este *axioma*: a moralidade não é outra coisa (e, portanto, *não mais*!) do que obediência a costumes, não importa quais sejam; mas costumes são a maneira *tradicional* de agir e avaliar. Em coisas nas quais nenhuma tradição manda não existe moralidade; e quanto menos a vida é determinada pela tradição, tanto menor é o círculo da moralidade. O homem livre é não moral,[6] porque em tudo quer depender de si, não de uma tradição: em todos os estados originais da humanidade, "mau" significa o mesmo que "individual", "livre", "arbitrário", "inusitado", "inaudito", "imprevisível". Sempre conforme o padrão desses estados originais: se uma ação é realizada *não* porque a tradição ordena, mas por outros motivos (a utilidade individual, por exemplo), mesmo por aqueles que então fundaram a tradição, ela é considerada imoral e assim tida mesmo por seu ator: pois não foi realizada em obediência à tradição. O que é a tradição? Uma autoridade superior, a que se obedece não porque ordena o que nos é útil, mas porque *ordena*. — O que distingue esse sentimento ante a tradição do sentimento do medo? Ele é o medo ante um intelecto superior que manda, ante um incompreensível poder indeterminado, ante algo mais do que pessoal — há *superstição* nesse medo. — Originalmente fazia parte do domínio da moralidade toda a educação e os cuidados da saúde, o casamento, as artes da cura, a guerra, a agricultura, a fala e o silêncio, o relacionamento de uns com os outros e com os deuses: ela exigia que alguém observasse os preceitos *sem pensar em si* como indivíduo. Originalmente, portanto, tudo era costume, e quem quisesse erguer-se acima dele tinha que se tornar legislador e curandeiro, e uma espécie de semideus: isto é, tinha de *criar costumes* — algo terrível, mortalmente perigoso! Quem é o mais moral? *Primeiro*, aquele que observa mais frequentemente a lei: que, tal como o brâmane, a toda parte e em cada instante carrega a consciência da lei, de modo que é sempre inventivo em oportunidades de observá-la. *Depois*, aquele que a observa também nos casos mais difíceis. O mais moral é aquele que mais *sacrifica* ao costume:

mas quais são os maiores sacrifícios? De acordo com a resposta a essa pergunta, várias morais diferentes se desenvolvem; a mais importante diferença, no entanto, continua a ser aquela entre a moralidade da *mais frequente obediência* e a da *mais difícil obediência*. Não nos enganemos quanto ao motivo da moral que requer, como indício da moralidade, a mais difícil obediência do costume! A autossuperação é exigida *não* por suas consequências úteis para o indivíduo, mas a fim de que o costume, a tradição apareça vigorando, não obstante toda vantagem e desejo individual: o indivíduo deve sacrificar-se — assim reza a moralidade do costume. — Já os moralistas que, como os seguidores das pegadas de Sócrates, encarecem no indivíduo a moral do autodomínio e da abstinência como a *vantagem* mais sua, como a sua chave pessoal para a felicidade, *constituem a exceção* — e, se nos parece diferente, é porque fomos educados sob sua influência: todos eles andam por um novo caminho, sob a total desaprovação dos representantes da moralidade do costume — afastam-se da comunidade, como imorais, e são maus na mais profunda acepção. Para um virtuoso romano da velha cepa, todo *cristão*, que "antes de tudo cuidava de *sua própria* salvação", — parecia mau. — Em toda parte onde existe uma comunidade e, portanto, uma moralidade do costume, vigora também o pensamento de que o castigo para a ofensa ao costume cabe sobretudo à comunidade: esse castigo sobrenatural, cuja manifestação e cujo limite são tão difíceis de apreender e são investigados com tão supersticioso medo. A comunidade pode instar o indivíduo a reparar o dano imediato que sua ação acarretou, em relação a outro indivíduo e à comunidade; pode igualmente cobrar uma espécie de vingança pelo fato de, graças ao indivíduo, como suposta consequência de seu ato, as nuvens e trovoadas da ira divina terem se abatido sobre a comunidade — mas ela sente a culpa do indivíduo sobretudo como *sua* culpa, e toma o castigo dele como *seu* castigo —: "os costumes relaxaram", lamenta-se cada um no interior de sua alma, "se atos assim são agora possíveis". Cada ação individual, cada modo de pensar individual provoca horror; é impossível calcular o que justamente os espíritos mais raros, mais seletos, mais originais da história devem ter sofrido pelo fato de serem percebidos como maus e perigosos, por *perceberem a si próprios assim*. Sob o domínio da moralidade do costume, toda espécie de originalidade adquiriu má consciência; até o momento de hoje, o horizonte dos melhores tornou-se ainda mais sombrio do que deveria ser.

10. *Relação inversa entre sentido da moralidade e sentido da causalidade.* — À medida que aumenta o sentido da causalidade, diminui o âmbito da moralidade: pois toda vez que compreendemos os efeitos necessários e aprendemos a concebê-los separados de todo acaso, de todo eventual suceder (*post hoc*),[7] destruímos um sem-número de *causalidades fantásticas*, em que até então se acreditava como fundamentos dos costumes — o mundo real é muito menor do que o fantástico — e toda vez desapareceu do mundo um tanto de medo e coação, e a cada vez também um tanto de respeito pela autoridade do costume: a moralidade, no conjunto, saiu perdendo algo. Quem quer incrementá-la, deve saber evitar que os resultados tornem-se *controláveis*.

11. *Moral popular e medicina popular.* — Cada pessoa colabora ininterruptamente na moral que vigora numa comunidade: a maioria delas traz exemplo após exemplo da falada *relação de causa e efeito*, culpa e castigo, confirmando-a como bem fundamentada e aumentando-lhe a crença: algumas fazem novas observações sobre atos e consequências e delas retiram conclusões e leis: umas poucas fazem objeção aqui e ali e deixam enfraquecer a crença em tais pontos. — Mas todas se igualam na forma inteiramente crua, *não científica*, de sua atividade; quer sejam exemplos, observações ou objeções, quer seja a prova, a corroboração, o enunciado, a refutação de uma lei — é material sem valor e forma sem valor, como o material e a forma de toda medicina popular. Medicina popular e moral popular são da mesma espécie, e não deveriam ser avaliadas de modo tão diferente, como ainda hoje sucede: as duas são *as mais perigosas* pseudociências.

12. *A consequência como acréscimo.* — Antigamente se acreditava que o resultado de uma ação não era uma consequência, mas livre acréscimo — por parte de Deus. Pode-se imaginar confusão maior? Era preciso ocupar-se distintamente da ação e do resultado, com diferentes meios e práticas!

13. *Para a reeducação do gênero humano.* — Vocês, homens prestativos e bem-intencionados, ajudem na obra de erradicar do mundo o conceito de punição, que o infestou inteiramente! Não há erva mais daninha! Ele não apenas foi introduzido nas consequências de nossas formas de agir — e como já é terrível e irracional entender causa e efeito como causa e punição! —, mas fez-se mais, privando da inocência, com essa infame arte interpretativa do conceito de punição, toda a pura casualidade do acontecer. A insensatez chegou ao ponto de fazer sentir a existência mesma como punição — é como se a educação do gênero humano tivesse sido orientada, até agora, pelas fantasias de carcereiros e carrascos!

14. *Significação da loucura na história da moralidade.* — Se, apesar da terrível pressão da "moralidade do costume", sob a qual viveram todas as comunidades humanas, por muitos milênios antes de nosso calendário, e também, no conjunto, até o dia de hoje (nós habitamos o pequenino mundo das exceções e, por assim dizer, sua zona ruim): — se apesar disso, afirmo, sempre irromperam ideias, valorações, instintos novos e divergentes, isso ocorreu em horripilante companhia: em quase toda parte, é a loucura que abre alas para a nova ideia, que quebra o encanto de um uso e uma superstição venerados. Compreendem por que tinha de ser a loucura? Algo que fosse, em voz e gestos, assustador e imprevisível como os demoníacos humores do tempo e do mar e, portanto, digno de semelhante temor e observação? Algo que ostentasse tão visivelmente o signo da completa involuntariedade como os tremores e a baba de um epiléptico, que parecesse distinguir o louco como máscara e porta-voz de uma divindade? Algo que infundisse, no portador de uma nova ideia, não mais remorsos, mas reverência e temor ante si mesmo, levando-o a tornar-se profeta e mártir dessa ideia? — Enquanto hoje sempre nos dão a entender que ao gênio não foi dado um grão de sal, mas o tempero da loucura, todos os homens de outrora tendiam a crer que onde houver loucura haverá também um grão de gênio e de sabedoria — algo "divino", como sussurravam. Ou melhor: como exprimiam vigorosamente. "Através da loucura chegaram à Grécia os maiores bens", disse Platão,[8] juntamente com todos os antigos. Avancemos mais um passo: todos os homens superiores, que eram irresistivelmente levados a romper o jugo de uma moralidade e instaurar novas leis, não tiveram alternativa, *caso não fossem realmente loucos*, senão tornar-se ou fazer-se de loucos — e isto vale para os inovadores em todos os campos, não apenas no da instituição sacerdotal e política: — até mesmo o inovador do metro poético teve de credenciar-se pela loucura.[9] (Inclusive em épocas mais brandas continuou associada aos poetas uma certa convenção de loucura: à qual recorreu Sólon, por exemplo, quando incitou os atenienses à reconquista de Salamina.)[10] — "Como tornar-se louco, não o sendo e não ousando parecer que o é?", a este medonho raciocínio se entregaram quase todos os homens de peso da civilização antiga; uma sigilosa doutrina de artifícios e indicações dietéticas propagou-se quanto a isso, junto com o sentimento da inocência e mesmo da santidade de tal reflexão e propósito. As receitas para tornar-se um curandeiro entre os índios, um santo entre os cristãos da Idade Média, um *angekok* entre os nativos da Groenlândia, um pajé entre os brasileiros, são essencialmente as mesmas: jejum absurdo, prolongada abstenção sexual, ir para o deserto ou subir a uma montanha ou um pilar, ou "pôr-se num velho salgueiro com vista para um lago" e não pensar em nada que não produza arrebatamento e confusão espiritual. Quem ousa lançar um olhar ao deserto das mais amargas e supérfluas aflições da alma, em que provavelmente languesceram os homens mais fecundos de todos os tempos! Ouvir aqueles suspiros dos solitários e transtornados: "Oh, deem-me loucura, seres celestiais! Loucura, para que eu finalmente creia em mim mesmo! Deem-me delírios e convulsões, luzes e trevas repentinas, apavorem-me com ardores e calafrios que nenhum mortal até agora sentiu, com fragores e formas errantes, façam-me urrar e gemer e rastejar como um bicho: mas que eu tenha fé em mim mesmo! A dúvida me devora, eu assassinei a lei, a lei me assusta como um cadáver a uma pessoa viva: se eu não for *mais* do que a lei, serei o mais abjeto dos homens. O novo espírito que está em mim, de onde vem ele, se não de vocês? Provem-me que sou seu; somente a loucura me provará isso". E com muita frequência este fervor atingiu muito bem seu objetivo: no tempo em que o cristianismo provou mais fartamente a sua fecundidade em santos e anacoretas, acreditando assim provar a si mesmo, havia imensos manicômios para santos fracassados em Jerusalém, para aqueles que nisso haviam gasto seu último grão de sal.

15. *Os mais antigos meios de consolo.* — Primeira etapa: o homem vê, em todo infortúnio e mal-estar, uma coisa pela qual deve fazer algum outro sofrer — assim toma consciência do poder que ainda tem, e isto o consola. Segunda etapa: o homem vê, em todo infortúnio e mal-estar, um castigo, ou seja, a expiação da culpa e o meio de *livrar-se* do maligno encantamento de uma injustiça real ou imaginada. Quando nota essa *vantagem* que a infelicidade traz consigo, não mais acredita dever fazer um outro sofrer por isso — ele deixa esse tipo de satisfação, porque agora tem outro.

16. *Primeira norma da civilização.* — Entre os povos incultos há um gênero de costumes cujo propósito parece ser a moral mesma: determinações penosas e, no fundo, supérfluas (por exemplo, entre os Kanchadalas, nunca raspar a neve dos sapatos com uma faca, nunca espetar um carvão com uma faca, nunca botar um ferro no fogo — e a morte leva aquele que infringe tais coisas!), que, no entanto, continuamente mantêm na consciência a permanente vizinhança do costume, a ininterrupta obrigação de observá-lo: para reforçar a grande norma com que tem início a civilização: qualquer costume é melhor do que nenhum costume.

17. *A boa e a má natureza.* — Primeiro os homens projetaram-se na natureza: em toda parte viram a si mesmos e seus iguais, isto é, suas características más e caprichosas, como se estivessem escondidas entre nuvens, temporais, animais de rapina, árvores e plantas: naquele tempo inventaram a "natureza má". Depois veio a época em que novamente se imaginaram fora da natureza, a época de Rousseau: estavam tão fartos uns dos outros, que quiseram possuir um canto a que não chegasse o homem e seu tormento: inventaram a "natureza boa".

18. *A moral do sofrimento voluntário.* — Qual o maior dos prazeres para homens em estado de guerra, numa comunidade pequena e sempre ameaçada, onde reina a mais severa moralidade? Para almas vigorosas, vingativas, hostis, insidiosas, desconfiadas, prontas para as coisas mais terríveis, endurecidas na privação e na moralidade? O prazer na *crueldade*: assim como é tido por *virtude* de uma alma dessas, em tais condições, ser inventiva e insaciável na crueldade. A comunidade se reanima com os atos do homem cruel e afasta de si o negrume do temor e cautela constante. A crueldade está entre as mais velhas alegrias festivas da humanidade. Pensa-se, então, que também os deuses ficam animados e de humor festivo quando se lhes oferece o espetáculo da crueldade — e dessa maneira insinua-se no mundo a ideia de que o *sofrimento voluntário*, o martírio deliberado tem sentido e valor. Gradualmente, o costume estabelece na comunidade uma praxe conforme esta ideia: desconfia-se mais de todo bem-estar exuberante e confia-se mais em todo estado difícil e doloroso; as pessoas dizem a si mesmas: pode ser que os deuses nos tratem desfavoravelmente por nossa felicidade e benevolamente por nosso sofrer — não compassivamente! pois a compaixão passa por desprezível e indigna de uma alma forte, terrível; mas benevolamente, porque se distraem e ficam bem-dispostos: pois o ser cruel desfruta o supremo gozo do sentimento de poder. É assim que entra, na noção do "homem mais moral" da comunidade, a virtude do frequente sofrer, do duro viver, da privação, da cruel mortificação — *não*, mais uma vez repetindo, como meio de disciplina, de autodomínio, de anseio de felicidade individual, mas como virtude que faz a comunidade ter bom aroma junto aos deuses maus, subindo até eles como os fumos de um permanente sacrifício no altar. Todos os guias espirituais dos povos, que conseguiram mover algo na lama inerte e fecunda dos seus costumes, necessitaram, além da loucura, do martírio voluntário, a fim de conquistar fé — quase sempre, e sobretudo, fé em si mesmos! Quanto mais seu espírito andava por novas trilhas e, portanto, era atormentado por remorsos e angústias, tanto mais cruelmente enfureciam-se eles com a sua própria carne, os próprios apetites e a própria saúde — como que para oferecer à divindade uma compensação de prazer, caso ela se aborrecesse devido aos usos negligenciados e combatidos e aos novos objetivos. Não se creia que hoje tenhamos nos libertado inteiramente de uma tal lógica do sentimento! As mais heroicas almas podem questionar a si mesmas quanto a isso! Cada pequeno passo no âmbito do livre pensar, da vida pessoalmente configurada, sempre foi pelejado com martírios físicos e espirituais: não apenas o passo à frente! Mas sobretudo o andar, o movimento, a mudança precisou de seus incontáveis mártires, por longos milênios de busca de caminhos e fundação de alicerces, nos quais não se costuma pensar quando se fala de "história mundial", dessa parte ridiculamente pequena da existência humana; e mesmo nesta chamada história mundial, que, no fundo, é apenas ruído acerca das últimas novidades, não há tema mais importante do que a antiquíssima tragédia dos mártires *que buscaram mover o pântano*. Nada foi comprado tão caro como o pouco de razão humana e de sentimento de liberdade que agora constitui nosso orgulho. É este orgulho, porém, que nos torna hoje quase impossível sentir como os imensos períodos de "moralidade do costume", que precederam a "história universal" como a *verdadeira e decisiva história que determinou o caráter da humanidade*: em que o sofrimento era virtude, a crueldade era virtude, a dissimulação era virtude, a vingança era virtude, a negação da razão era virtude, enquanto o bem-estar era perigo, a sede de saber era perigo, a paz era perigo, a compaixão era perigo, ser objeto de compaixão era ofensa, o trabalho era ofensa, a loucura era coisa divina, a mudança era imoral e prenhe de ruína! — Vocês acham que tudo isso mudou e que, portanto, a humanidade trocou de caráter? Ó conhecedores dos homens, aprendam a conhecer-se melhor!

19. *Moralidade e estupidez.* — O costume representa as experiências dos homens passados acerca do que presumiam ser útil ou prejudicial — mas o *sentimento do costume* (moralidade) não diz respeito àquelas experiências como tais, e sim à idade, santidade, indiscutibilidade do costume. E assim este sentimento é um obstáculo a que se tenham novas experiências e se corrijam os costumes: ou seja, a moralidade opõe-se ao surgimento de novos e melhores costumes: ela torna estúpido.

20. *Livres agentes e livres-pensadores.* — Os livres agentes se acham em desvantagem frente aos livres-pensadores, porque os homens sofrem mais visivelmente com as consequências dos atos do que dos pensamentos. Levando-se em conta, porém, que tanto uns como outros buscam a satisfação, e que já o pensar e enunciar coisas proibidas dá satisfação aos livres-pensadores, todos se equivalem quanto aos motivos: e, no tocante às consequências, a balança penderá mesmo contra o livre-pensador, desde que não se julgue a partir da primeira e mais tosca evidência — ou seja: como todo o mundo julga. Há que retirar boa parte da calúnia lançada sobre os homens que romperam através de uma *ação* a autoridade de um costume — geralmente são chamados de criminosos. Todo aquele que subverteu a lei de costume existente foi tido inicialmente como *homem mau*: mas se, como sucedeu, depois não se conseguia restabelecê-la e as pessoas acomodavam-se a isso, o predicado mudava gradualmente; — a história trata quase exclusivamente desses *homens maus*, que depois foram *abonados*, considerados *bons*!

21. *"Cumprimento da lei"*. — Se a obediência a um preceito moral traz resultado diferente do prometido e esperado, e, em vez da felicidade anunciada, o homem moral encontra inopinadamente o infortúnio e a miséria, sempre resta a escapatória do consciencioso e medroso: "foi cometido um erro na *execução*". No pior dos casos, uma humanidade profundamente sofrida e oprimida chegará a decretar: "é impossível executar bem o preceito, somos inteiramente fracos e pecaminosos, e no fundo incapazes de moralidade; portanto, não podemos reivindicar felicidade e êxito. Os preceitos e promessas morais foram dados para seres melhores do que nós".

22. *Obras e fé.* — Os doutores protestantes continuam a propagar o erro fundamental de que importa somente a fé e que da fé resultam necessariamente as obras. Isto simplesmente não é verdadeiro, mas é tão sedutor que já iludiu outras inteligências além de Lutero (ou seja, Sócrates e Platão); embora a evidência de toda experiência a cada dia prove o contrário. O mais confiante saber ou fé não pode proporcionar a energia para o ato nem a destreza para o ato, não pode substituir a exercitação do mecanismo sutil e múltiplo que deve ocorrer para que algo possa converter-se de ideia em ação. Sobretudo e primeiramente as obras! Ou seja, exercício, exercício, exercício! A "fé" correspondente logo aparecerá — estejam certos disso!

23. *No que somos mais sutis.* — Pelo fato de por muitos milênios havermos pensado que as *coisas* (natureza, utensílios, propriedade de toda espécie) eram também vivas e animadas, com força para causar danos e furtar-se aos propósitos humanos, o sentimento de impotência dos homens foi bem maior e mais frequente do que deveria ter sido: havia a necessidade de assegurarmo-nos das coisas tanto quanto dos homens e animais, através de coação, violência, lisonja, acordos, sacrifícios — e eis a origem da maioria das práticas supersticiosas, isto é, de parte considerável, *talvez preponderante*, porém esbanjada e inútil, de toda atividade até agora exercida pelos homens! — Mas, porque o sentimento da impotência e do medo era estimulado quase continuamente, de maneira tão forte e por tão longo tempo, o *sentimento de poder* desenvolveu-se com tal *sutileza*, que nisso o homem pode hoje rivalizar com a mais delicada balança.[11] Tornou-se a sua mais forte inclinação; os meios descobertos para produzir este sentimento são quase a história da cultura.

24. *A prova de um preceito.* — Em geral, a validez ou invalidez de uma prescrição — a de cozer o pão, por exemplo — é demonstrada pelo fato de atingir-se ou não o resultado prometido, desde que ela seja rigorosamente seguida. É diferente com as prescrições morais: nelas os resultados não são percebidos inteiramente, mas mediante interpretação e de forma indistinta. Essas prescrições baseiam-se em hipóteses de valor científico débil, cuja prova e cuja refutação pelos resultados são igualmente impossíveis: — mas outrora, com a original crueza de toda ciência e as poucas exigências que se fazia para ter algo como *provado* — outrora a validez ou invalidez de uma prescrição do costume era estabelecida como é hoje a de qualquer prescrição: invocando o resultado. Se entre os nativos da América Russa [Alaska] há o preceito de não lançar ao fogo ou dar aos cães ossos de animais, ele é provado da seguinte forma: "Faça isso e não terá sorte na caça". Ora, em algum sentido quase nunca se tem sorte na caça; não é fácil *refutar* a validez da prescrição por esse caminho, quando uma comunidade, não um indivíduo, leva o peso do castigo; sempre haverá uma circunstância que parece provar o preceito.

25. *Costume e beleza.* — Não deixemos de notar, em favor do costume, que em todo indivíduo que a ele se submete inteiramente, de todo o coração e desde o começo, os órgãos de ataque e defesa — físicos e intelectuais — se atrofiam: ou seja, o indivíduo se torna cada vez mais belo! Pois o exercitar desses órgãos e dos sentimentos que lhes correspondem é o que mantém feio e torna mais feio. Por isso o velho babuíno é mais feio do que o novo, e a jovem fêmea babuína se parece mais com o homem:

ou seja, é a mais bela. — Tire-se uma conclusão, aqui, sobre a origem da beleza das mulheres!

26. *Os animais e a moral.* — As práticas que são requeridas na sociedade refinada: evitar cuidadosamente o ridículo, o chamativo, o pretensioso, relegar tanto suas virtudes como suas veementes cobiças, mostrar-se como igual, inserir-se, diminuir-se — tudo isso que é a moral social encontra-se, *grosso modo*, em toda parte, até na profundeza do mundo animal, — e apenas nessa profundeza enxergamos a intenção por trás dessas gentis precauções: quer-se escapar aos perseguidores e ser favorecido na busca da presa. Por isso os animais aprendem a se dominar e a dissimular de tal modo que alguns, por exemplo, adéquam suas cores à cor do ambiente (mediante a chamada "função cromática"), fazem-se de mortos ou assumem as formas e cores de outro animal ou de areia, folhas, liquens, fungos (aquilo que os pesquisadores ingleses designam por *mimicry* [mimetismo]). Dessa maneira o indivíduo se esconde na generalidade do conceito "homem" ou na sociedade, ou se adéqua a governantes, classes, partidos, opiniões da época ou do ambiente: e para todas as sutis maneiras de nos pormos felizes, gratos, fortes, enamorados, encontra-se facilmente o símile animal. Também o sentido para a verdade, que é, no fundo, o sentido para a segurança, o homem tem em comum com os animais: não queremos nos deixar enganar, não queremos induzir a nós próprios em erro, ouvimos desconfiados a conversa de nossas próprias paixões, contemo-nos e ficamos à espreita de nós mesmos; tudo isso o animal entende como o homem, também nele o autodomínio nasce do sentido para o real (da prudência). E igualmente observa os efeitos que produz na noção que têm os outros animais,[12] aprende a olhar de volta para si a partir dela, a apreender-se "objetivamente", tem seu grau de autoconhecimento. O animal julga os movimentos de seus rivais e amigos, memoriza as peculiaridades deles, orienta-se por elas: no tocante a indivíduos de determinada espécie renuncia definitivamente à luta, e também percebe, na aproximação de algumas variedades de animais, a intenção de paz e de acordo. Os primórdios da justiça, assim como da prudência, da moderação, da valentia — em suma, tudo aquilo que designamos pelo nome de *virtudes socráticas* é *animal*: uma consequência dos impulsos que ensinam a procurar alimento e escapar aos inimigos. Se considerarmos que também o homem superior apenas se elevou e refinou no *tipo* da alimentação e na ideia do que lhe é hostil, será lícito caracterizar todo o fenômeno da moral como animal.

27. *O valor da crença em paixões sobre-humanas.* — A instituição do matrimônio sustenta obstinadamente a crença de que o amor, embora uma paixão, é capaz de duração, e mesmo de que o amor duradouro, vitalício, pode ser erigido em regra. Com essa pertinácia de uma crença nobre, ainda que esta seja com frequência e quase normalmente refutada, e portanto seja uma *pia fraus* [mentira piedosa], ela conferiu ao amor uma superior nobreza. Todas as instituições que outorgam a uma paixão *fé na sua duração* e responsabilidade pela duração, contrariamente à natureza da paixão, dão-lhe uma nova categoria: e aquele que é tomado por tal paixão já não se crê rebaixado ou ameaçado por ela, como antes, mas elevado perante si e seus iguais. Lembremos as instituições e costumes que transformaram a ardorosa entrega do momento em fidelidade eterna, a ânsia da ira em vingança eterna, o desespero em luto perene, a palavra única e súbita em perene compromisso. A cada vez, muita hipocrisia e mentira veio assim ao mundo: a cada vez também, e a esse preço, uma nova noção *sobre-humana*, enaltecedora do homem.

28. *A disposição de espírito como argumento.* — Qual a causa de uma alegre determinação para agir? — Essa pergunta já ocupou bastante os homens. A resposta mais velha, e ainda mais comum, é: Deus é a causa, assim ele nos dá a entender que aprova nossa vontade. Quando, outrora, alguém ia consultar os oráculos acerca de um propósito, queria retornar com essa alegre determinação; e, quando várias ações possíveis se apresentavam, cada um resolvia a dúvida do seguinte modo: "Farei aquilo que for acompanhado desse sentimento". Não havia uma decisão pelo mais racional, então, mas por um propósito ante o qual o espírito se animava e adquiria esperança. A boa disposição era posta na balança como argumento, e pesava mais que a racionalidade: porque a disposição de espírito era interpretada supersticiosamente, como ação de um deus que promete o êxito e, assim, faz sua razão manifestar-se como a suprema racionalidade. Agora pondere-se as consequências de um tal preconceito, quando homens astutos e ávidos de poder dele se utilizaram — se utilizam! "Criar uma disposição!" — podendo, desse modo, substituir todas as razões e vencer todas as contrarrazões!

29. *Os comediantes da virtude e do pecado.* — Entre os homens da Antiguidade que se tornaram famosos por sua virtude, havia, ao que parece, um número extraordinário daqueles que *atuavam diante de si mesmos*: em especial os gregos, sendo atores natos, o teriam feito de modo completamente involuntário e o teriam julgado bom. E cada um achava-se, com sua virtude, *em competição* com a virtude de outro ou de todos os outros: como não teria utilizado todas as artes para pôr à mostra sua virtude, sobretudo ante si próprio, por exercício que fosse! De que adiantava uma virtude que não se podia mostrar ou que não sabia mostrar-se? — O cristianismo deu fim a esses comediantes da virtude: para isso inventou a repulsiva exibição e alardeio do pecado, trouxe ao mundo a pecaminosidade *fingida* (até hoje considerada "de bom-tom" entre os bons cristãos).

30. *A refinada crueldade como virtude.* — Eis uma moralidade que se baseia inteiramente no *impulso para a distinção* — não pensem muito bem dela! Pois que impulso é esse e qual o pensamento por trás dele? Queremos que a nossa simples vista *cause dor* ao outro e desperte sua inveja, o sentimento de impotência e de declínio; queremos fazê-lo saborear a amargura de seu fado, ao deixar-lhe na língua uma gota de *nosso* mel e fixá-lo nos olhos agudamente e com maldosa alegria, ante o suposto benefício. Esse tornou-se humilde e perfeito em sua humildade — procurem aqueles que há muito ele quer assim torturar! já os encontrarão! Aquele mostra-se piedoso com os animais e é admirado por isso — mas há certas pessoas nas quais, justamente com isso, ele quis dar livre curso à sua crueldade. Ali está um grande artista: a volúpia que antecipadamente sentiu com a inveja dos rivais derrotados não deixou sua energia esmorecer, até ele tornar-se grande — quantos instantes amargos a sua grandeza não custou a outras almas! A castidade da freira: que olhares castigadores ela não lança ao rosto das mulheres que vivem de outra forma! quanto prazer da vingança há nesses olhos! — O tema é breve, as variações em torno dele podem ser inúmeras, mas dificilmente tediosas — pois é ainda uma novidade paradoxal e quase dolorosa que a moralidade da distinção seja, em última instância, o prazer na crueldade refinada. Em última instância — isto significa aqui: sempre na primeira geração. Pois quando o hábito de uma ação que distingue é *herdado*, o pensamento por trás dela não é herdado (apenas sentimentos são hereditários, não pensamentos): e, desde que a educação não o introduza novamente, na segunda geração não há mais prazer na crueldade; e sim apenas prazer no hábito como tal. *Esse* prazer, porém, é o primeiro estágio do "bem".

31. *O orgulho pelo espírito.* — O *orgulho* do homem, que se opõe à teoria da sua descendência de animais e situa um grande hiato entre natureza e homem — esse orgulho tem seu fundamento num *preconceito* quanto ao que é espírito: e tal preconceito é relativamente *jovem.* Na longa pré-história da humanidade pressupunha-se o espírito em toda parte e não se pensava em honrá-lo como privilégio do homem. Tendo-se feito do espiritual (juntamente com todos os impulsos, maldades, inclinações) uma propriedade comum e, portanto, vulgar, não se sentia vergonha em descender de animais ou árvores (as linhagens *nobres* viam-se honradas por essas fábulas) e enxergava-se no espírito aquilo que nos une à natureza, não o que nos separa dela. Assim o indivíduo educava-se na *modéstia* — de igual modo, em consequência de um *preconceito*.

32. *O entrave.* — Sofrer moralmente e depois ouvir que esse tipo de sofrimento baseia-se num *erro*, eis algo que irrita. Há um consolo único em afirmar, através de seu próprio sofrimento, um "mundo da verdade mais profundo" do que é todo o mundo restante, e *prefere-se* bem mais sofrer, sentindo-se *elevado* acima da realidade (mediante a consciência de assim avizinhar-se daquele "mundo da verdade mais profundo"), do que ficar sem sofrimento e sem este sentimento de elevação. Portanto, é o orgulho e o modo habitual de satisfazê-lo que se opõem à nova *compreensão* da moral. Que força terá então de ser aplicada para remover esse entrave? Mais orgulho? Um novo orgulho?

33. *O desprezo das causas, das consequências e da realidade.* — Esses acasos ruins que atingem uma comunidade — súbita tempestade, seca ou epidemia — levam todos os seus membros a suspeitar que foram cometidas infrações ao costume, ou que novos usos têm de ser inventados para apaziguar um novo poder e humor demoníaco. Esse gênero de suspeita e reflexão evita justamente a sondagem das verdadeiras causas naturais, tomando a causa demoníaca por pressuposto. Eis uma fonte da hereditária inversão do intelecto humano: e a outra fonte brota vizinha, ao conceder-se, igualmente por princípio, bem menor atenção às verdadeiras *consequências* naturais de uma ação do que às sobrenaturais (as chamadas punições e graças da divindade). Prescrevem-se, por exemplo, determinados banhos em determinados momentos: o indivíduo não se banha para ficar limpo, mas porque está prescrito. Não aprende a escapar às verdadeiras consequências do desasseio, mas ao suposto desagrado dos deuses por negligenciar um banho. Oprimido por um supersticioso temor, desconfia que essa lavagem da impureza tenha uma importância maior, atribui-lhe um segundo e um terceiro significados, estraga seu próprio sentido e gosto pelo que é real, terminando por considerá-lo valioso apenas *na medida em que pode ser símbolo*. Sob o jugo da moralidade do costume, portanto, o homem despreza primeiramente as causas, em segundo lugar, as consequências, em terceiro, a realidade, e tece com todos os seus sentimentos superiores (de reverência, de elevação, de orgulho, de gratidão, de amor) *um mundo imaginário*: o chamado mundo superior. E ainda hoje vemos a consequência: onde o sentimento de um homem *se eleva*, de algum modo entra em jogo esse mundo imaginário. É triste, mas por enquanto *todos os sentimentos superiores* têm de ser suspeitos para o homem científico, de tal modo se acham mesclados com a ilusão e o contrassenso. Não que tenham de sê-lo em si ou para sempre: mas é certo que, de todas as graduais *purificações* que esperam a humanidade, a purificação dos sentimentos superiores será uma das mais graduais.

34. *Sentimentos morais e conceitos morais.* — Claramente os sentimentos morais são transmitidos deste modo: as crianças percebem, nos adultos, fortes inclinações e aversões a determinados atos, e, enquanto macacos natos, *imitam* essas inclinações e aversões. Depois em sua vida, quando se acham plenas desses afetos aprendidos e bem exercitados, acham questão de decência um "Por quê?" posterior, uma espécie de fundamentação para as inclinações e aversões. Mas essas "fundamentações" nada têm a ver com a origem ou o grau do sentimento: o indivíduo apenas acomoda-se à *regra* de que, enquanto ser racional, precisa ter razões para ser a favor ou contra, razões apresentáveis e aceitáveis. Neste sentido, a história dos sentimentos morais é muito diferente da história dos conceitos morais. Aqueles são poderosos *antes* da ação, estes *depois* da ação, em vista da necessidade de pronunciar-se sobre ela.

35. *Os sentimentos e sua derivação dos preconceitos.* — "Confie no seu sentimento!" — Mas sentimentos não são nada de último, nada de original; por trás deles estão juízos e valorações, que nos são legados na forma de sentimentos (inclinações, aversões). A inspiração nascida do sentimento é neta de um juízo —

frequentemente errado! — e, de todo modo, não do seu próprio juízo! Confiar no sentimento — isto significa obedecer mais ao avô e à avó e aos avós deles do que aos deuses que se acham *em nós*: nossa razão e nossa experiência.

36. *Uma tolice piedosa com intenção oculta.* — Como? Os inventores das culturas antiquíssimas, os mais antigos fabricantes de utensílios e escalas de medidas, de veículos, casas e navios, os primeiros observadores das leis celestes e das regras da multiplicação — eles seriam incomparavelmente diferentes dos inventores e observadores de nossa época, e superiores a estes? Os primeiros passos teriam um valor que todas as nossas viagens e circunavegações do globo no domínio das descobertas não poderiam igualar? Este é o preconceito, este é o argumento para menosprezar o espírito de hoje. No entanto, está claro que o acaso era, então, o maior de todos os descobridores e observadores e o benévolo inspirador dos engenhosos antigos, e que na mais insignificante invenção que agora é feita se gasta mais espírito, disciplina e imaginação científica do que houve antes em épocas inteiras.

37. *Falsas conclusões extraídas da utilidade.* — Tendo-se demonstrado a suprema utilidade de uma coisa, nada se fez ainda para explicar sua origem: ou seja, com a utilidade não podemos tornar compreensível a necessidade de existência. Mas precisamente o juízo oposto predominou até agora — e isso até no âmbito da ciência mais rigorosa. Mesmo na astronomia não se ofereceu a (suposta) utilidade na disposição dos satélites (substituir a luz atenuada pela maior distância do Sol, para que não falte luz aos habitantes dos astros) como a finalidade do seu arranjo e explicação de sua origem? O que nos recorda as ilações de Colombo: a Terra foi feita para os homens, logo, se existem terras, têm que ser habitadas. "É verossímil que o Sol brilhe sobre nada e que a vigília noturna das estrelas seja desperdiçada em mares sem trilhas e terras sem gente?"

38. *Os instintos transformados pelos juízos morais.* — O mesmo instinto torna-se o penoso sentimento da *covardia*, sob efeito da recriminação que os costumes lançaram sobre tal instinto; ou o agradável sentimento da *humildade*, caso uma moral como a cristã o tenha encarecido e achado *bom*. Ou seja: ele é acompanhado de uma boa ou de uma má consciência! Em si, *como todo instinto*, ele não possui isto nem um caráter e denominação moral, nem mesmo uma determinada sensação concomitante de prazer e desprazer: adquire tudo isso, como sua segunda natureza, apenas quando entra em relação com instintos já batizados de bons e maus, ou é notado como atributo de seres que já foram moralmente avaliados e estabelecidos pelo povo. — Assim, os mais antigos gregos olharam a *inveja* de forma diferente de nós; Hesíodo a inclui entre os efeitos da boa, benéfica Éris,[13] e não era ofensivo reconhecer algo de invejoso nos deuses: compreensível, num estado de coisas que tinha por alma a competição; mas a competição era avaliada e estabelecida como algo bom. De igual modo, os gregos eram diferentes de nós na avaliação da *esperança*: viam-na como cega e pérfida; Hesíodo insinuou numa fábula a coisa mais forte sobre ela, algo tão estranho que nenhum intérprete recente o compreendeu — pois vai de encontro ao espírito moderno, que aprendeu, com o cristianismo, a acreditar na esperança como uma virtude. Já entre os gregos, que não tinham por inteiramente fechado o acesso ao conhecimento do futuro, e para os quais, em inúmeros casos, uma indagação sobre ele tornou-se obrigação religiosa, quando nós nos satisfazemos com a esperança, ela teve, graças aos oráculos e adivinhos, de ser um tanto rebaixada e degradada em algo ruim e perigoso. — Os judeus perceberam a *ira* de forma diferente de nós e a declararam sagrada: viram a sombria majestade do ser humano, com que ela se mostrava associada, a uma altura que um europeu não pode conceber; moldaram o seu irado e santo Jeová conforme os seus irados e santos profetas. Medidos por eles, os grandes furiosos, entre os europeus, parecem criaturas de segunda.

39. *O preconceito do "puro espírito".* — Em toda parte em que predominou a doutrina da *pura espiritualidade*, ela destruiu, com seus excessos, a força nervosa: ela ensinou a menosprezar, negligenciar ou atormentar o corpo, a desprezar e mortificar o próprio homem por causa de seus instintos; ela gerou almas ensombrecidas, tensas, oprimidas — que acreditavam, além disso, conhecer a causa do seu sentimento de miséria e poder talvez eliminá-lo! "Ela tem de estar no corpo! Ele ainda *floresce* em demasia!" — desse modo concluíram, enquanto, na verdade, ele elevava protestos e protestos, com suas dores, contra o seu perpétuo escarnecimento. Enfim, um supernervosismo geral e crônico foi a sina daqueles virtuosos espíritos puros: conheceram o *prazer* apenas na forma do êxtase e de outros precursores da loucura — e o seu sistema atingiu o ápice quando tomou o êxtase como objetivo maior da vida e como gabarito para *condenar* tudo terreno.

40. *O meditar sobre usos e costumes.* — Inúmeras prescrições do costume, rapidamente extraídas de uma ocorrência estranha e única, tornaram-se logo incompreensíveis; a sua intenção podia ser calculada com tão pouca certeza quanto o castigo que seguiria a transgressão; havia dúvida mesmo quanto à sequência das cerimônias; — mas, à medida que era examinado, crescia em valor o objeto de tal reflexão, e justamente o mais absurdo elemento de um costume tornava-se enfim sacrossanto. Não subestimemos a energia aí empregada pela humanidade durante milênios, e tampouco o efeito desse *meditar sobre usos e costumes*! Chegamos aí ao enorme campo de exercícios do intelecto — é que não apenas as religiões foram aí tramadas e elaboradas: aí se acha a venerável, embora terrível, pré-história da ciência, aí medrou o poeta, o pensador, o médico, o legislador! A angústia ante o incompreensível, que ambiguamente exigia de nós cerimônias, pouco a pouco passou ao encanto do dificilmente compreensível, e, onde não se sabia explicar, aprendeu-se a criar.

41. *Determinação do valor da* vita contemplativa. — Não nos esqueçamos, como homens da *vita contemplativa* [vida contemplativa], que males e infortúnios alcançaram, pelas diferentes ressonâncias da contemplatividade, os homens da *vita activa* [vida ativa] — em suma, que conta nos apresenta a *vita activa*, ao nos vangloriarmos diante dela com nossas boas ações. *Primeiro*: as chamadas naturezas *religiosas*, que pelo número predominam entre os contemplativos, e, portanto, representam sua espécie mais comum, sempre agiram de forma a tornar a vida difícil para os homens práticos e mesmo estragá-la, quando possível: obscurecer o céu, apagar o Sol, suspeitar da alegria, desvalorizar as esperanças, paralisar a mão atuante — isto souberam fazer, assim como tiveram, para épocas e sentimentos miseráveis, os seus consolos, esmolas, socorros e bênçãos. *Segundo*: os artistas, um tanto mais raros que os religiosos, mas ainda uma espécie frequente de homens da *vita contemplativa*, foram geralmente, como pessoas, intoleráveis, caprichosos, invejosos, violentos, querelentos: tal efeito deve ser descontado dos efeitos animadores e exaltadores de duas obras. *Terceiro*: os filósofos, gênero em que se acham reunidas forças religiosas e artísticas, mas de forma que ao seu lado se coloca um terceiro elemento, a dialética, o gosto em demonstrar, foram autores de males à maneira dos religiosos e artistas, e além disso causaram tédio em muitos homens com o seu pendor dialético; mas o seu número sempre foi pequeno. *Quarto*: os pensadores e os trabalhadores científicos; eles raramente visaram produzir efeitos, limitando-se a escavar tranquilamente suas tocas de toupeira. Assim causaram pouco aborrecimento e mal-estar, e com frequência, inclusive como objeto de troça e riso, sem o querer, tornaram a vida mais leve para os homens da *vita activa*. Enfim, a ciência tornou-se algo muito útil para todos: se, *por essa utilidade*, tantos predestinados à *vita activa* abrem hoje para si um caminho rumo à ciência, com o suor de seu rosto e não sem desassossegos e imprecações, a hoste dos pensadores e trabalhadores científicos não tem culpa nessa desventura; é "pena imposta a si mesmo".[14]

42. *Origem da* vita contemplativa. — Em épocas cruas, quando prevalecem os juízos pessimistas sobre o homem e o mundo, o indivíduo com o sentimento de sua plena força procura sempre agir conforme tais juízos, ou seja, transpor a ideia em ação mediante roubo, caçada, ataque, sevícia e assassinato, incluindo as cópias mais brandas desses atos, as únicas toleradas no seio da comunidade. Decaindo a sua força, porém, sentindo-se ele cansado, enfermo, melancólico ou saciado, e, portanto, momentaneamente sem desejo e apetite, ele é um homem relativamente melhor, isto é, menos danoso, e suas concepções pessimistas desafogam-se apenas em palavras e pensamentos, relativos, por exemplo, ao valor de seus camaradas, sua mulher, sua vida ou seus deuses — seus juízos serão juízos *maus*. Nesse estado ele se transforma em pensador e anunciador, ou desenvolve imaginativamente sua superstição e engendra novos costumes, ou zomba de seus inimigos —: mas, não importa o que invente, todos os produtos [de seu espírito][15] têm de refletir seu estado, o crescimento do temor e do cansaço, o decréscimo de sua estima pela ação e a fruição; o teor desses produtos tem de corresponder ao teor dessas disposições poéticas, pensadoras, sacerdotais; o mau juízo tem de prevalecer. Mais tarde, todos os que faziam ininterruptamente o que antes fazia o indivíduo naquele estado, ou seja, que abrigavam maus juízos, que viviam melancólicos e inertes, foram chamados de poetas, pensadores, sacerdotes, curandeiros —: porque não agiam suficientemente, de bom grado teriam sido menosprezados e expulsos da comunidade; mas isso era um tanto perigoso — eles haviam se ocupado da superstição e dos rastros de forças divinas, não se duvidava que dispusessem de desconhecidos meios de poder. Nessa estima viveu *a mais antiga linhagem de naturezas contemplativas* — desprezada na medida exata em que não era temida! Em tal forma disfarçada, com tal aparência ambígua, com mau coração e, frequentemente, espírito angustiado, a contemplação apareceu inicialmente na terra, ao mesmo tempo fraca e temível, desprezada às ocultas e publicamente coberta de supersticiosa veneração! Aí, como sempre, há que dizer: *pudenda origo* [vergonhosa origem]!

43. *Quantas forças devem agora confluir no pensador.* — Afastar-se da consideração sensorial,[16] elevar-se à abstração — outrora isso foi realmente visto como *elevação*: já não podemos sentir exatamente dessa forma. Regalar-se em pálidas figurações de palavras e coisas, jogar com tais seres invisíveis, inaudíveis, intangíveis, foi percebido como uma vida em outro mundo *superior*, a partir do fundo desprezo pelo mundo palpável aos sentidos, sedutor e mau. "Essas abstrações já não seduzem, mas podem nos conduzir!" — com isso lançávamo-nos como que para cima. Não o conteúdo desses jogos de espiritualidade, mas eles próprios foram o "superior" na pré-história da ciência. Daí a admiração que tinha Platão pela dialética, e sua fé entusiástica na necessária relação desta com o homem dessensualizado e bom. Não só os conhecimentos foram descobertos separadamente e aos poucos, mas também os meios do conhecimento, os estados e operações que no homem antecedem o conhecer. E a cada vez parecia que a operação recém-descoberta ou o estado recém-experimentado não era um meio para todo conhecer, mas já conteúdo, meta e soma de tudo o que era digno de conhecer. O pensador necessita de fantasia, voo, abstração, dessensualização, invenção, intuição, indução, dialética, dedução, crítica, coleta de material, pensamento impessoal, contemplação, visão de conjunto e, igualmente, justiça e amor em relação a tudo o que existe — mas todos esses meios já contaram *isoladamente* como fins e fins últimos, na história da *vita contemplativa*, e deram a seus inventores a beatitude que penetra a alma humana quando refulge um fim *último*.

44. *Origem e significado.* — Por que sempre me retorna este pensamento, brilhando em cores sempre mais vivas? — de que *antigamente* os pesquisadores, estando em busca da origem das coisas, imaginavam que encontrariam algo de significação inestimável para toda ação e julgamento, de que *pressupunha-se*, mesmo, que a *salvação* do homem dependia da *compreensão da origem das coisas*: de que nós, pelo contrário, quanto mais investigamos a origem, tanto menos envolvemos aí os nossos interesses; e mesmo de que todas as valorações e interesses que pusemos nas coisas começam a perder o sentido, quanto mais recuamos com nosso conhecimento e nos aproximamos das coisas mesmas. *Com a penetração na origem aumenta a insignificância da origem*: enquanto *o mais próximo*, o que está em torno e em nós, começa gradativamente a mostrar cores, belezas, enigmas e riquezas significativas, com que a humanidade antiga não sonhava. Outrora os pensadores davam voltas como animais aprisionados e enfurecidos, sempre olhando as barras de sua jaula e arremetendo contra elas, a fim de quebrá-las: e parecia *feliz* aquele que por uma abertura acreditava ver algo de fora, no além e na distância.

45. *Um desfecho trágico do conhecimento.* — De todos os meios de elevação, foram os sacrifícios humanos os que mais elevaram e exaltaram os homens em todas as épocas. E talvez um único pensamento colossal ainda pudesse derrubar qualquer outro empenho, de modo que obtivesse a vitória sobre o mais vitorioso — o pensamento da *humanidade sacrificando a si mesma*. Mas *a quem* deveria ela sacrificar-se? Podemos jurar que, se algum dia aparecer no horizonte a constelação desse pensamento, o conhecimento da verdade restará como o único objetivo colossal a que um tal sacrifício seria adequado, pois para ele nenhum sacrifício é grande o bastante. Enquanto isso, não foi jamais colocado o problema de até que ponto são possíveis, para a humanidade como um todo, passos que promovam o conhecimento; e tampouco de qual impulso ao conhecimento poderia fazer a humanidade oferecer a si mesma, para morrer com o brilho de uma antecipadora sabedoria no olhar. Talvez, se um dia estabelecer-se uma fraternização com habitantes de outros planetas em prol do conhecimento, e durante alguns milênios o saber tiver sido partilhado de estrela a estrela: talvez, então, o entusiasmo do conhecimento alcance uma tal altura de maré!

46. *Dúvida da dúvida.* — "Que bom travesseiro é a dúvida para uma cabeça bem-feita!" — sempre exasperou Pascal essa frase de Montaigne,[17] pois ninguém, mais do que ele, ansiava tanto um por bom travesseiro. O que lhe faltava? —

47. *As palavras estão em nosso caminho!* — Onde os antigos homens colocavam uma palavra, acreditavam ter feito uma descoberta. Como era diferente, na verdade! — eles haviam tocado num problema e, supondo tê-lo *resolvido*, haviam criado um obstáculo para a solução. — Agora, a cada conhecimento tropeçamos em palavras eternizadas, duras como pedras, e é mais fácil quebrarmos uma perna do que uma palavra.

48. *"Conhece-te a ti mesmo" é toda a ciência.* — Apenas no final do conhecimento de todas as coisas o homem terá conhecido a si mesmo. Pois as coisas são apenas as fronteiras do homem.

49. *O novo sentimento fundamental: nossa definitiva transitoriedade.* — Antigamente buscava-se chegar ao sentimento da grandeza do homem apontando para a sua *procedência* divina: isso agora é um caminho interditado, pois à sua porta se acha o macaco, juntamente com outros animais terríveis, e arreganha sabidamente os dentes, como que a dizer: "Não prossigam nesta direção!". Então se experimenta agora a direção oposta: o caminho *para onde* vai a humanidade deve servir para provar sua grandeza e afinidade com Deus. Oh, tampouco isso resulta em algo! No final desse caminho se encontra a urna funerária do *último* homem e coveiro (com a inscrição: "*nihil humani a me alienum puto* [nada de humano me é estranho]"). Não importa o quanto a humanidade possa ter evoluído — e talvez ela esteja, no fim, ainda mais baixa do que no começo! — para ela não há transição para uma ordem mais alta, assim como a formiga e a lacrainha não podem, no final de sua "trajetória terrestre", alcançar o parentesco divino e a eternidade. O tornar-se arrasta atrás de si o haver sido:[18] por que haveria uma exceção a esse eterno espetáculo, uma exceção para um pequeno astro e uma pequena espécie que o habita? Fora com tais sentimentalismos!

50. *A fé na embriaguez.* — Os seres de instantes sublimes e arrebatados, que habitualmente, por contraste e devido à pródiga dissipação de suas forças nervosas, sentem-se miseráveis e inconsoláveis, veem aqueles instantes como o autêntico "Eu", como "si", e a miséria e o desconsolo como *efeito do "fora de si"*; e por isso pensam no seu ambiente, sua época, todo o seu mundo, com sentimentos de vingança. A embriaguez é a verdadeira vida para eles, o genuíno Eu: em todo o resto veem adversários e estorvadores da embriaguez, seja esta de natureza moral, intelectual, religiosa ou artística. A esses entusiásticos ébrios a humanidade deve muita coisa ruim: eles são infatigáveis semeadores da insatisfação consigo e com o próximo, do desprezo pela época e o mundo e, sobretudo, do cansaço do mundo. Todo um inferno de *criminosos* talvez não produzisse este inquietante e prolongado efeito opressivo, corruptor de ar e terra, como faz essa pequena e nobre comunidade de desenfreados, fantasistas e semidoidos, de gênios que não podem controlar-se, e que experimentam prazer consigo apenas quando se perdem totalmente: enquanto o criminoso, com frequência, dá prova de excelente autodomínio, de abnegação e prudência, e sabe manter esses atributos naqueles que o temem. O céu acima da vida talvez se torne perigoso e sombrio por causa dele, mas o ar permanece robusto e severo. — Além de tudo, esses entusiastas propagam a fé na embriaguez, com todas as suas forças, como no que há de vida na vida: uma crença terrível! Tal como agora os selvagens são rapidamente corrompidos e arruinados pela "água ardente", a humanidade como um todo foi corrompida, lenta e radicalmente, pelas aguardentes *espirituais* dos sentimentos inebriantes, e por aqueles que mantiveram vivo o anseio por eles: talvez ela ainda venha a se arruinar com isso.

51. *Tal como somos!* — "Sejamos indulgentes com os grandes que têm um só olho!" — disse Stuart Mill: como se fosse mister pedir indulgência, quando estamos habituados a lhes dar fé e quase adoração! Eu digo: sejamos indulgentes para com os de dois olhos, grandes ou pequenos — pois, *tal como somos*, não alcançaremos coisa mais alta que a indulgência!

52. *Onde estão os novos médicos da alma?* — Foi através dos meios de consolo que a vida recebeu o fundamental caráter sofredor em que hoje se crê; a maior doença dos homens surgiu do combate a suas doenças, e os aparentes remédios produziram, a longo prazo, algo pior do que aquilo que deveriam eliminar. Por desconhecimento, os recursos momentaneamente eficazes, anestesiantes e inebriantes, chamados de "consolações", foram tidos como os verdadeiros remédios, e nem mesmo se notou que o preço pago por esses alívios imediatos era frequentemente uma piora geral e profunda do mal-estar, que os doentes iriam sofrer as consequências da embriaguez e, depois, a privação da embriaguez, e, depois ainda, uma oprimente sensação geral de inquietude, agitação nervosa e indisposição. Atingido um certo grau de doença, não havia mais recuperação — disso cuidavam os médicos da alma, por todos reconhecidos e adorados. — Diz-se de Schopenhauer, com razão, que ele enfim levou novamente a sério os sofrimentos da humanidade: onde está aquele que enfim também levará a sério os antídotos para tais sofrimentos e porá no pelourinho o inacreditável charlatanismo com que, sob os mais belos nomes, a humanidade habituou-se a tratar suas doenças da alma?

53. *Abuso dos conscienciosos.* — Foram os conscienciosos, *não* os sem consciência, que tiveram de sofrer terrivelmente sob a coação das prédicas à penitência e medos do inferno, sobretudo se eram também homens de imaginação. De modo que ensombreceu-se a vida justamente daqueles que necessitavam de jovialidade e imagens graciosas — não apenas para sua recuperação e cura de si mesmos, mas para que a humanidade pudesse com eles alegrar-se e acolher um raio da sua beleza. Oh, quanta supérflua crueldade e tortura animal[19] teve origem nas religiões que inventaram o pecado! E nos homens que quiseram, com isso, ter a mais alta fruição do seu poder!

54. *Os pensamentos acerca da doença!* — Tranquilizar a imaginação do doente, para que ao menos, como até agora, ele não sofra *mais* com seus pensamentos acerca da doença do que com a própria doença — creio que isto é algo! Não é pouco! Compreendem agora a nossa tarefa?

55. *Os "caminhos".* — Os pretensos "atalhos" sempre puseram a humanidade em perigo; com a boa-nova de que um tal caminho mais curto foi achado, ela deixa seu caminho — e *perde o caminho.*

56. *O apóstata do espírito livre.* — Quem sente aversão por pessoas piedosas e firmes na fé? Pelo contrário, não as olhamos com mudo respeito e nos alegramos por elas, com profundo lamento de que tais pessoas excelentes não sintam como nós? Mas de onde vem a enorme, súbita repugnância sem causa diante daquele que *tinha* liberdade de espírito e afinal *tornou-se* "crente"? Se pensamos nisso, é como se avistássemos algo nojento, que rapidamente precisamos afastar da alma! Não voltaríamos as costas à pessoa mais venerada, se neste ponto ela se tornasse suspeita para nós? E não por um preconceito moral, mas por súbito asco e horror! De onde vem tal agudeza da sensibilidade? Talvez um ou outro indivíduo nos dê a entender que, no fundo, não somos inteiramente seguros de nós mesmos? Que oportunamente plantamos à nossa volta sebes de espinho de pungente desprezo, para que, no momento decisivo em que a idade nos tornou fracos e esquecidos, não pudéssemos escapar de nosso próprio desprezo? — Honestamente: tal suposição é errada, e quem a faz ignora tudo o que move e determina o espírito livre: como está longe de achar a *mudança* de suas opiniões desprezível em si mesma! Como, pelo contrário, venera a *capacidade* de mudar suas opiniões como uma rara e elevada distinção, sobretudo quando ela se estende até a velhice! E a sua ambição (*não* sua mesquinhez) alcança até mesmo os frutos proibidos do *spernere se sperni* [desprezar ser desprezado] e do *spernere se ipsum* [desprezar a si mesmo]: certamente não teria, ante essas coisas, o medo do vaidoso e complacente! Além disso, a teoria da *inocência de todas as opiniões* parece-lhe tão segura quanto a teoria da inocência de todas as ações: como poderia ele arvorar-se em juiz e algoz, ante o apóstata da liberdade espiritual? A visão deste é que o tocaria, como um médico é tocado pela visão de um enfermo repulsivo: o nojo físico ante o que é flácido, amolecido, excrescente, purulento, supera momentaneamente a razão e a vontade de ajudar. Assim nossa boa vontade é subjugada pela ideia da enorme *improbidade* que deve ter vigorado no apóstata do espírito livre: pela ideia de uma degeneração universal, que atinge até a ossatura do caráter. —

57. *Outro temor, outra segurança.* — O cristianismo dotou a vida de uma *periculosidade* totalmente nova e ilimitada, e, com isso, criou seguranças, prazeres, distrações e avaliações de todas as coisas inteiramente novas. Tal periculosidade é negada por nosso século, e com boa consciência: no entanto, ele ainda leva consigo os velhos hábitos da segurança cristã, da fruição, distração e avaliação cristãs! E isso até em suas mais nobres artes e filosofias! Como tudo isso deve parecer pálido e esgotado, canhestro e escasso, arbitrário-fanático e, principalmente, inseguro, agora que se perdeu o terrível oposto disso, o onipresente *temor* do cristão por sua *eterna* salvação!

58. *O cristianismo e os afetos.* — No cristianismo ouve-se também um grande protesto popular contra a filosofia: a razão dos antigos sábios desaconselhara os afetos, o cristianismo quer *restituí-los* aos homens. Para esse fim, nega à virtude, tal como era concebida pelos filósofos — como triunfo da razão sobre o afeto — todo valor moral, condena a racionalidade em geral e convida os afetos a manifestar-se na sua força e esplendor extremos, como *amor* a Deus, *temor* a Deus, como fanática *fé* em Deus, como cega *esperança* em Deus.

59. *O erro como bálsamo.* — Diga-se o que se quiser: o cristianismo quis libertar os homens do fardo das exigências morais, imaginando mostrar um *caminho mais curto para a perfeição*: exatamente como alguns filósofos acreditaram poder evitar a trabalhosa e enfadonha dialética e a coleção de fatos rigorosamente testados e apontar um "caminho real para a verdade". Os dois casos foram um erro — mas um grande bálsamo para aqueles fatigados e em desespero no deserto.

60. *Todo espírito vem a ser visível no corpo.* — O cristianismo absorveu todo o espírito de incontáveis homens ávidos de sujeição, de todos os broncos ou sutis entusiastas da humilhação e devoção, e assim transformou-se, de uma rudeza campesina — que a mais antiga imagem do apóstolo Pedro, por exemplo, nos lembra fortemente —, em uma religião bastante *rica de espírito*, com milhares de pregas, reservas e subterfúgios no semblante; tornou os homens europeus aguçados,[20] não só teologicamente astutos. Nesse espírito, e aliado ao poder e, frequentemente, com a mais profunda convicção e honestidade de devoção, ele *esculpiu* talvez as figuras mais refinadas que já houve na sociedade humana: as figuras do mais alto, do altíssimo clero católico, sobretudo quando elas provinham de uma linhagem nobre e traziam de antemão uma inata graça de gestos, olhos dominadores e belas mãos e pés. Nelas a face humana atinge a espiritualização que é gerada pelo contínuo fluxo e refluxo das duas espécies de felicidade (do sentimento de poder e do sentimento de submissão), depois que um ponderado modo de vida domou o animal que há no homem; nelas uma atividade que consiste em bendizer, perdoar pecados e representar a divindade mantém desperto na alma, *e também no corpo*, o sentimento de uma sobre-humana missão; nelas prevalece o nobre desprezo pela fragilidade do corpo e o bem-estar que vem da sorte, próprio dos soldados natos; encontra-se *orgulho* na obediência, algo que distingue todos os aristocratas; vê-se na enorme impossibilidade da própria tarefa a sua desculpa e seu idealismo. A poderosa beleza e finura dos príncipes da Igreja sempre demonstrou, para o povo, a *verdade* da Igreja; um momentâneo embrutecimento do clero (como no tempo de Lutero) sempre ocasionou a fé no contrário. — E *esse* resultado de beleza e finura humana, na harmonia de forma, espírito e tarefa, seria igualmente enterrado, com o fim das religiões? E coisa mais elevada não se poderia alcançar, nem mesmo cogitar?

61. *O sacrifício necessário.* — Esses homens justos, sérios, capazes, profundamente sensíveis, que ainda hoje são cristãos de coração: eles devem a si mesmos experimentar viver por algum tempo sem cristianismo, eles devem *a sua fé* empreender assim uma permanência "no deserto" — apenas para conquistarem o direito de opinar na questão de se o cristianismo é necessário. Por enquanto se apegam a seu torrão, e de lá caluniam o mundo além do torrão: sim, ficam amargos e irritados se alguém dá a entender que além do seu torrão existe o mundo, o mundo inteiro! Que o cristianismo, tudo somado, é apenas um recanto! Não, seu testemunho não tem peso algum antes que tenham vivido durante anos sem cristianismo, com honesto fervor em suportar a vida no oposto dele: até que tenham se afastado para longe, muito longe dele. Apenas quando forem impelidos de volta pelo *julgamento* com base numa estrita *comparação*, e não pela saudade de casa, é que o seu regresso à casa terá sentido! — Os homens do futuro assim farão com todas as valorações do passado; é preciso *vivê-las* deliberadamente uma vez mais, e também o seu oposto — para enfim ter o *direito* de passá-las na peneira.

62. *Da origem das religiões.* — Como pode alguém perceber a própria opinião sobre as coisas como uma revelação? Este é o problema da origem das religiões: a cada vez havia um homem no qual esse fato foi possível. O pressuposto é que ele já acreditasse em revelações. Um dia ele tem, subitamente, o *seu* novo pensamento, e o regozijo de uma grande hipótese pessoal, que abrange o mundo e a existência, surge tão fortemente em sua consciência, que ele não ousa sentir-se criador de uma tal felicidade e atribui a seu Deus a causa dela, e também a causa da causa desse novo pensamento: como revelação desse Deus. Como poderia um homem ser autor de uma tal beatitude? — é o que reza a sua dúvida pessimista. E há outras alavancas agindo ocultamente: o indivíduo *reforça* uma opinião para si mesmo, por exemplo, ao considerá-la uma revelação; ele apaga o hipotético, ele a subtrai à crítica, mesmo à dúvida, e torna-a sagrada. Assim nos rebaixamos a não mais do que órgão, é certo, mas nosso pensamento acaba por triunfar, como pensamento de Deus — esta sensação, de com isso permanecer enfim vitorioso, sobrepuja a sensação de rebaixamento. Também um outro sentimento atua nos bastidores: quando alguém eleva seu *produto* acima de si mesmo, aparentemente desconsiderando seu próprio valor, há nisso um júbilo de amor paterno e orgulho paterno, que tudo compensa e mais que compensa.

63. *Ódio ao próximo.* — Supondo que sentíssemos o outro tal como ele sente a si próprio — o que Schopenhauer denomina compaixão, e que seria mais correto chamar de "unipaixão", "unidade na paixão"[21] — teríamos que odiá-lo, se ele, como Pascal, considera-se odiável. E provavelmente é o que sentia Pascal em relação à humanidade como um todo, e também o antigo cristianismo, que foi "convicto", sob Nero, de *odium generis humani* [ódio ao gênero humano], como informa Tácito.[22]

64. *Os desesperados.* — O cristianismo tem o instinto do caçador para todos aqueles que, de algum modo, possam ser levados ao desespero — somente uma parte da humanidade é capaz disso. Ele sempre se acha atrás deles, está à sua espreita. Pascal experimentou ver se cada pessoa, com o auxílio do conhecimento mais incisivo, não poderia ser levada ao desespero; — a experiência fracassou, para seu renovado desespero.

65. *Bramanismo e cristianismo.* — Há receitas para o sentimento de poder: primeiro, para os que conseguem dominar-se e, por isso, já estão familiarizados com um sentimento de poder; depois, para aqueles a que falta precisamente isso. O bramanismo cuidou de homens da primeira espécie; o cristianismo, de homens da segunda espécie.

66. *Capacidade para visões.* — Ao longo de toda a Idade Média, considerou-se a autêntica e decisiva característica da suprema humanidade a capacidade de ter visões — ou seja, uma profunda perturbação psíquica! E, no fundo, os preceitos de vida medievais de todas as naturezas superiores (dos *religiosi* [homens religiosos]) pretendem tornar os homens *capazes de visões*! Não surpreende que até em nossa época tenha chegado uma superestimação de indivíduos semiperturbados, fantasistas, fanáticos, chamados de geniais; "eles viram coisas que outros não veem" — certamente! e isso deveria nos fazer cautelosos em relação a eles, e não crédulos!

67. *O custo dos crédulos.* — Quem dá tamanho valor a que nele creiam, a ponto de a qualquer um garantir o Céu por essa fé, até mesmo a um ladrão na cruz — deve ter sofrido de uma dúvida terrível e ter conhecido toda espécie de crucificações: de outro modo não compraria tão caro seus crentes.

68. *O primeiro cristão.* — O mundo inteiro continua crendo nos escritos do "Espírito Santo", ou se acha sob as consequências dessa fé: quando alguém abre a Bíblia, faz isso para "edificar-se", para achar, em sua grande ou pequena miséria pessoal, um quê de consolo — em suma, perde-se e encontra-se na leitura. O fato de que nela se acha também a história de uma das mais ambiciosas e insistentes almas, de um espírito supersticioso e astuto no mesmo grau, a história do apóstolo Paulo — quem sabe isso, à exceção de alguns eruditos? Mas sem essa notável história, sem os desconcertos e arrebatamentos de um tal espírito, de uma alma tal, não haveria cristianismo; mal saberíamos de uma pequena seita judia cujo mestre morreu na cruz. É verdade que, se tivéssemos compreendido a tempo essa história, se tivéssemos lido os textos de Paulo não como revelações do "Espírito Santo", mas com livre e honesto espírito próprio, e sem pensar em nossa própria miséria pessoal, se os tivéssemos *realmente lido* — por mil e quinhentos anos não houve tal leitor —, há muito o cristianismo já teria acabado: de tal modo essas páginas do Pascal judeu expõem a origem do cristianismo, assim como as páginas do Pascal francês desnudam seu destino e aquilo que o fará sucumbir. Se o barco do cristianismo arremessou ao mar uma boa parte do lastro judeu, se andou e pôde andar entre os pagãos — isto se liga à história desse único homem, um homem muito atormentado, bem digno de compaixão, bastante desagradável, e desagradável para si mesmo. Ele sofreu de uma ideia *fixa*, ou, mais exatamente, de uma *questão fixa*, sempre presente, e que nunca descansou: qual a situação da *Lei* judaica? E, em particular, do *cumprimento dessa Lei*? Na sua juventude, procurara ele mesmo satisfazê-la, ávido da suprema distinção que os judeus podiam conceber — esse povo que levou a imaginação da grandeza moral a um nível mais alto que qualquer outro, o único que chegou à criação de um Deus sagrado, juntamente com a ideia de que o pecado é uma ofensa a esta divindade. Paulo tornara-se o fanático defensor e guarda de honra desse Deus e da sua Lei, continuamente à espreita e em luta contra os que a infringiam e questionavam, duro e mau para com eles, e inclinado a extremos de castigo. E então se deu conta de que ele próprio — impetuoso, sensual, melancólico, maldoso no ódio, como era — não *podia* cumprir a Lei, e, o que lhe pareceu mais estranho: que sua desenfreada ânsia de domínio era continuamente incitada a infringi-la, e que ele *tinha* de ceder a esse aguilhão. É realmente a "carnalidade" que sempre torna a fazê-lo um transgressor? E não, como posteriormente suspeitou, a Lei mesma por trás dela, que sempre *tem* de provar ser inobservável e, com irresistível magia, convida à transgressão? Mas naquele tempo ele não tinha essa escapatória. Muitas coisas carregava na consciência — alude a inimizade, assassinato, feitiçaria, idolatria, luxúria, embriaguez e gosto por desenfreadas orgias — e, por mais que também procurasse desafogar essa consciência, e ainda mais sua ânsia de domínio, com o extremo fanatismo da veneração e defesa da fé, houve momentos em que disse a si próprio: "É tudo em vão! O tormento do não cumprimento da Lei não pode ser superado". Lutero pode ter sentido algo semelhante, quando quis tornar-se, em seu monastério, o homem perfeito do ideal eclesiástico: e, de modo semelhante a Lutero, que um dia começou a odiar o ideal eclesiástico, o papa, os santos e toda a clericalha, com ódio verdadeiramente mortal, tanto maior quanto menos podia reconhecê-lo — de modo semelhante sucedeu com Paulo. A Lei era a cruz a que se sentia pregado: como a odiava! como lhe guardava rancor! como olhava em torno, a buscar um meio de *destruí-la* — não mais de cumpri-la em sua pessoa! E enfim surgiu-lhe o pensamento salvador, acompanhado de uma visão, como teria de ser com esse epiléptico: a ele, o furibundo zelador da Lei, totalmente cansado dela no seu íntimo, apareceu-lhe em estrada solitária o Cristo, o rosto brilhando com a luz divina, e Paulo ouviu as palavras: "Por que me persegues?". O que ali se deu, no essencial, foi isto: sua *mente* ficou clara; "é *irracional*", falou consigo, "perseguir justamente esse Cristo! Eis a escapatória, eis a vingança perfeita, eis aqui, somente aqui, o *destruidor da Lei*!". Doente da mais atormentada soberba, de repente sente-se restabelecido, o desespero moral se foi, pois a moral se foi, foi destruída — isto é, *cumprida*, lá na cruz! Até então, vira aquela morte vergonhosa como o principal argumento contra a "messianidade" de que falavam os seguidores da nova doutrina: e se ela fosse *necessária* para *abolir* a Lei? — As enormes consequências dessa ideia, dessa solução do enigma, revolteiam ante o seu olhar, ele se torna o mais feliz dos homens — o destino dos judeus, não, de todos os homens, parece-lhe atado a essa ideia, a esse instante de repentina iluminação, ele tem a ideia das ideias, a chave das chaves, a luz das luzes; em torno dele gira doravante a história! Pois ele é, a partir de então, aquele que ensina a *destruição da Lei*! Morrer para o mal — significa também morrer para a Lei; viver na carne — significa também viver na Lei! Haver-se tornado um com Cristo — significa haver-se tornado com ele o destruidor da Lei; ter morrido com ele — significa ter morrido para a Lei! Mesmo que ainda fosse possível pecar, não seria mais contra a Lei, "estou fora dela". "Se eu agora abraçasse de novo a Lei e me submetesse a ela, tornaria Cristo cúmplice do pecado"; pois a Lei existia para que se pecasse, ela produzia sempre o pecado, como humores corrosivos geram a doença; Deus jamais teria decidido a morte de Cristo, se o cumprimento da Lei fosse possível sem esta morte; agora não apenas toda culpa foi levada, como a culpa em si foi destruída; agora a Lei está morta, agora a carnalidade em que ela habitava se acha morta — ou, pelo menos, em contínuo morrer, como que se decompondo. Ainda um breve tempo no meio dessa decomposição! — eis a sina do cristão, antes de, tornado um com Cristo, ressuscitar com Cristo, partilhar com Cristo a glória divina e tornar-se "filho de Deus" como Cristo. — Assim a embriaguez de Paulo atinge seu cume, e também a impertinência de sua alma — com a ideia do "tornar-se um", todo pudor, toda subordinação, todo limite lhe foi tirado, e a indômita vontade da ânsia de domínio mostra-se como antecipado regalar-se em glórias *divinas*. — Este é o *primeiro cristão*, o inventor da cristandade! Até então havia apenas alguns sectários judeus. —

69. *Inimitável.* — Há uma enorme tensão e extensão entre inveja e amizade, entre autodesprezo e orgulho: na primeira vivia o grego, na segunda, o cristão.

70. *Para que serve um intelecto cru.* — A Igreja cristã é uma enciclopédia de cultos e concepções pré-históricas de origem bem diversa e, por isso, tão boa missionária: ela podia então, ela pode hoje, penetrar onde quiser, ela encontrava e encontra algo similar, a que pode se adaptar e gradualmente impregnar do seu sentido. Não o que possui de cristão, mas o universal-pagão de seus *costumes* é o motivo para a difusão dessa religião mundial; suas ideias, que têm raízes simultaneamente judaicas e helênicas, desde o princípio souberam erguer-se acima de particularidades e sutilezas nacionais e raciais, como que acima de preconceitos. Pode-se admirar a *força* que faz crescer e entremesclar os elementos mais diversos: mas não se esqueça também a qualidade desprezível dessa força — a espantosa crueza e moderação de seu intelecto no tempo da formação da Igreja, que lhe permitiu contentar-se com *qualquer alimento* e digerir antagonismos como seixos.

71. *A vingança cristã sobre Roma.* — Talvez nada seja tão cansativo quanto a visão de um perpétuo vencedor — por duzentos anos viu-se Roma sujeitar um povo atrás do outro, o círculo estava fechado, todo o futuro parecia no fim, todas as coisas arranjadas para um estado eterno — sim, quando o império *construía*, construía-se com o pensamento do "*aere perennius*" [mais duradouro que o bronze]; — nós, que conhecemos apenas a "melancolia das ruínas", mal podemos compreender essa bem outra *melancolia das construções eternas*, da qual era preciso tentar salvar-se como se podia — por exemplo, com a frivolidade de Horácio. Outros buscavam outros consolos para a fadiga que roçava o desespero, para a consciência mortal de que todos os movimentos do intelecto e do coração estavam sem esperança, de que em toda parte se achava a grande aranha, de que implacavelmente ela beberia todo o sangue, não importando onde ainda houvesse. — Esse mudo ódio de séculos a Roma, sentido por espectadores cansados, onde quer que Roma dominasse, desafogou-se afinal no *cristianismo*, na medida em que este juntou Roma, "mundo" e "pecado" numa só percepção: vingavam-se dela, imaginando um fim próximo e repentino para o mundo: vingavam-se dela, pondo novamente um futuro diante de si — Roma soubera transformar tudo em *sua* pré-história e seu presente —, um futuro em relação ao qual Roma já não parecia a coisa mais importante; vingavam-se dela, sonhando com o *Juízo Final* — e o judeu crucificado como símbolo da salvação era a suprema derrisão dos vistosos pretores romanos da província, pois eles pareceram, então, símbolos da perdição e do "mundo" maduro para o fim. —

72. *O "após a morte".* — O cristianismo encontrou a noção de castigos infernais em todo o império romano: os numerosos cultos secretos a vinham chocando com particular deleite, como o ovo mais fértil do seu poder. Epicuro acreditou nada fazer de mais relevante para seus iguais do que arrancar essa fé pela raiz: seu triunfo, que teve a expressão mais bela na voz do sombrio porém iluminado seguidor de sua doutrina, o romano Lucrécio, chegou cedo demais — o cristianismo tomou sob sua particular proteção a fé nos horrores subterrâneos, que já fenecia, e agiu habilmente ao fazê-lo! Como poderia, sem este ousado recurso ao pleno paganismo, vencer a popularidade dos cultos de Mitras e Ísis? Assim atraiu os temerosos para seu lado — os mais fortes aderentes de uma nova fé! Os judeus, sendo um povo que tinha e tem apego à vida, como os gregos e mais que os gregos, pouco haviam cultivado tais ideias: a morte definitiva como punição do pecador e a impossibilidade de ressurreição como ameaça extrema — isto já impressionava o bastante esses homens singulares, que não queriam desfazer-se do seu corpo, tendo a esperança, com seu refinado egipcismo, de salvá-lo por toda a eternidade. (Um mártir judeu, do qual se fala no segundo livro dos Macabeus,[23] não pretende renunciar às vísceras arrancadas: quer tê-las quando ressuscitar — isto é algo judeu!). A ideia de suplícios eternos era bem remota para os primeiros cristãos, eles pensavam estar *redimidos* "da morte" e a cada dia esperavam uma transformação, não mais uma morte. (Que estranho efeito deve ter produzido o primeiro falecimento nessa gente que esperava! Como se mesclaram, ali, admiração, júbilo, dúvida, vergonha, fervor! — um tema para grandes artistas, realmente!). Paulo não teve elogio maior para seu Salvador do que dizer que ele *abriu* a todos o acesso à imortalidade — ele ainda não crê na ressurreição dos não redimidos, e inclusive suspeita, conforme sua doutrina do impossível cumprimento da Lei e da morte como consequência do pecado, que até então ninguém (ou muito poucos, e por graça, sem mérito) tornou-se imortal; apenas então a imortalidade *começaria* a abrir suas portas — e, afinal, também muito poucos seriam para ela escolhidos: como a soberba do escolhido não deixa de acrescentar. — Por outro lado, quando o impulso à vida não era tão grande como entre os judeus e judeus-cristãos, e a perspectiva de imortalidade não parecia claramente mais valiosa que a perspectiva de uma morte definitiva, o acréscimo pagão do inferno, que tampouco era inteiramente não judeu, tornou-se um instrumento bem-vindo nas mãos dos missionários: surgiu a nova doutrina de que também o pecador e não redimido é imortal, a doutrina da danação eterna, e ela foi mais poderosa que o pensamento da *morte definitiva*, já inteiramente debilitado. Apenas a *ciência* reconquistou-o para si, ao rejeitar qualquer outra concepção da morte e qualquer vida no além. Ficamos mais pobres de um interesse: o "após a morte" já não nos diz respeito! — um benefício indescritível, apenas ainda muito recente para em toda parte ser visto como tal. — E Epicuro triunfa novamente!

73. *A favor da "verdade"!* — "A favor da verdade do cristianismo depõe a virtuosa conduta dos cristãos, sua fortaleza no sofrimento, sua fé firme e, principalmente, sua difusão e crescimento, apesar das tribulações", — assim falam vocês ainda hoje! É de fazer pena! Pois aprendam que nada disso depõe a favor ou contra a verdade, que a verdade é demonstrada de forma diferente da veracidade, e que esta não é, de modo nenhum, argumento a favor daquela!

74. *Pensamento oculto cristão.* — Teria sido este o mais comum pensamento oculto dos cristãos do primeiro século: "É melhor *convencer-se* da própria culpa do que da própria inocência, pois não se sabe exatamente qual a inclinação de um juiz tão *poderoso* — mas deve-se *temer* que ele só espere encontrar pessoas conscientes da culpa! Com seu grande poder, será mais fácil ele perdoar um culpado do que admitir que alguém tem razão na sua presença". — É o que sentia a pobre gente da província diante do pretor romano: "Ele é muito orgulhoso para que pudéssemos ser inocentes" — como não reapareceria este sentimento na representação cristã do juiz supremo?

75. *Não europeu e não nobre.* — Existe algo oriental e algo feminino no cristianismo: isso revela-se no pensamento de que

"Deus castiga aqueles a quem ama"; pois as mulheres, no Oriente, veem os castigos e sua segregação do mundo como indício de amor do seu marido, e queixam-se quando faltam tais indícios.

76. *Pensar mal é tornar mau.* — As paixões tornam-se más e pérfidas quando são consideradas más e pérfidas. Desse modo, o cristianismo conseguiu transformar Eros e Afrodite — grandes poderes passíveis de idealização — em espíritos e gênios infernais, mediante os tormentos que fez surgir na consciência dos crentes quando há excitação sexual. Não é algo terrível transformar sensações regulares e necessárias em fonte de miséria interior, e assim pretender tornar a miséria interior, *em cada pessoa*, algo regular e necessário? E isso permanece uma miséria escondida e, portanto, de raízes mais profundas: pois nem todos têm a coragem de Shakespeare, ao admitir seu ensombrecimento cristão nesse ponto, como faz nos sonetos. — Então é preciso considerar mau o que deve ser combatido, conservado em certos limites ou, em algumas circunstâncias, banido por completo da mente? Não é próprio de almas *vulgares* imaginar sempre *mau* um inimigo? E *pode-se* chamar Eros de inimigo? As sensações sexuais têm em comum, com aquelas compassivas e veneradoras, que nelas uma pessoa faz bem a outra mediante o seu prazer — tais arranjos benevolentes não se acham com frequência na natureza! E denegrir justamente um deles e estragá-lo com a má consciência! Irmanar a procriação dos seres humanos à má consciência! — Por fim, essa demonização de Eros teve um desfecho de comédia: o "demônio" Eros veio a tornar-se mais interessante, para as pessoas, do que todos os anjos e santos, graças ao murmúrio e sigilo da Igreja nas coisas eróticas: seu efeito, até em nossa época, foi tornar a *história de amor* o único verdadeiro interesse comum a *todos* os círculos — num exagero incompreensível para a Antiguidade, e que um dia dará lugar à risada. Toda a produção de nossos poetas e pensadores, da maior à mais insignificante, é mais que caracterizada pela excessiva importância da história de amor, que nela surge como história principal: por conta disso, talvez a posteridade julgue que em toda a herança da cultura cristã há algo mesquinho e maluco.

77. *Dos tormentos da alma.* — Por qualquer tormento que alguém inflige a um corpo alheio, todos gritam atualmente; há indignação imediata contra um homem capaz disso; trememos já com a ideia de um tormento que poderia ser imposto a um homem ou animal, e sofremos de modo insuportável, ao ouvir sobre um ato comprovado desse gênero. Mas ainda estamos longe de sentir da mesma forma geral e determinada, em relação aos martírios da alma e o horror que é infligi-los. O cristianismo utilizou-os numa escala inaudita e ainda prega constantemente essa espécie de tortura; chega a queixar-se, com total inocência, de deserção e tibieza, quando se verifica um estado sem esses tormentos. — De tudo isso resulta que a humanidade ainda se comporta, ante a morte na fogueira, as torturas e instrumentos de tortura espirituais, com a mesma angustiada paciência e indecisão de outrora, ante as crueldades infligidas nos corpos de homens e animais. O inferno, verdadeiramente, não permaneceu palavra morta: e aos novos medos infernais criados correspondeu também uma nova espécie de compaixão, uma atroz e esmagadora piedade, desconhecida em outros tempos, para com os "irremissivelmente condenados ao inferno", que o convidado de pedra mostra em relação a Don Juan, por exemplo, e que, nos séculos cristãos, deve ter levado até mesmo as pedras ao lamento. Plutarco apresenta a imagem sombria de um supersticioso dentro do paganismo: esta imagem torna-se inofensiva quando comparada ao cristão da Idade Média, que *presume* não mais poder escapar ao "martírio eterno". Terríveis augúrios lhe aparecem: talvez uma cegonha que carrega uma serpente no bico e *hesita* em devorá-la. Ou a natureza empalidece repentinamente, ou cores inflamadas passam voando sobre o chão. Ou aproximam-se formas de parentes falecidos, com rostos que têm traços de horríveis sofrimentos. Ou as paredes escuras do quarto do homem que dorme se iluminam, e nelas se

mostram, em fumaça amarela, instrumentos de tortura e uma profusão de serpentes e demônios. Sim, em que horrenda morada o cristianismo soube transformar a terra, apenas por erguer em toda parte o crucifixo e assim designá-la como o lugar "onde o justo é *supliciado* até a morte"! E, quando a veemência dos grandes pregadores levou a público o secreto sofrimento dos indivíduos, as torturas da "pequena câmara", quando, por exemplo, um Whitefield[24] pregou "como um moribundo aos moribundos", ora afundando em lágrimas, ora batendo os pés com força e paixão, em tons de voz incisivos e bruscos, e sem pejo de lançar todo o peso de um ataque a uma única pessoa, segregando-a terrivelmente da comunidade — como parecia a terra querer realmente tornar-se, a cada vez, o "campo do infortúnio"! Via-se então afluírem massas inteiras, como que sob o ataque de uma só loucura; muitas pessoas em espasmos de medo; outras a jazer imóveis, sem consciência; algumas tremiam fortemente, ou enchiam o ar de gritos penetrantes que duravam horas. Em toda parte um sonoro ofegar, como de gente quase asfixiada que busca um pouco de ar. "E, na verdade", diz uma testemunha dessas pregações, "quase todos os sons ouvidos eram de pessoas que *morrem num amargo tormento*". — Não esqueçamos que apenas o cristianismo tornou o *leito de morte* um leito de suplícios, e que, com as cenas que desde então foram vistas sobre ele, com os horrorosos sons que pela primeira vez ali pareceram possíveis, foram envenenados os sentidos e o sangue de incontáveis testemunhas, por toda a sua vida e a de seus descendentes! Imaginemos uma pessoa inofensiva, que não consegue refazer-se de ter escutado as seguintes palavras: "Oh, eternidade! Oh, antes não tivesse eu alma! Oh, antes não tivesse jamais nascido! Estou condenado, condenado, perdido para sempre. Seis dias atrás vocês poderiam ter me ajudado. Mas agora acabou. Hoje pertenço ao Diabo, com ele vou para o inferno. Partam-se, pobres corações de pedra! Não querem partir-se? Que mais pode suceder a corações de pedra? Estou condenado para que vocês se salvem! Aí está ele! Venha, bom Diabo! Venha!".—

78. *A justiça que pune.* — Infelicidade e culpa — essas duas coisas foram postas pelo cristianismo na mesma balança: de modo que, quando é grande a infelicidade que sucede a uma culpa, ainda hoje a grandeza da culpa é involuntariamente medida por ela. Mas isso não é *antigo*, e por causa disso a tragédia grega, que tanto fala de infelicidade e culpa, embora em sentido bem diferente, está entre os grandes liberadores do ânimo, numa medida que aos próprios antigos não era dado sentir. Eles permaneceram tão inócuos que não estabeleceram "relação adequada" entre culpa e infelicidade. A culpa de seus heróis trágicos é a pequena pedra na qual tropeçam e, por isso, quebram o braço ou arrancam um olho: a sensibilidade antiga comentava sobre isso: "Sim, ele deveria ter seguido sua estrada com mais cautela e menos petulância!". Mas apenas ao cristianismo estava reservado dizer: "Eis uma grave infelicidade, e por trás dela *tem* de se esconder uma culpa *grave, igualmente grave*, ainda que não a vejamos claramente! Se você, infeliz, não percebe isto *assim*, está *endurecido* — experimentará coisas ainda piores!". — Na Antiguidade ainda havia realmente infelicidade, pura, inocente infelicidade; apenas no cristianismo tudo se torna castigo, punição bem merecida: ele faz sofredora também a imaginação do sofredor, de modo que este, em tudo o que sucede de mau, sente-se moralmente reprovado e reprovável. Pobre humanidade! Os gregos têm uma palavra própria para a indignação com a infelicidade do outro: este afeto era inadmissível entre os povos cristãos e desenvolveu-se pouco, e assim eles carecem de nome para esse irmão *viril* da compaixão.

79. *Uma sugestão.* — Se nosso Eu, conforme Pascal e o cristianismo, é sempre *odiável*, como poderíamos supor e admitir que outros o amem — seja Deus ou homem! Seria contrário a toda decência, fazer-se amar sabendo muito bem que merece apenas ódio — para não falar de sentimentos outros, de repulsa. — "Mas este é justamente o reino da graça." — Então o seu amor ao próximo é para vocês uma graça? Sua compaixão é uma graça? Bem, se isto é possível para vocês, deem um passo adiante: amem a si mesmos pela graça — então não mais terão necessidade de seu Deus, e todo o drama da queda e da redenção se desenrolará em vocês mesmos até o fim!

80. *O cristão compassivo.* — O reverso da compaixão cristã pelo sofrimento do próximo é a profunda suspeita de toda alegria do próximo, de sua alegria em tudo o que quer e pode.

81. *Humanidade do santo.* — Um santo apareceu no meio dos crentes, e não podia mais aguentar o seu ódio incessante ao pecado. Afinal disse: "Deus criou todas as coisas, exceto o pecado: surpreende que seja maldisposto em relação a este? — Mas o homem criou o pecado — e deveria rejeitar este seu único filho, apenas porque desagrada a Deus, o avô do pecado? Isto é humano? Honra a quem ela é devida! — mas o coração e a obrigação devem falar primeiro a favor do filho — e apenas depois em honra do avô!".

82. *O ataque eclesiástico.* — "Isso você deve resolver consigo mesmo, pois trata-se de sua vida", com essa exclamação Lutero nos interpela, acreditando que sentimos a faca no pescoço. Mas nós o rechaçamos com as palavras de alguém mais elevado e mais ponderado: "Está em nossas mãos não formar opinião sobre isso ou aquilo, poupando o desassossego à nossa alma. Pois as coisas mesmas não podem, de sua própria natureza, *forçar-nos* a um julgamento".

83. *Pobre humanidade!* — Uma gota de sangue a mais ou a menos, em nosso cérebro, pode tornar extremamente miserável e dura a nossa vida, de tal modo que sofreremos mais com essa gota do que Prometeu com seu abutre. O mais terrível, porém, acontece quando não se *sabe* que essa gota é a causa. E sim "o Diabo"! Ou "o pecado"! —

84. *A filologia do cristianismo.* — Pode-se muito bem calcular quão pouco o cristianismo educa o sentido de honestidade e justiça pelo caráter dos escritos de seus eruditos: eles apresentam suas conjecturas ousadamente, como se fossem dogmas, e é raro que se vejam em honesto embaraço quanto à interpretação de uma passagem bíblica. Frequentemente dizem: "Eu estou certo, pois assim está escrito" — e segue-se uma interpretação de despudorado arbítrio, de maneira que um filólogo hesita entre a cólera e o riso ao escutá-la, e várias vezes pergunta a si mesmo: é possível? É respeitável? É ao menos decente? — Quanta desonestidade, nesse aspecto, ainda é cometida nos púlpitos protestantes, como o pregador explora grosseiramente a vantagem de ninguém aí lhe cortar a palavra, como a Bíblia é empurrada e espremida, e a *arte da má leitura* é formalmente ensinada ao povo: isso é subestimado apenas por quem nunca — ou sempre — vai à igreja. Mas, por fim, que devemos esperar das consequências de uma religião que, nos séculos de sua fundação, representou aquela inaudita farsa filológica em torno do Antigo Testamento: falo da tentativa de arrebatar aos judeus o Antigo Testamento, afirmando que não contém senão doutrinas cristãs e que *pertence* aos cristãos, como o verdadeiro povo de Israel: enquanto os judeus o teriam apenas usurpado. E então se deu um furor de interpretação e atribuição, que não podia estar ligado à boa consciência: por mais que protestassem os eruditos judeus, supunha-se que o Antigo Testamento falasse de Cristo e apenas de Cristo, em particular de sua cruz, e onde quer que fosse mencionada uma madeira, uma vara, uma escada, um ramo, uma árvore, uma haste, um bastão, isto significava uma profecia da madeira da cruz: mesmo a instituição do Unicórnio e da serpente de bronze, mesmo Moisés, ao estender os braços em oração, até os espetos em que é assado o cordeiro da Páscoa — tudo é alusão e como que prelúdio à cruz! Terá *acreditado* nisso alguém que o afirmou? Considere-se que a Igreja não hesitou em aumentar o texto da *Septuaginta* (p. ex., no Salmo 96, versículo 10), para depois usar no sentido da profecia cristã o trecho contrabandeado. Estava-se numa *batalha*, pensava-se nos inimigos, não na honestidade.

85. *Sutileza na carência.* — Não zombem da mitologia dos gregos por semelhar tão pouco sua profunda metafísica! Vocês deveriam admirar um povo que precisamente nisso pôs freio em seu agudo entendimento e teve tato bastante, durante muito tempo, para evitar o perigo da escolástica e da sofisticada superstição.

86. *Os intérpretes cristãos do corpo.* — O que quer que provenha do estômago, dos intestinos, da batida do coração, dos nervos, da bílis, do sêmen — todas as indisposições, fraquezas, irritações, todos os acasos de uma máquina que conhecemos tão pouco! — tudo isso um cristão como Pascal tem de considerar um fenômeno moral e religioso, perguntando se ali se acha Deus ou o Diabo, o bem ou o mal, a salvação ou a danação. Oh, intérprete infeliz! Como precisa revirar e torturar seu sistema! Como ele próprio necessita revirar-se e torturar-se para ter razão!

87. *O milagre moral.* — O cristianismo conhece, no âmbito moral, apenas o milagre: a súbita mudança de todos os juízos de valor, o súbito abandono de todos os hábitos, o súbito e irresistível pendor para novos objetos e pessoas. Ele concebe este fenômeno como obra divina e o chama de ato de renascimento, dando-lhe um valor único, incomparável — tudo o mais que se chama de moralidade, e que não tem relação com esse milagre, vem a ser indiferente para os cristãos, e talvez até objeto de medo, enquanto sentimento de bem-estar e de orgulho. No Novo Testamento está o cânone da virtude, do cumprimento da Lei: mas de forma tal que é o cânone da *virtude impossível*: ante um cânone assim, os que ainda *se empenham* moralmente devem aprender a sentir-se cada vez mais *distantes* de sua meta, e enfim *lançar-se nos braços* do misericordioso — apenas com esse remate o empenho moral de um cristão poderia ser considerado valioso, pressupondo, então, que sempre seja um *empenho* malsucedido, desprazeroso, melancólico; desse modo poderia também *servir* para ocasionar esse minuto extático em que o homem vivencia a "irrupção da graça" e o milagre moral: — mas *necessária* esta luta pela moralidade não é, pois não raro esse milagre se abate justamente sobre o pecador, quando ele, por assim dizer, floresce com a lepra do pecado; sim, o salto desde a mais profunda e radical pecaminosidade para o seu oposto parece mesmo algo mais fácil e, como *prova* evidente do milagre, também mais *desejável*. — Aquilo que, de resto, pode significar fisiologicamente uma tal *virada* repentina, irracional e irresistível, essa troca da mais profunda miséria pelo mais profundo bem-estar (talvez uma epilepsia mascarada?) — isso hão de ponderar os psiquiatras, que têm abundante ocasião de observar tais "milagres" (por exemplo, como mania assassina, ou mania suicida). O resultado relativamente "*mais agradável*", no caso do cristão, não constitui diferença essencial. —

88. *Lutero, o grande benfeitor.* — A mais significativa realização de Lutero foi a desconfiança que despertou pelos santos e toda a *vita contemplativa* cristã: só a partir de então se abriu novamente o caminho para a *vita contemplativa* não cristã na Europa, e pôs-se um limite ao desprezo da atividade mundana e dos leigos. Lutero, que continuou sendo um bravo filho de mineiro quando o encerraram num monastério, e que ali, na ausência de outras profundidades e "cavidades", desceu em si mesmo e perfurou horrendas galerias escuras — notou, enfim, que uma vida santa e contemplativa lhe era impossível, e que sua inata "atividade" de corpo e de alma o destruiria. Por tempo demais buscou achar o caminho para o sagrado com mortificações — afinal tomou sua decisão e pensou: "Não *existe* verdadeira *vita contemplativa*! Fomos enganados! Os santos não valiam mais do que nós todos". — Esta foi, sem dúvida, uma forma camponesa de ter razão — mas, para os alemães daquele tempo, a forma reta e única: como se edificavam, ao ler então no seu catecismo luterano: "Fora dos Dez Mandamentos não há obra que possa *agradar* ao Senhor — as *célebres* obras espirituais dos santos foram imaginadas por eles".

89. *A dúvida como pecado.* — O cristianismo fez o máximo para fechar o círculo e proclamou a dúvida como pecado. O indivíduo deve ser lançado na fé sem a razão, por um milagre, e nela banhar-se como no mais claro e inequívoco elemento: a menor olhada para uma terra firme, o simples pensamento de talvez não estar ali somente para banhar-se, a mais leve agitação de nossa natureza anfíbia — é pecado! Note-se que, desse modo, a fundamentação da fé e toda reflexão sobre a sua origem são também excluídas como pecaminosas. O que se quer é cegueira e vertigem, e um eterno cântico sobre as ondas em que se afogou a razão!

90. *Egoísmo contra egoísmo.* — Muitos prosseguem raciocinando que "a vida não seria tolerável, se não houvesse Deus!" (ou, como se coloca nos círculos idealistas: "A vida não seria tolerável, se lhe faltasse a significação ética de seu fundamento"!) — logo, *tem* de haver um Deus (ou uma significação ética da existência)! Ocorre, na verdade, que quem se habituou a tais noções não deseja uma vida sem elas: que podem, portanto, ser necessárias para esta pessoa, para sua conservação — mas que presunção decretar que tudo o que é necessário para a minha conservação *deve* existir realmente! Como se minha conservação fosse algo necessário! E se outros sentissem de maneira oposta? Se não quisessem viver sob as condições desses dois artigos de fé, e não mais considerassem a vida digna de ser vivida? — E assim é atualmente!

91. *A honestidade de Deus.* — Um Deus que é onisciente e onipotente e que não cuida em que sua intenção seja compreendida por suas criaturas — seria esse um Deus da bondade? Que deixa inumeráveis dúvidas e apreensões continuarem existindo por milênios, como se fossem irrelevantes para a salvação da humanidade, e que, no entanto, deixa entrever as mais terríveis consequências de um equívoco em relação à verdade? Não seria este um Deus cruel, se tivesse a verdade e pudesse acompanhar como a humanidade se aflige lamentavelmente por ela? — Mas talvez seja realmente um Deus da bondade — e apenas não *conseguiu* expressar-se mais claramente! Faltou-lhe talvez espírito para isso? Ou eloquência? Tanto pior! Então talvez se engane também no que chama de sua "verdade", e ele próprio não seria muito diferente do "pobre Diabo iludido"! Não deve suportar tormentos quase infernais ao ver suas criaturas sofrerem tanto por seu conhecimento, e continuarem sofrendo ainda mais em toda a eternidade, e *não* poder aconselhar e ajudar, senão como um surdo-mudo que faz todo tipo de sinais quando o mais terrível perigo espreita seu filho ou seu cão? — Seria verdadeiramente perdoável, num crente em aflição e que assim concluísse, que tivesse antes compaixão pelo Deus sofredor do que pelos "próximos" — pois não são mais os seus próximos, se o mais solitário e primordial dos seres é também o mais sofredor e carente de consolo. — Todas as religiões trazem uma marca de que devem sua origem a um intelecto novo e imaturo da humanidade — são todas espantosamente *levianas* com a obrigação de dizer a verdade: ainda ignoram a obrigação, *por parte de Deus*, de ser veraz e claro na comunicação com a humanidade. — Acerca do "Deus oculto" e das razões para manter-se oculto e manifestar-se apenas com meias palavras ninguém foi mais eloquente do que Pascal, um indício de que ele nunca esteve tranquilo quanto a isso: mas sua voz soa bem confiante, como se ele tivesse penetrado nos bastidores. Teve o pressentimento de uma imoralidade no "*deus absconditus*" [deus oculto], e um enorme pudor e temor de admiti-lo para si mesmo: e assim, como alguém que tem medo, falou o mais alto que podia.

92. *No leito de morte do cristianismo.* — Os homens realmente ativos estão agora interiormente sem cristianismo, e os mais moderados e pensativos da classe média intelectual têm apenas um cristianismo adaptado, ou seja, admiravelmente *simplificado*. Um Deus que, em seu amor, tudo dispõe para que venha a ser o melhor para nós, um Deus que dá e toma tanto a nossa virtude como a nossa felicidade, de modo que as coisas, em geral, vão sempre bem, não há razão para ver tristemente a vida ou até mesmo denunciá-la, em suma, a resignação e a modéstia tornadas divindades — isso é o que de melhor e mais vivo ainda resta do cristianismo. Mas deve-se notar que assim o cristianismo se converteu num brando *moralismo*: o que resta não é tanto "Deus, liberdade e imortalidade" como benevolência e atitude decorosa, e a crença de que em todo o universo predominarão a benevolência e a atitude decorosa: é a *eutanásia* do cristianismo.

93. *Que é a verdade?* — Quem não admitirá a *dedução* que os fiéis gostam de fazer: "A ciência não pode ser verdadeira, pois nega a Deus. Portanto, não procede de Deus; portanto, não é verdadeira — pois Deus é a verdade." Não a dedução, mas o pressuposto contém um erro: e se Deus *não* fosse a verdade, e justamente isso fosse provado? se ele fosse a vaidade, o apetite de poder, a impaciência, o terror, a entusiasmada e horrorizada loucura dos homens?

94. *Remédio para os irritados.* — Paulo já era de opinião que um sacrifício é necessário para remover a profunda irritação de Deus com o pecado: e desde então os cristãos nunca cessaram de descarregar numa *vítima* o seu desgosto consigo mesmos — seja ela o "mundo", a "história", a "razão", a alegria ou o sossego de outros homens — alguma coisa *boa* deve morrer (ainda que só em *effigie* [efígie]) pelo pecado *deles*!

95. *A refutação histórica como refutação definitiva.* — Outrora buscava-se demonstrar que não existe Deus — hoje mostra-se como pôde *surgir* a crença de que existe Deus e de que modo essa crença adquiriu peso e importância: com isso torna-se supérflua a contraprova de que não existe Deus. — Quando, outrora, eram refutadas as "provas da existência de Deus" apresentadas, sempre restava a dúvida de que talvez fossem achadas provas melhores do que aquelas que vinham de ser refutadas: naquele tempo os ateus não sabiam limpar completamente a mesa.

96. "*In hoc signo vinces*" [Com este sinal vencerás].[25] — Por mais que haja progredido em outros âmbitos, em matéria de religião a Europa não alcançou ainda a liberal ingenuidade dos antigos brâmanes: sinal de que na Índia de quatro mil anos atrás havia mais pensamento, e costumava-se herdar mais prazer no pensar, do que agora entre nós. Pois aqueles brâmanes achavam, primeiramente, que os sacerdotes eram mais poderosos que os deuses, e, em segundo lugar, que era nos costumes que residia o poder dos sacerdotes: razão pela qual os poetas não se cansaram de louvar os costumes (orações, cerimônias, sacrifícios, cantos, metros) como os autênticos dispensadores de tudo o que era bom. Mesmo que muita poesia e superstição tenha se misturado a tudo isso: os princípios são *verdadeiros*! Um passo adiante, e os deuses foram deixados de lado — o que a Europa também terá de fazer um dia! Mais um passo adiante, e já não havia mais necessidade dos sacerdotes e intermediários, e apareceu Buda, o mestre da *religião da autorredenção*: — como a Europa ainda se acha distante desse estágio da cultura! Quando, afinal, também forem destruídos os usos e costumes em que se sustenta o poder dos deuses, dos sacerdotes e redentores, ou seja, quando a moral, no velho sentido, estiver morta: então virá — sim, o que virá então? Mas não procuremos adivinhar; cuidemos, isto sim, de que a Europa retome o que há alguns milênios já se fez na Índia como ditame do pensamento! Talvez haja agora, entre os diversos povos da Europa de hoje, entre dez e vinte milhões de indivíduos que não mais "creem em Deus"— é exigir muito que *façam sinal* uns para os outros? Tão logo se *conheçam* dessa forma, também se darão a conhecer — de imediato serão um *poder* na Europa e, felizmente, um poder *entre* os povos! Entre as classes! Entre rico e pobre! Entre mandantes e submissos! Entre os indivíduos mais inquietos e os mais quietos e aquietadores!

LIVRO II

97. *Não nos tornamos morais por ser morais!* — A submissão à moral pode ser servil ou vaidosa, ou egoísta, ou resignada, ou obtusamente fanática, ou irrefletida, ou um ato de desespero, como a submissão a um príncipe: em si, não é nada moral.

98. *Mudança da moral.* — Há uma contínua transformação e elaboração da moral — ocasionada pelos *crimes com desfecho feliz* (entre os quais estão, por exemplo, todas as inovações do pensamento moral).

99. *Em que coisa somos todos irracionais.* — Ainda tiramos conclusões de juízos que consideramos errados, de doutrinas em que não mais acreditamos — por meio de nossos sentimentos.

100. *Acordando de um sonho.* — Homens nobres e sábios já acreditaram na música das esferas:[26] homens nobres e sábios ainda acreditam na "significação moral da existência". Mas um dia também essa música das esferas não será mais escutada por seus ouvidos! Eles vão acordar e perceber que seus ouvidos sonharam.

101. *Digno de reflexão.* — Aceitar uma crença porque é costume — mas isto significa: ser falso, ser covarde, ser preguiçoso! — Então falsidade, covardia e preguiça poderiam ser pressupostos da moralidade?

102. *Os mais velhos juízos morais.* — Qual nosso comportamento ante a ação de alguém à nossa volta? — Primeiro atentamos para o que dela resulta *para nós* — observamo-la apenas sob esse ponto de vista. Tomamos *este* efeito como o *propósito* da ação — e afinal atribuímos a esta pessoa, como característica *permanente*, a posse de tais intenções, e desde então a chamamos de "indivíduo danoso", por exemplo. Um triplo engano! Triplo erro imemorial! Talvez uma nossa herança dos animais e de sua faculdade de juízo! A *origem de toda moral* deve ser buscada nas pequenas conclusões execráveis: "O que me prejudica é algo *ruim* (prejudicial em si); o que me ajuda é algo *bom* (benéfico e vantajoso em si); o que me prejudica *uma vez ou algumas vezes* é o elemento inimigo em si e por si; o que me ajuda *uma vez ou algumas vezes* é o elemento amigo em si e por si". *O pudenda origo* [Oh, vergonhosa origem]! Não significa isso imaginar que a reles, ocasional, muitas vezes casual *relação* de um outro para conosco é sua *essência* e o que tem de mais seu, e afirmar que ele é capaz de ter, com todo o mundo e consigo mesmo, apenas relações como a que vivenciamos uma ou algumas vezes com ele? E por trás dessa verdadeira tolice não se acha o mais imodesto dos pensamentos ocultos, o de que nós mesmos devemos ser o princípio do bem, pois o bem e o mal se medem conforme a nossa medida? —

103. *Há dois tipos de negadores da moralidade.* — "Negar a moralidade" — isso pode significar, *primeiro*: negar que os motivos morais que as pessoas *alegam* tenham-nas realmente impelido a seus atos — ou seja, a afirmação de que a moralidade consiste em palavras e é parte dos embustes grosseiros ou sutis (embustes de si mesmo, em especial) dos seres humanos, e talvez principalmente dos mais famosos pela virtude. *Depois* pode significar: negar que os juízos morais repousem sobre verdades. Nesse caso se admite que são realmente motivos da ação, mas que, dessa forma, são os *erros*, fundamento de todo juízo moral, que impelem os indivíduos a suas ações morais. Este é o *meu* ponto de vista; mas seria o último a ignorar que *em muitíssimos casos* a sutil desconfiança do primeiro ponto de vista, ou seja, no espírito de La Rochefoucauld, é também justificada e, certamente, de grande utilidade geral. — Assim, nego a moralidade como nego a alquimia, ou seja, nego os seus pressupostos; mas *não* que tenha havido alquimistas que acreditaram nesses pressupostos e agiram de acordo com eles. — Também nego a imoralidade: *não* que inúmeras pessoas *sintam-se* imorais, mas que haja razão *verdadeira* para assim sentir-se. Não nego, como é evidente — a menos que eu seja um tolo —, que muitas ações consideradas imorais devem ser evitadas e combatidas; do mesmo modo, que muitas consideradas morais devem ser praticadas e promovidas — mas acho que, num caso e no outro, *por razões outras que as de até agora*. Temos que aprender a *pensar de outra forma* — para enfim, talvez bem mais tarde, alcançar ainda mais: *sentir de outra forma*.

104. *Nossas valorações.* — Todas as ações remontam a valorações, todas as valorações são *próprias* ou *adotadas* — essas últimas são bem mais numerosas. Por que as adotamos? Por medo — isto é: achamos aconselhável fazer como se fossem também nossas — e nos acostumamos a tal dissimulação, de modo que ela termina por ser nossa natureza. Valoração própria quer dizer: medir uma coisa conforme o prazer ou desprazer que causa justamente a nós e a ninguém mais — algo bastante raro! — Mas nossa valoração do outro, em que se acha o motivo para, na maioria dos casos, utilizarmos *sua* valoração, não deve ao menos partir de *nós*, ser nossa *própria* determinação? Sim, mas chegamos a ela quando *criança*, e raramente mudamos a forma de pensar; em geral somos, por toda a vida, os bufões dos juízos infantis a que nos habituamos, na maneira como julgamos nosso próximo (seu espírito, categoria, moralidade, sua natureza exemplar ou condenável) e achamos necessário render tributo a suas valorações.

105. *O aparente egoísmo.* — A grande maioria dos homens, não importa o que pensem ou digam do seu "egoísmo", nada faz durante a vida por seu *ego*,[27] mas apenas pelo fantasma de *ego* que sobre eles formou-se nas mentes à sua volta e lhes foi comunicado — em consequência, vivem todos numa névoa de opiniões impessoais e semipessoais e de valorações arbitrárias, como que poéticas, um na mente do outro, e essa mente em outras: um estranho mundo de fantasmas, que sabe mostrar uma aparência tão sóbria! Essa névoa de opiniões e hábitos cresce e vive quase de forma independente das pessoas que envolve; dela depende o enorme efeito dos juízos universais sobre o "homem" — todos esses homens desconhecidos de si próprios acreditam na exangue abstração "homem", ou seja, numa ficção; e toda mudança realizada nessa abstração pelos juízos de indivíduos poderosos (como príncipes e filósofos) influi extraordinariamente e em medida irracional sobre a grande maioria — tudo pela razão de que nenhum indivíduo dessa maioria é capaz de contrapor à pálida ficção universal um *ego* real, a ele acessível e por ele examinado, e assim aniquilá-la.

106. *Contra as definições dos objetivos morais.* — Em toda parte o objetivo da moral é agora definido aproximadamente assim: é a conservação e promoção da humanidade; mas isto significa querer uma fórmula e nada mais. Conservação *de quê?*, deve-se imediatamente perguntar. Promoção *para onde?* Justamente o essencial, a resposta a esses *de quê?* e *para onde?*, não é omitido na fórmula? O que é possível estabelecer com ela, para a doutrina dos deveres, que já não seja tido agora como estabelecido, tacitamente e sem reflexão? Pode-se ver, com base nela, se devemos considerar a existência mais longa possível para a humanidade? Ou a maior desanimalização possível da humanidade? Como deveriam ser diferentes nos dois casos os meios, ou seja, a moral prática! Supondo que se queira dar à humanidade a sua maior racionalidade possível: isto não significaria, certamente, garantir-lhe a sua maior duração possível! Ou, supondo que se pense na sua "mais alta felicidade" como sendo o *para onde* e o *de quê*: pensa-se no mais alto grau que homens individuais poderiam gradualmente atingir? Ou numa felicidade média de todos, absolutamente incalculável, mas finalmente alcançável? E por que seria justamente a moralidade o caminho para isso? Por meio dela não se abriu, no conjunto, uma tal profusão de fontes de desgosto que se poderia antes julgar que cada refinamento da moralidade tornou o homem *mais insatisfeito* consigo, com seu próximo e seu quinhão na existência? O homem mais moral que até hoje viveu não acreditou que a única condição justificada do homem, diante da moral, é a *mais profunda infelicidade*?

107. *Nosso direito a nossa tolice.* — Como se deve agir? Para que se deve agir? — Nas necessidades imediatas e mais grosseiras do indivíduo, essas questões são facilmente respondidas, mas quanto mais sutis, vastas e relevantes as esferas de ações que penetramos, tanto mais insegura, e portanto mais arbitrária, será a resposta. Mas justamente aqui o arbitrário deve ser excluído das decisões! — é o que exige a autoridade da moral: um confuso temor e veneração deve, sem demora, guiar o homem justamente nas ações cujos fins e meios não lhe são *imediatamente* claros! Essa autoridade da moral impede o pensamento em coisas nas quais poderia ser perigoso pensar de maneira errada —: assim costuma ela justificar-se diante de seus acusadores. "Errada" significa aqui "perigosa" — mas perigosa para quem? Geralmente não é o perigo daquele que age que os detentores da autoridade moral têm em mente, mas *o seu* perigo, sua possível perda de poder e influência, tão logo seja concedido a todos o direito de agir arbitrária e tolamente, segundo a própria razão, seja grande ou pequena: pois para si mesmos não hesitam em utilizar o direito à arbitrariedade e à tolice — eles *ordenam*, também quando as perguntas "Como devo agir? Para que devo agir?" mal e dificilmente podem ser respondidas. — E, se a *razão* da humanidade cresce tão lentamente que muitas vezes negou-se este crescimento no curso total da humanidade: o que teria mais culpa por isso, senão esta cerimoniosa presença, e mesmo onipresença, de comandos morais, que não admite que a pergunta *individual* pelo "para quê" e o "como?" adquira expressão? Não fomos educados para *sentir pateticamente* e nos refugiar no obscuro, precisamente quando o intelecto deveria olhar do modo mais claro e frio possível? Ou seja, em todos os assuntos mais altos e mais relevantes.

108. *Algumas teses.* — Ao indivíduo, *enquanto* busca sua felicidade, não se deve dar prescrições sobre o caminho para a felicidade: pois a felicidade individual brota de leis próprias, desconhecidas de todos, e preceitos externos podem apenas inibi-la, impedi-la. — Os preceitos chamados de "morais" são, na verdade, dirigidos contra os indivíduos, e não querem absolutamente a sua felicidade. Tampouco referem-se eles à "felicidade e bem-estar da humanidade" — palavras a que não é possível ligar conceitos rigorosos, e menos ainda usar como estrelas-guia no escuro oceano dos empenhos morais. — Não é verdade que a moralidade, como quer o preconceito, seja mais propícia ao desenvolvimento da razão que a imoralidade. — Não é verdade que o *objetivo inconsciente*, no desenvolvimento de todo ser consciente (bicho, homem, humanidade, etc.), seja sua "felicidade suprema": trata-se antes de alcançar, em todos os estágios do desenvolvimento, uma felicidade particular e incomparável, nem superior nem inferior, mas simplesmente peculiar. Desenvolvimento não busca felicidade, mas desenvolvimento e nada mais. — Apenas se a humanidade tivesse um *objetivo* geralmente reconhecido poderia alguém propor: "De tal e tal modo *deve-se* agir"; atualmente não há esse objetivo. Logo, não se deve relacionar as exigências da moral à humanidade, o que é insensatez e diversão. — *Recomendar* à humanidade um objetivo é algo bem diferente: então ele é concebido como algo que está *ao nosso bel-prazer*; supondo que agradasse à humanidade a proposta, ela poderia então *dar-se* uma lei moral, igualmente a partir de seu bel-prazer. Mas até agora a lei moral devia estar *acima* do bel-prazer: não queríamos propriamente *dar-nos* essa lei, e sim *tomá-la* de alguma parte, ou *achá-la* em algum lugar, ou *deixá-la impor-se* de alguma parte.

109. *Autodomínio e moderação, e seu motivo último.* — Não encontro mais que seis métodos essencialmente diferentes de combater a veemência de um impulso. Primeiro, pode-se evitar as ocasiões para satisfazer o impulso e, através de longos, cada vez mais longos períodos de não satisfação, enfraquecê-lo e fazê-lo secar. Depois, pode-se fixar uma estrita regularidade na sua satisfação; ao impor-lhe dessa forma uma regra e colocar seu fluxo e refluxo em firmes limites de tempo, ganha-se intervalos em que ele não mais incomoda — e daí se pode, talvez, passar ao primeiro método. Terceiro, é possível entregar-se deliberadamente à satisfação selvagem e irrefreada de um impulso, para vir a ter nojo dele e, com este nojo, adquirir poder sobre o impulso: desde que não se faça como o cavaleiro que esporeia ao máximo o seu cavalo e quebra assim o próprio pescoço — o que, infelizmente, é a norma nessas tentativas. Quarto, há um artifício intelectual que é ligar firmemente à satisfação um pensamento muito doloroso, de modo que, após algum exercício, o próprio pensamento da satisfação é sentido como doloroso (por exemplo, quando o cristão se acostuma a pensar na presença e na zombaria do Diabo, no momento do prazer sexual, ou no eterno castigo do inferno para um assassinato por vingança, ou simplesmente no desprezo que causaria um furto de dinheiro, por exemplo, nas pessoas que ele mais venera, ou, como muitos já fizeram tantas vezes, quando alguém contrapõe a imagem do choro e autorrecriminação de parentes e amigos ao veemente desejo de suicídio, e com isto se mantém no limiar da vida: — agora estas ideias se sucederão nele como causa e efeito). Isso também ocorre quando o orgulho de um homem se rebela, como lorde Byron e Napoleão, por exemplo, e sente como uma afronta o predomínio de um determinado afeto sobre a atitude geral e a ordem da razão: daí surge o hábito e a vontade de tiranizar o impulso e fazê-lo como que gemer. ("Recuso-me a ser escravo de algum apetite" — escreveu Byron em seu diário). Quinto: a pessoa faz um deslocamento de suas quantidades de energia, ao impor-se um trabalho particularmente duro e cansativo ou sujeitar-se deliberadamente a um novo estímulo e prazer, guiando assim para outros canais os pensamentos e o jogo das forças físicas. É também o resultado quando se favorece temporariamente outro impulso, dando-lhe boa oportunidade de satisfação, e assim fazendo-o gastar a energia da qual disporia aquele impulso que se tornou incômodo pela sua veemência. Alguns sabem manter sob controle um determinado impulso que quer fazer papel de dominador, proporcionando aos outros impulsos que conhecem um momentâneo encorajamento e período de festa, e deixando-os consumirem o alimento que o tirano queria somente para si. Sexto, por fim: quem suporta e acha razoável enfraquecer e oprimir *toda* a sua organização física e psíquica, alcança naturalmente o objetivo de enfraquecer um determinado impulso veemente: como faz, por exemplo, quem priva de alimento sua sensualidade, e com isso também faz definhar e arruína seu vigor e, não raro, seu entendimento, à maneira do asceta. — Portanto: evitar as ocasiões, implantar regularidade no impulso, produzir saciedade e nojo dele, estabelecer associação com um pensamento doloroso (como o da vergonha, das consequências ruins, do orgulho ofendido), o deslocamento de energias e, enfim, o enfraquecimento e esgotamento geral — estes são os seis métodos; mas *querer* combater a veemência de um impulso não está em nosso poder, nem a escolha do método, e tampouco o sucesso ou fracasso desse método. Em todo este processo, claramente, nosso intelecto é antes o instrumento cego de *um outro impulso*, rival daquele que nos tormenta com sua impetuosidade: seja o impulso por sossego, ou o temor da vergonha e de outras más consequências, ou o amor. Enquanto "nós" acreditamos nos queixar da impetuosidade de um impulso, é, no fundo, um impulso *que se queixa de outro*; isto é: a percepção do sofrimento com tal *impetuosidade* pressupõe que haja um outro impulso tão ou mais impetuoso, e que seja iminente uma *luta*, na qual nosso intelecto precisa tomar partido.

110. *Aquilo que se opõe.* — Podemos observar o seguinte processo em nós mesmos, e eu quisera que ele fosse frequentemente observado e confirmado. Nasce em nós o pressentimento de uma espécie de *prazer* que ainda não conhecemos, e, em consequência, nasce um novo *anseio*. A questão é o que *se opõe* a este anseio: sendo coisas e considerações de tipo comum, e pessoas que pouco valem na nossa estima — então o objetivo do novo anseio traveste-se do sentimento "nobre, bom, louvável, digno de sacrifício", toda a constituição moral herdada o acolhe em si, acrescenta-o aos objetivos percebidos como morais — e acreditamos não mais nos empenhar por um prazer, mas por uma moralidade: o que aumenta bastante a firmeza do nosso empenho.

111. *Aos admiradores da objetividade.* — Quem, quando criança, percebeu sentimentos variados e fortes, mas pouca fineza de julgamento e prazer na retidão intelectual, nos familiares e conhecidos entre os quais cresceu, e, portanto, consumiu o melhor de seu tempo e energia na reconstrução de sentimentos, este notará, quando adulto, que cada nova coisa, cada nova pessoa lhe desperta imediata inclinação, aversão, inveja ou desprezo; sob a impressão desta experiência, contra a qual sente-se impotente, ele admira a *neutralidade da percepção*, ou a "objetividade", como um prodígio, como coisa de gênio ou da mais singular moralidade, e não quer acreditar que também ela não é mais que *filha da disciplina e do hábito.*

112. *Contribuição à história natural do dever e do direito.* — Nossos deveres — são os direitos de outros sobre nós. De que modo eles os adquiriram? Considerando-nos capazes de fazer contrato e dar retribuição, tomando-nos por iguais e similares a eles, e assim nos confiando algo, nos educando, repreendendo, apoiando. Nós cumprimos nosso dever — isto é: justificamos a ideia de nosso poder que nos valeu tudo o que nos foi dado, devolvemos na medida em que nos concederam. De maneira que é nosso orgulho que obriga a fazer nosso dever — queremos restabelecer nossa autonomia, contrapondo, ao que outros fizeram por nós, algo que fazemos por eles — pois, ao fazê-lo, eles penetraram na esfera de nosso poder, e nela se conservariam duradouramente, se não efetuássemos, com o "dever", uma retribuição, isto é, se não penetrássemos em seu poder. Os direitos dos outros podem se referir apenas ao que está em nosso poder; não seria razoável, se eles quisessem de nós algo que não nos pertence. Colocado de modo mais preciso: apenas ao que eles acreditam estar em nosso poder, pressupondo que seja o mesmo que acreditamos estar em nosso poder. O mesmo erro bem poderia se achar em ambos os lados: o sentimento do dever depende de partilharmos, nós e os outros, a mesma *crença* quanto à extensão de nosso poder: de sermos *capazes* de prometer determinadas coisas, de nos comprometermos em relação a elas ("livre-arbítrio"). — Meus direitos — são aquela parte de meu poder que os outros não apenas me concederam, mas também desejam que eu preserve. Como chegaram eles a isso? Em primeiro lugar, mediante sua inteligência, temor e cautela: seja que esperam algo semelhante de nós em retorno (proteção dos seus direitos), que consideram perigosa ou inadequada uma luta conosco, que veem toda diminuição de nossa força uma desvantagem para si, pois então tornamo-nos impróprios para uma aliança com eles, no enfrentamento de um terceiro poder hostil. Em segundo lugar, mediante dádiva ou cessão. Nesse caso, os outros têm poder bastante e mais que bastante para ceder parte dele e garantir a parte cedida àquele a quem a doaram: em que se pressupõe exíguo sentimento de poder naquele que se deixa presentear. Assim nascem os direitos: graus de poder reconhecidos e assegurados. Se as relações de poder mudam substancialmente, direitos desaparecem e surgem outros — é o que mostra o direito dos povos, em seu constante desaparecer e surgir. Se nosso poder diminui substancialmente, modifica-se o sentimento daqueles que vêm assegurando o nosso direito: eles calculam se podem nos restabelecer a antiga posse plena — sentindo-se incapazes disso, passam a negar nossos "direitos". Do mesmo modo, quando nosso poder cresce consideravelmente muda o sentimento daqueles que até então o reconheciam, e cujo reconhecimento não mais necessitamos: eles tentarão empurrá-lo até seu nível anterior e desejarão intervir, nisso invocando seu "dever" — mas é palavreado inútil. Onde o direito *predomina*, um certo estado e grau de poder é mantido, uma diminuição ou um aumento é rechaçado. O direito dos outros é a concessão, feita por nosso sentimento de poder, ao sentimento de poder desses outros. Quando o nosso poder mostra-se abalado e quebrantado, cessam os nossos direitos: e, quando nos tornamos muito mais poderosos, cessam os direitos dos outros sobre nós, tal como os havíamos reconhecido a eles até então. — O "homem justo" requer, continuamente, a fina sensibilidade de uma balança: para os graus de poder e direito, que, dada a natureza transitória das coisas humanas, sempre ficarão em equilíbrio apenas por um instante, geralmente subindo ou descendo: — portanto, ser justo é difícil, e exige muita prática e boa vontade, e muito *espírito* muito bom. —

113. *O empenho por distinção.* — O empenho por distinção tem o outro constantemente sob os olhos e quer saber como se sente: mas a empatia e a curiosidade que este impulso necessita para a sua gratificação estão longe de serem inócuas, compassivas ou bondosas. Queremos, isto sim, perceber ou intuir como o outro nos *sofre* externamente ou internamente, como perde o controle sobre si mesmo e cede à impressão que lhe produz nossa mão ou simplesmente nosso olhar; e, mesmo quando o que se empenha por distinção tenha querido fazer e faça uma impressão alegre, comovedora ou animadora, ele não desfruta esse êxito na medida em que alegrou, comoveu, animou o outro, mas na medida em que se *imprimiu* na alma alheia, modificou a forma desta e governou-a conforme sua vontade. O empenho por distinção é o empenho pelo domínio do outro, seja indireto, apenas sentido ou até mesmo sonhado. Há toda uma série de graus neste domínio secretamente ansiado, e um catálogo abrangente deles equivaleria quase a uma história da cultura, desde os primeiros esgares da barbárie até os trejeitos do sobrerrefinamento e da mórbida idealidade. O empenho por distinção acarreta *para o outro* — especificando somente alguns degraus dessa longa escada —: tormentos, depois golpes, depois horror, espanto angustiado, surpresa, inveja, admiração, elevação, alegria, serenidade, riso, derrisão, escárnio, mofa, aplicação de golpes, imposição de tormentos — aqui, no final da escada, encontra-se o asceta e mártir; ele sente o mais alto prazer em suportar ele mesmo, como consequência de seu impulso por distinção, aquilo que sua contrapartida no primeiro degrau da escada, o *bárbaro*, inflige a um outro, no qual e ante o qual quer se distinguir. O triunfo do asceta sobre si mesmo, seu olhar que aí se volta para dentro, que vê o homem cindido em sofredor e espectador, e que desde então olha para o exterior somente para, digamos, reunir lenha para a sua própria fogueira, esta última tragédia do impulso por distinção, na qual resta apenas uma só pessoa a carbonizar-se — esta é uma digna conclusão, correspondente ao início: nas duas vezes, uma indizível felicidade na *contemplação de martírios*! Pois a felicidade, concebida como o mais vivo sentimento de poder, foi talvez maior nas almas dos ascetas supersticiosos do que em qualquer outro lugar. É o que expressam os brâmanes com a história do rei Vishvamitra, que acumulou tamanha força, em milhares de anos de *penitências*, que empreendeu a tarefa de construir um novo *céu*. Creio que nesse gênero de vivências interiores somos rudes noviços e tateantes decifradores de enigmas; há quatro mil anos os homens sabiam mais desses infames refinamentos da fruição de si. A criação do mundo: talvez ela tenha sido então concebida, por um visionário indiano, como um procedimento ascético que um deus realiza consigo! Talvez o deus tenha querido exilar-se na natureza em movimento como se ela fosse um instrumento de tortura, para sentir duplicados sua ventura e seu poder! E, supondo que fosse inclusive um deus do amor: que prazer, para um tal deus, criar homens *sofredores*, sofrer divina e sobre-humanamente com o incessante martírio de vê-los, e assim tiranizar a si próprio! E, supondo mesmo que fosse não apenas um deus do amor, mas também um deus da santidade e imaculabilidade: que delírios do divino asceta podemos imaginar, criando pecado, pecador e danação eterna e, abaixo de seu trono e seu céu, uma tremenda morada de aflição eterna e eternos gemidos e suspiros! — Não é de todo impossível que também as almas de Paulo, Dante, Calvino e seus pares tenham alguma vez penetrado nos terríveis mistérios de tal volúpia de poder;

— e, em vista dessas almas, pode-se perguntar: o ciclo do empenho por distinção chegou realmente ao fim com o asceta, desenvolveu-se por inteiro? Não poderia este ciclo ser percorrido mais uma vez desde o início, mantida a disposição básica do asceta e também a do deus compassivo? Ou seja, magoar outros, para assim magoar *a si próprio*, para então triunfar sobre si e sua compaixão e regalar-se no poder extremo! — Perdão pelo excesso, ao refletir sobre tudo quanto pode ter sido possível nos excessos espirituais do apetite de poder sobre a Terra!

114. *Do conhecimento daquele que sofre.* — A condição de pessoas doentes que se acham longa e terrivelmente martirizadas por seus sofrimentos, mas cujo entendimento não é turvado por isso, é algo de valor para o conhecimento — ainda sem contar os benefícios intelectuais trazidos por toda solidão profunda, toda súbita e lícita liberdade em relação a deveres e hábitos. A partir de seu estado, quem sofre intensamente olha com espantosa frieza para *fora*, para as coisas: todos os pequenos encantos mendazes que habitualmente rodeiam as coisas, quando o olho do homem sadio as percebe, desaparecem para ele: e ele próprio surge à sua frente, sem plumagem e sem cor. Se até então ele viveu em algum perigoso devaneio, essa extrema sobriedade causada pela dor é o meio de arrancá-lo disso, talvez o único meio. (É possível que o fundador do cristianismo tenha deparado com isso na cruz: pois as tão amargas palavras, "Meu Deus, por que me abandonaste?", encerram, entendidas em toda a profundeza, como bem podem ser entendidas, o testemunho de um desencantamento e esclarecimento geral sobre a ilusão de sua vida; no instante da dor suprema ele foi clarividente quanto a si mesmo, tal como relata o poeta sobre o pobre Dom Quixote moribundo.) A enorme tensão do intelecto, que quer fazer frente à dor, faz com que brilhe sob nova luz tudo aquilo para que olha: e a indizível atração conferida por toda luminosidade nova é, com frequência, forte o bastante para desafiar todas as tentações do suicídio e fazer o prosseguimento da vida parecer sumamente desejável para o sofredor. Com desprezo ele pensa no cálido e agradável mundo de névoas, em que se move tranquilamente o homem sadio; com desprezo pensa nas nobres e queridas ilusões, nas quais brincava antes consigo mesmo; tem satisfação em evocar esse desprezo como que do mais profundo inferno, provocando na alma o mais acerbo sofrimento: com esse contrapeso não se dobra à dor física — sente que justamente ele é agora necessário! Em atroz clarividência sobre a sua natureza, grita para si mesmo: "Seja seu próprio acusador e algoz, tome seu sofrimento como a punição que impôs a si mesmo! Desfrute sua superioridade como juiz; mais ainda: desfrute seu bel-prazer, seu tirânico arbítrio! Eleve-se sobre sua vida como sobre seu sofrimento, olhe para baixo, para os fundamentos e a falta de fundamento![28] Nosso orgulho se rebela como nunca: é para ele um estímulo sem igual, ante um tirano tal como é a dor, ante todas as insinuações que nos faz, para que testemunhemos contra a vida — *tomar o partido* justamente da *vida* contra o tirano. Nessa condição nos defendemos exasperadamente de todo pessimismo, para que ele não pareça *consequência* de nosso estado e nos humilhe, como se fôssemos derrotados. Do mesmo modo, nunca foi maior o estímulo a exercer a equidade no julgamento, pois agora ela é um triunfo sobre nós mesmos e sobre o mais sensível dos estados, que tornaria desculpável toda iniquidade no julgamento; mas nós queremos ser desculpados, justamente agora queremos mostrar que podemos ser "sem culpa". Experimentamos verdadeiros ataques de altivez. — E então chegam os alvores do abrandamento, da convalescença — e quase que o primeiro efeito é nos opormos à preponderância de nossa altivez: chamamo-nos de tolos e vãos — como se tivéssemos vivido algo que fosse único! Sem gratidão, humilhamos o todo-poderoso orgulho que nos fez suportar a dor, e desejamos intensamente um antídoto para o orgulho: queremos ser alheados e despersonalizados de nós, após a dor nos ter feito *pessoais* por tempo demais e com demasiada violência. "Fora, fora com esse orgulho!", gritamos nós, "era mais uma doença e um ataque!" Olhamos novamente para o homem e a natureza — com olhar mais desejoso: lembramo-

-nos, com sorriso melancólico, que agora sabemos coisas novas e diferentes em relação a eles, que um véu foi retirado — mas nos *reanima* ver novamente as *luzes amortecidas da vida*, e sair da claridade sóbria e terrível em que, como sofredores, víamos as coisas e através das coisas. Não nos aborrecemos quando os encantos da saúde recomeçam seu jogo — olhamos como que transformados, abrandados e ainda exaustos. Nesse estado não se pode ouvir música sem chorar. —

115. *O assim chamado "Eu"*. — A linguagem e os preconceitos em que se baseia a linguagem nos criam diversos obstáculos no exame de processos e impulsos interiores: por exemplo, no fato de realmente só haver palavras para graus *superlativos* desses processos e impulsos —; mas estamos acostumados a não mais observar com precisão ali onde nos faltam as palavras, pois é custoso ali pensar com precisão; no passado concluía-se automaticamente que onde termina o reino das palavras também termina o reino da existência. Raiva, ódio, amor, compaixão, cobiça, conhecimento, alegria, dor — estes são todos nomes para estados *extremos*: os graus mais suaves e medianos, e mesmo os graus mais baixos, continuamente presentes, nos escapam, e, no entanto, são justamente eles que tecem a trama de nosso caráter e nosso destino. Aquelas manifestações extremas — e até o mais moderado prazer ou desprazer *consciente* ao comer um alimento, ao ouvir um som, talvez ainda seja, avaliado corretamente, uma manifestação extrema — rasgam frequentemente a trama, sendo então violentas exceções, em geral por consequência de acúmulos: — e como podem, enquanto tais, enganar o observador! Assim como enganam o homem que age. Aquilo que parecemos ser, conforme os estados para os quais temos consciência e palavras — e, portanto, elogio e censura — *nenhum de nós o é*; por essas manifestações grosseiras, as únicas que nos são conhecidas, nós nos *conhecemos mal*, nós tiramos conclusão de um material em que, via de regra, as exceções predominam, nós nos equivocamos na leitura da escrita aparentemente clara de nosso ser. Mas *nossa opinião sobre nós mesmos*, que encontramos por essas trilhas erradas, o assim chamado "Eu", colabora desde então na feitura de nosso caráter e nosso destino. —

116. *O desconhecido mundo do "sujeito".* — O que é tão difícil para os homens compreenderem, dos mais remotos tempos até hoje, é sua ignorância sobre si mesmos! Não apenas em relação ao bem e ao mal, mas em relação a coisas muito mais essenciais! Continua existindo a antiquíssima ilusão de saber, saber com precisão em cada caso, *como se produz a ação humana*. Não só "Deus, que tudo vê", não só o autor, que cogita seu ato — não, ninguém mais duvida que compreende o essencial no processo da ação de cada um. "Eu sei o que quero, o que fiz, sou livre e responsável por isso, torno o outro responsável, posso dar o nome de todas as possibilidades morais e todos os movimentos interiores que precedem um ato; vocês podem agir como quiserem — nisso eu compreendo a mim e a todos vocês!" — assim pensava antes cada um, assim pensam ainda quase todos. Sócrates e Platão, grandes questionadores e admiráveis inovadores nesse ponto, foram, porém, inofensivamente crédulos quanto àquele nefasto preconceito, àquele profundíssimo erro, segundo o qual "o conhecimento correto é *necessariamente acompanhado* da ação correta" — neste princípio foram herdeiros da loucura e presunção geral de que há um saber relativo à essência de um ato. "Seria *terrível* se a percepção da essência do ato correto não fosse acompanhada do ato correto" — eis a única prova que aqueles grandes acharam necessária para tal pensamento, o oposto pareceu-lhes impensável e louco — e, no entanto, esse oposto é justamente a realidade nua, diariamente e a cada instante demonstrada, desde tempos imemoriais! Não é justamente isso a "terrível" verdade: que o que se pode saber de uma ação não basta *jamais* para fazê-la, que a ponte do conhecimento ao ato não foi lançada nem uma vez até hoje? Os atos não são *jamais* aquilo que nos parecem ser! Despendemos tantos esforços para aprender que as coisas exteriores não são como nos parecem ser — pois bem! dá-se o mesmo com o mundo interior! As ações morais são, na verdade, "algo diferente" — mais não podemos dizer; e todos os atos são essencialmente desconhecidos. A crença geral era e é o oposto: temos o mais antigo realismo contra nós; até agora a humanidade pensou: "Uma ação é aquilo que nos parece ser". (Relendo essas palavras, vem-me à lembrança uma passagem bastante precisa de Schopenhauer, que citarei como prova de que também ele, sem qualquer hesitação, foi e permaneceu ligado a esse realismo moral: "De fato, cada um de nós é um juiz competente e inteiramente moral, que conhece exatamente o bem e o mal, ao amar o bem e abominar o mal — cada qual é isso tudo, na medida em que não as suas ações, mas as alheias são investigadas, e ele tem apenas de aprovar ou desaprovar, enquanto o fardo da execução é levado por ombros alheios. Assim, cada qual pode perfeitamente assumir o lugar de Deus como confessor."[29])

117. *Na prisão.* — Minha vista, seja forte ou fraca, enxerga apenas a uma certa distância, e neste espaço eu vivo e ajo, a linha deste horizonte é meu destino imediato, pequeno ou grande, a que não posso escapar. Assim, em torno a cada ser há um círculo concêntrico, que lhe é peculiar. De modo semelhante, o ouvido nos encerra num pequeno espaço, e assim também o tato. É de acordo com esses horizontes, nos quais, como em muros de prisão, nossos sentidos encerram cada um de nós, que *medimos* o mundo, que chamamos a isso perto e àquilo longe, a isso grande e àquilo pequeno, a isso duro e àquilo macio: a esse medir chamamos "perceber" — e tudo, tudo em si é erro! Conforme a quantidade de experiências e emoções que nos são possíveis em média, num momento determinado, cada qual mede a sua vida, breve ou longa, pobre ou rica, plena ou vazia: e segundo a vida média humana medimos a de todas as demais criaturas — e tudo, tudo em si é erro! Se a nossa visão fosse cem vezes mais aguda para as coisas próximas, o ser humano nos pareceria monstruosamente comprido; sim, pode-se imaginar órgãos que fariam percebê-lo como imensurável. Por outro lado, poderia haver órgãos constituídos de tal forma que sistemas solares inteiros parecessem contraídos e ajuntados como uma única célula: e, para seres de conformação oposta, uma célula do corpo humano poderia apresentar-se como um sistema solar, em movimento, construção e harmonia. Os hábitos de nossos sentidos nos envolveram na mentira e na fraude da sensação: estas são, de novo, os fundamentos de todos os nossos juízos e "conhecimentos" — não há escapatória, não há trilhas ou atalhos para o mundo *real*! Estamos em nossa teia, nós, aranhas, e, o que quer que nela apanhemos, não podemos apanhar senão justamente o que se deixa apanhar em *nossa* teia.

118. *O que é então o próximo?* — Que compreendemos de nosso próximo, senão suas fronteiras, quero dizer, aquilo com que ele se inscreve e se imprime em nós e sobre nós? Nada compreendemos dele, senão as *mudanças em nós* que são por ele causadas — nosso conhecimento dele semelha um espaço oco a que se deu uma *forma*. Nós lhe atribuímos as sensações que os seus atos despertam em nós, dando-lhe, assim, uma falsa positividade inversa. Nós o construímos segundo o que sabemos de nós, dele fazendo um satélite de nosso próprio sistema: e, quando ele nos ilumina ou se escurece, e somos a causa última de ambas as coisas — nós acreditamos o contrário! Mundo de fantasmas, este em que vivemos! Mundo invertido, virado, vazio e, no entanto, sonhado *cheio* e *reto*!

119. *Viver e inventar.* — Por mais longe que alguém leve seu autoconhecimento, nada pode ser mais incompleto do que sua imagem da totalidade dos *impulsos* que constituem seu ser. Mal conseguirá dar o nome dos mais grosseiros entre eles: o número e a intensidade deles, o fluxo e refluxo, o jogo recíproco e, sobretudo, as leis de sua *alimentação*, permanecem inteiramente desconhecidas para esse alguém. Esta alimentação será também obra do acaso: nossas vivências diárias lançam uma presa ora a esse, ora àquele impulso, que é avidamente apanhada, mas todo o ir e vir desses eventos está fora de qualquer nexo racional com as necessidades de nutrição da totalidade dos impulsos: de modo que sempre ocorrerão duas coisas, a inanição e definhamento de uns e a excessiva alimentação de outros. Cada instante de nossa vida faz alguns dos braços de pólipo do nosso ser aumentarem e outros murcharem, conforme a alimentação que traz ou não traz o instante. Nossas experiências, como disse, são todas, neste sentido, meios de alimentação, mas distribuídos com mão cega, sem saber quem passa fome e quem está saciado. E, devido a essa casual alimentação das partes, o pólipo crescido será algo tão casual como foi seu desenvolvimento. Expresso de modo mais claro: supondo que um impulso se ache no ponto em que deseja satisfação — ou exercício de sua força, ou desafogo dela, ou preenchimento de um vazio — é tudo linguagem figurada —: ele considera, em cada evento do dia, como pode utilizá-lo para seus fins; se o indivíduo corre, descansa, lê, irrita-se, luta, fala ou exulta, o impulso como que tateia, em sua sede, todo estado em que se acha ele, e, se ali nada encontra para si em geral, tem de esperar e continuar sedento: ainda um momento e ele se debilita, mais alguns dias ou meses de não satisfação e ele murcha, como uma planta sem chuva. Essa crueldade do acaso talvez saltasse aos olhos de maneira ainda mais viva se todos os impulsos fossem radicais como a *fome*, que não se satisfaz com *comida sonhada*; mas a maioria dos impulsos, sobretudo os assim chamados "morais", *fazem justamente isso* — se for permitida a minha conjectura de que nossos *sonhos* têm precisamente o valor e o sentido de, até certo grau, *compensar* a casual ausência de "alimentação" durante o dia. Por que o sonho de ontem foi pleno de ternura e lágrimas, o de anteontem foi brincalhão e exuberante, um anterior foi aventureiro e de uma busca sombria e constante? Por que razão nesse desfruto belezas indescritíveis da música, por que pairo no ar e voo naquele outro, com o enlevo de uma águia, em direção a picos distantes? Tais criações, que dão margem e desafogo aos nossos impulsos de ternura, de humor, de aventura, ou a nosso anseio de música e de montanhas — cada qual terá à mão seus próprios exemplos mais notáveis —: são interpretações de nossos estímulos nervosos durante o sono, interpretações *muito livres*, muito arbitrárias, de movimentos do sangue e das vísceras, da pressão do braço e das cobertas, dos sons do sino da torre, dos cata-ventos, dos noctívagos e outras coisas assim. Se esse texto, que em geral pouco varia de uma noite para a outra, é comentado de maneira tão diversa, se a razão inventiva[30] *imagina*, hoje e ontem, *causas* tão diversas para os mesmos estímulos nervosos: o motivo para isso está em que o *souffleur* [ponto de teatro] dessa razão foi hoje diferente do de ontem — um outro *impulso* quis satisfazer-se, ocupar-se, exercitar-se, reanimar-se, desafogar-se —, ele estava em sua maré, ontem foi a vez de outro. — A vida de vigília não tem essa *liberdade* de interpretação que tem a vida que sonha, é menos inventiva e desenfreada — mas devo acrescentar que nossos impulsos, nas horas despertas, igualmente não fazem senão interpretar os estímulos nervosos e, conforme suas necessidades, estabelecer as "causas" deles? que não há diferença *essencial* entre sonhos e vida desperta? que, mesmo comparando estágios de cultura bem diversos, a liberdade de interpretação desperta, em um, não fica atrás da liberdade do outro em sonhos? que também nossos juízos e valorações morais são apenas imagens e fantasias sobre um processo fisiológico de nós desconhecido, uma espécie de linguagem adquirida para designar certos estímulos nervosos? que tudo isso que chamamos de consciência é um comentário, mais ou menos fantástico, sobre um texto não sabido, talvez não "sabível", porém sentido? — Tomemos uma experiência trivial. Suponhamos que um dia, passando pelo mercado, notamos que alguém ri de nós: conforme esse ou aquele impulso estiver no auge em nós, este acontecimento significará isso ou aquilo para nós — e, conforme o tipo de pessoa que somos, será um acontecimento bastante diferente. Uma pessoa o toma como uma gota de chuva, outra o afasta de si como um inseto, outra vê aí um motivo para brigar, outra examina sua própria vestimenta, para ver se algo nela dá ensejo ao riso, outra reflete sobre o ridículo em si, outra sente-se bem por haver contribuído, sem o querer, para a alegria e a luz de sol que há no mundo — e em cada caso houve a satisfação de um impulso, seja o da irritação, o da vontade de briga, da reflexão ou da benevolência. Esse impulso agarrou o incidente como uma presa: por que justamente ele? Porque estava à espreita, sedento e faminto. — Pouco tempo faz, às onze horas da manhã, um homem caiu subitamente à minha frente, como que atingido por um raio, e todas as mulheres em volta gritaram; eu o ajudei a levantar-se e esperei até que recuperasse a fala — nenhum músculo de meu rosto se moveu enquanto isso, e eu nada senti, nem espanto nem compaixão, apenas fiz o que era necessário e razoável e prossegui meu caminho. Supondo que me tivessem anunciado, um dia antes, que às onze horas da manhã seguinte alguém desmaiaria de tal forma junto a mim — eu teria sofrido tormentos variados, não teria dormido à noite e, no instante decisivo, talvez tivesse ficado indiferente ao homem, em vez de socorrê-lo. Pois, naquele ínterim, todos os impulsos possíveis teriam *tido tempo* de imaginar a experiência e comentá-la. — O que são, então, nossas vivências? São muito mais aquilo que nelas pomos do que o que nelas se acha! Ou deveríamos até dizer que nelas não se acha nada? Que viver é inventar? —

120. *Para tranquilizar o cético.* — "Não sei o que *faço*! Não sei o que *devo fazer*!" — Você está certo, mas não tenha dúvida: *você é feito*! a cada momento! Em todos os tempos a humanidade confundiu a voz ativa e a passiva, é o seu eterno erro gramatical.

121. *"Causa e efeito!"* — Nesse espelho — e nosso intelecto é um espelho — acontece algo que mostra regularidade, uma determinada coisa sempre sucede a outra determinada coisa — a isso *denominamos*, quando queremos percebê-lo e denominá-lo, causa e efeito, nós, tolos! Como se aí tivéssemos compreendido e pudéssemos compreender algo! Nada vimos, senão *figuras* de "causas e efeitos"! E é justamente essa *figuratividade*[31] que torna impossível compreender uma relação mais essencial do que a da sucessão!

122. *Os fins da natureza.* — Quem, como pesquisador imparcial, investiga a história do olho e suas formas nas criaturas mais simples, e mostra o desenvolvimento gradual do olho, deve chegar a este grande resultado: de que a visão *não* foi o propósito, na gênese do olho, mas sim apareceu quando o *acaso* havia juntado o aparelho. Um só exemplo desses: e os "fins" nos caem como antolhos!

123. *Razão.* — Como veio a razão ao mundo? Como é justo, de maneira irracional, por um acaso. Será preciso decifrá-lo, como um enigma.

124. *O que é querer?* — Rimos daquele que saiu de seu aposento no minuto em que o Sol deixa o dele, e diz: "*Eu quero* que o Sol se ponha"; e daquele que não pode parar uma roda e diz: "*Eu quero* que ela rode"; e daquele que no ringue de luta é derrubado, e diz: "Estou aqui deitado, mas *eu quero* estar aqui deitado!". No entanto, apesar de toda a risada, agimos de maneira diferente de algum desses três, quando usamos a expressão "*eu quero*"?

125. *Sobre o "reino da liberdade".* — Podemos pensar muito, muito mais coisas do que podemos fazer ou vivenciar — ou seja, nosso pensamento é superficial e está satisfeito com a superfície; de fato, não a percebe. Se nosso intelecto tivesse se *desenvolvido* rigorosamente na medida de nossa força e de nosso exercício da força, teríamos no lugar mais alto, em nosso pensamento, o princípio de que só podemos compreender o que podemos *fazer* — *caso* exista o compreender. O sedento carece de água, mas as imagens de seu pensamento lhe trazem sem cessar a água diante dos olhos, como se nada fosse mais fácil de obter — a natureza superficial e facilmente satisfeita do intelecto não pode apreender a verdadeira necessidade e aflição, e sente-se superior: tem orgulho de poder mais, de correr mais velozmente, de num instante quase atingir a meta — e assim o reino dos pensamentos parece, comparado ao reino do fazer, querer e vivenciar, um *reino da liberdade*: quando, como disse, é apenas um reino da superfície e da não exigência.

126. *Esquecimento.* — Ainda não foi provado que existe o esquecimento: sabemos tão só que a rememoração não está em nosso poder. Provisoriamente colocamos a palavra "esquecimento" nessa lacuna de nosso poder: como se fosse mais uma faculdade na lista. Mas o que está, afinal, em nosso poder? — Se essa palavra está numa lacuna de nosso poder, as outras palavras não estariam numa lacuna de nosso *conhecimento do nosso poder*?

127. *Para um fim.* — De todas as ações, as menos compreendidas são as realizadas para um fim, pois sempre foram tidas como as mais compreensíveis e são, para a nossa consciência, as mais cotidianas. Os maiores problemas se acham na rua.

128. *O sonho e a responsabilidade.* — Em tudo vocês querem ser responsáveis! Mas não pelos seus sonhos! Que miserável fraqueza, que falta de coragem consequente! Nada é *mais* seu do que seus sonhos! Nada é mais sua obra! Conteúdo, forma, duração, ator, espectador — nessas comédias vocês próprios são tudo! E justamente aí se envergonham e se amedrontam de si, e mesmo Édipo, o sábio Édipo, extraiu consolo do pensamento de que nada podemos fazer em relação ao que sonhamos! Disso concluo que a grande maioria dos homens deve ter consciência de sonhos abomináveis. Se fosse diferente, como exploraríamos em favor da arrogância humana essa noturna criação poética! — Devo acrescentar que o sábio Édipo tinha razão, que realmente não somos responsáveis por nossos sonhos — mas tampouco por nossa vigília —, e que a doutrina do livre-arbítrio tem por pais o orgulho e o sentimento de poder humanos? Talvez eu o diga com demasiada frequência: mas pelo menos isso não o torna um erro.

129. *A pretensa luta dos motivos.* — Fala-se da "luta dos motivos", mas com isso é designado um conflito que *não* é o dos motivos. Ou seja: antes de um ato se apresentam à nossa consciência reflexiva, uma após a outra, as *consequências* de diferentes atos que acreditamos poder realizar, e nós comparamos estas consequências. Cremos que nos decidimos por um ato, ao constatar que suas consequências serão predominantemente favoráveis; antes que o nosso exame chegue a esta conclusão, com frequência nos torturamos honestamente, pela grande dificuldade em descobrir as consequências e vê-las em toda a sua força, todas elas, sem erro de omissão: nisso, além do mais, a conta tem de ser dividida com o acaso. E, para exprimir a dificuldade maior: todas as consequências, que são tão difíceis de constatar isoladamente, devem ser equilibradas umas em relação às outras na mesma balança; mas frequentemente nos falta, para essa casuística da vantagem, a balança com os pesos, devido às diferenças na *qualidade* de todas essas possíveis consequências. Supondo, contudo, que superemos também isso, e o acaso nos tenha posto na balança consequências mutuamente equilibráveis: então temos de fato, em nossa *imagem das consequências* de determinada ação, um *motivo* para realizar precisamente esta ação — sim, *um motivo*! Mas, no instante em que afinal agimos, com frequência somos condicionados por um gênero de motivos diverso daquele de que aqui falamos, o da "imagem das consequências". Intervém aí o jogo habitual de nossas forças, ou um pequeno empurrão de alguém que tememos, veneramos ou amamos, ou a comodidade que prefere fazer o que está à mão, ou uma excitação da fantasia, provocada no instante decisivo por um trivial acontecimento qualquer, intervém algo físico, que surge de modo inteiramente imprevisível, intervém o humor, intervém a irrupção de algum afeto casualmente pronto a irromper: em suma, intervêm motivos que em parte não conhecemos, em parte conhecemos muito mal, e que *nunca* podemos calcular antes nas suas relações mútuas. É *provável* que também entre eles ocorra uma luta, um empurrar e afastar, um subir e abaixar de pesos — e tal seria propriamente a "luta dos motivos": — algo para nós completamente invisível e inconsciente. Calculei as consequências e resultados, e inseri um motivo muito essencial na linha de combate dos motivos — mas essa linha de combate não a estabeleço, tampouco a vejo: a luta mesma se acha oculta de mim, e igualmente a vitória, como vitória; pois eu venho a saber o que *faço* — mas não o motivo que propriamente venceu. *Mas talvez estejamos habituados* a não levar em conta todos esses fenômenos inconscientes, e cogitar na preparação de um ato somente na medida em que ela é consciente: assim confundimos a luta dos motivos com a comparação das possíveis consequências de atos diversos — uma das confusões mais ricas em consequências e mais nefastas para o desenvolvimento da moral!

130. *Fins? Vontade?* — Habituamo-nos a pensar em dois reinos, no reino dos *fins* e da *vontade* e no reino dos *acasos*; nesse último as coisas ocorrem sem sentido, vêm e vão sem que alguém possa dizer: Por quê? Para quê? — Nós tememos esse poderoso reino da imensa estupidez cósmica, pois geralmente o conhecemos quando cai naquele outro mundo, o dos fins e intenções, como uma telha cai do telhado, matando-nos uma bela finalidade. Esta crença nos dois reinos é um romantismo e uma fábula antiquíssimos: nós, inteligentes anões, com nossa vontade e nossos fins, somos irritados, atropelados, muitas vezes pisoteados até a morte pelos gigantes estúpidos, mais que estúpidos, que são os acasos — e, apesar disso tudo, não gostaríamos de ficar sem a pavorosa poesia dessa vizinhança, pois frequentemente esses monstros aparecem quando a vida na *teia de aranha* dos fins tornou-se muito enfadonha ou angustiada para nós, e nos proporcionam uma sublime diversão, ao *destruir* toda a teia com a mão — não que o quisessem fazer, esses insensatos! Não que o notassem sequer! Mas suas mãos grosseiras rompem a nossa teia como se fosse ar. — Os gregos chamavam de Moira esse reino do incalculável e da sublime e eterna parvoíce, e colocavam-no em torno de seus deuses como um horizonte, além do qual não podiam ver nem agir: com a secreta teimosia ante os deuses que há em muitos povos, de forma que o indivíduo os adora, mas guarda nas mãos um último trunfo contra eles, por exemplo, quando o hindu ou o persa os vê como dependentes do *sacrifício* dos mortais, de modo que estes, no pior dos casos, podem deixá-los famintos e moribundos; ou quando o escandinavo duro e melancólico inventa para si, com a noção de um crepúsculo dos deuses, o deleite de uma vingança tranquila, para compensar o medo contínuo que lhe infundem seus deuses maus. Diverso foi o cristianismo, cujos sentimentos fundamentais, não sendo hindus nem persas, nem gregos, nem escandinavos, impunham adorar o *espírito do poder* no pó e ainda beijar o pó: o que deu a entender que o todo-poderoso "reino da estupidez" não é tão estúpido como parece, que somos *nós* os estúpidos, que não percebemos que por trás dele se acha o bom Deus, que, é verdade, ama os caminhos escuros, tortos e prodigiosos, mas enfim tudo "conduz à glória". Essa nova fábula do bom Deus, até então confundido com uma raça de gigantes ou com Moira, e tecendo ele próprio fins e teias mais refinados que os de nossa compreensão — de modo que a ela *tinham* de parecer incompreensíveis, até mesmo irrazoáveis — essa fábula era uma tão ousada inversão e um paradoxo tão arriscado, que o mundo antigo, já refinado em demasia, não pôde resistir, por mais insano e *contraditório* que soasse aquilo: — pois, seja dito entre nós, havia ali uma contradição: se nosso entendimento não pode apreender o entendimento e os fins de Deus, como apreendeu ele essa natureza do seu entendimento? e essa natureza do entendimento de Deus? — Em épocas mais recentes aumentou a desconfiança de que a telha que cai do telhado seja realmente lançada pelo "amor divino" — e os homens começam a retomar a velha trilha do romantismo de anões e gigantes. Vamos *aprender*, então, pois já é tempo: em nosso suposto reino especial de fins e de razão governam também os gigantes! E nossos fins e nossa razão não são anões, mas gigantes! E nossas teias são rasgadas tão frequentemente e tão grosseiramente *por nós mesmos* como por uma telha! E nem tudo o que se chama finalidade é finalidade, tampouco é vontade o que se denomina vontade! E, se quiserem concluir: "Então há apenas um reino, o dos acasos e da estupidez?" — devemos acrescentar: sim, talvez haja somente um reino, talvez não exista vontade nem finalidade, e nós apenas as imaginamos. As mãos férreas da necessidade, que agitam o copo de dados do acaso, prosseguem jogando por um tempo infinito: *têm* de surgir lances que semelham inteiramente a adequação aos fins e a racionalidade. *Talvez* nossos atos de vontade e nossos fins não sejam outra coisa que tais lances — e nós somos apenas muito limitados e vaidosos para apreender nossa extrema limitação: a saber, que nós mesmos agitamos o copo de dados com mãos férreas, que nós mesmos, em nossas ações mais intencionais, nada fazemos senão jogar o jogo da necessidade. Talvez! — Para ultrapassar esse *talvez*, seria preciso já haver estado no mundo inferior e além de toda superfície, e haver jogado dados e apostado com Perséfone[32] em sua própria mesa.

131. *As modas morais.* — Como se modificaram os juízos morais em seu conjunto! Os grandes prodígios da moralidade antiga, como Epicuro, por exemplo, nada sabiam da glorificação do pensar em outros, do viver para outros, que é agora habitual. De acordo com a nossa moda moral, eles teriam de ser chamados imorais, pois lutaram com todas as forças *por* seu *ego*[33] e *contra* a empatia com os outros (sobretudo com seus sofrimentos e suas fraquezas morais). É possível que eles nos respondessem: "Se vocês são para si mesmos um objeto tão feio ou tedioso, então pensem mais em outros do que em si! Estão certos em fazer assim!".

132. *Últimas ressonâncias do cristianismo na moral.* — "*On n'est bon que par la pitié: il faut donc qu'il y ait quelque pitié dans tous nos sentiments*" [Somos bons apenas mediante a piedade: é preciso, então, que haja alguma piedade em todos os nossos sentimentos][34] — é o que diz a moral de hoje! E de onde vem isso? — Que o indivíduo de ações simpáticas, desinteressadas, sociais, de utilidade geral, seja visto agora como o homem *moral* — é talvez o efeito e a mudança mais amplos que o cristianismo produziu na Europa: embora não tenham constituído sua intenção nem sua doutrina. Mas foram o resíduo de disposições de espírito cristãs, quando gradualmente retrocedia a crença fundamental, bastante oposta, estritamente egoísta, no "uma só coisa é necessária", na absoluta importância da eterna *salvação pessoal*, juntamente com os dogmas em que se baseava, e assim foi empurrada para primeiro plano a crença secundária no "amor", no "amor ao próximo", em sintonia com a enorme prática da misericórdia eclesiástica. Quanto mais o indivíduo se desprendia dos dogmas, tanto mais buscava como que a *justificação* desse desprendimento em um culto do amor aos homens: e nisso não ficar atrás do ideal cristão, mas *sobrepujá-lo*, quando possível, foi um secreto aguilhão para todos os livres-pensadores franceses, de Voltaire a Auguste Comte; esse último, com sua célebre fórmula moral *vivre pour autrui* [viver para o outro], superou os cristãos em cristianismo. Schopenhauer, em terras alemãs, e John Stuart Mill, em terras inglesas, deram a maior celebridade à doutrina das afecções simpáticas[35] e da compaixão, ou da utilidade para os outros como princípio da ação: mas eles próprios foram apenas um eco — essas doutrinas brotaram com ímpeto poderoso em toda parte, simultaneamente nas mais finas e mais grosseiras formas, aproximadamente a partir da época da Revolução Francesa, e todos os sistemas socialistas puseram-se, como que automaticamente, no solo comum dessas doutrinas. Talvez não haja, nos dias de hoje, preconceito em que se acredite mais do que este: de que se *sabe* o que realmente constitui a coisa moral. Agora parece que *faz bem* a todos ouvir dizer que a sociedade está em vias de *adequar* o indivíduo às necessidades gerais e que *a felicidade e ao mesmo tempo o sacrifício do indivíduo* está em sentir-se um membro útil e um instrumento do todo: mas ocorre que no presente hesita-se muito em relação a onde buscar esse todo, se num Estado existente ou a ser fundado, na nação, numa fraternidade de povos ou em novas e pequenas comunidades econômicas. Acerca disso há agora muitas reflexões, dúvidas, lutas, muita paixão e agitação; surpreendente e bem soante, porém, é a concordância em exigir que o *ego* negue a si mesmo, até adquirir novamente, na forma da adequação ao todo, seu sólido círculo de direitos e deveres — até haver se tornado algo inteiramente novo e diverso. Pretende-se nada menos — seja ou não admitido — que uma radical transformação, uma debilitação e anulação do *indivíduo*: não se para de enumerar e denunciar tudo de mau e hostil, de esbanjador, dispendioso, luxuoso, na forma da existência individual até o momento; espera-se uma administração mais econômica, mais segura, mais equilibrada, mais uniforme, se houver apenas *corpos grandes e seus membros*. É visto como *bom* tudo o que, de algum modo, corresponde a esse impulso formador de corpo e membros, e a seus impulsos auxiliares, esta é a *corrente moral fundamental* de nosso tempo; empatia individual e sentimento social aí se conjugam. (Kant ainda está fora desse movimento: ele ensina expressamente que devemos ser insensíveis ao sofrimento alheio, para que a nossa beneficência tenha valor moral — o que Schopenhauer, muito irritado, como se pode compreender, chama de *a insipidez kantiana*.)

133. *"Não mais pensar em si"*. — Reflitamos seriamente: por que nos lançamos atrás de alguém que caiu na água, embora sem ter afeição por ele? Por compaixão: nesse caso pensamos apenas no outro — diz a irreflexão. Por que sentimos dor e mal-estar com alguém que cospe sangue, quando até lhe queremos mal? Por compaixão: justamente porque já não pensamos em nós — diz a mesma irreflexão. A verdade é que na compaixão — refiro-me ao que, enganadoramente, costuma-se designar por compaixão — já não pensamos conscientemente em nós, mas sim de modo *fortemente inconsciente*, como quando, ao escorregar um pé, de modo inconsciente realizamos os movimentos opostos mais adequados, e nisso empregamos visivelmente todo o nosso bom senso. O acidente do outro nos ofende, ele nos provaria nossa impotência, talvez nossa covardia, se não o socorrêssemos. Ou já traz consigo uma diminuição de nossa honra perante os outros ou nós mesmos. Ou no acidente e no sofrimento do outro há uma indicação de perigo para nós, e já como sinais da vulnerabilidade e fragilidade humana podem ter efeito penoso sobre nós. Rechaçamos esse tipo de dor e de ofensa, e a ele respondemos com um ato de compaixão, em que pode haver uma sutil legítima defesa e mesmo vingança. O fato de que no fundo pensamos muito em nós mesmos pode ser depreendido da resolução que tomamos sempre que *podemos* evitar a visão do sofredor, queixoso, indigente: decidimos *não* evitá-la, se podemos nos apresentar como os poderosos, os auxiliadores, se estamos certos do aplauso, queremos perceber o oposto de nossa fortuna, ou esperamos ser arrancados do tédio por essa visão. É equivocado chamar o sofrimento [*Leid*] que nos causa tal visão, que pode ser de tipo bastante variado, de compaixão [*Mit-leid*], pois em todas as ocasiões é um sofrimento do qual está *livre* aquele que sofre à nossa frente: ele nos é próprio, como é próprio dele o seu sofrimento. Mas é *apenas deste sofrimento próprio* que nos livramos, ao praticar atos de compaixão. Nunca fazemos algo desse gênero por um único motivo, no entanto; assim como queremos nos libertar de um sofrimento, também cedemos, no mesmo ato, a um *impulso de prazer* — o prazer surge à visão de um contraste à nossa situação, à ideia de que podemos ajudar se quisermos, ao pensar no louvor e na gratidão, caso ajudássemos; surge da atividade mesma de auxílio, enquanto o ato é bem-sucedido e, como algo de êxito progressivo, em si mesmo dá alegria a quem o realiza; mas, sobretudo, do sentimento de que nossa ação põe termo a uma revoltante injustiça (o desafogo da revolta já reanima). Tudo isso, e ainda coisas mais sutis, é "compaixão": — como a linguagem cai grosseiramente, com uma só palavra, sobre algo assim polifônico! — Por outro lado, que a compaixão seja da *mesma espécie* do sofrimento cuja visão a desperta, ou que dele tenha uma compreensão particularmente sutil e penetrante, são coisas contrariadas pela *experiência*, e *faltou* precisamente, a quem incensou a compaixão por esses dois aspectos, experiência bastante nesse âmbito da moral. Esta é a minha dúvida ante as coisas incríveis que Schopenhauer refere sobre a compaixão: ele, que assim nos queria fazer acreditar em sua grande inovação, de que a compaixão — por ele tão mal observada e precariamente descrita — é a fonte de todas as ações morais passadas e futuras — e justamente pelas faculdades que ele antes lhe *atribuiu* imaginosamente. — Afinal, o que distingue os homens sem compaixão daqueles compassivos? Antes de tudo — traçando aqui apenas um esboço — eles não têm a excitável imaginação do medo, a fina capacidade de pressentir o perigo; também sua vaidade não se ofende tão rapidamente, quando sucede algo que poderiam evitar (a cautela de seu orgulho lhes ordena não imiscuir-se inutilmente em coisas alheias, e eles mesmos gostam que cada qual ajude a si próprio e jogue suas próprias cartas). Além disso, em geral estão mais acostumados a tolerar a dor do que os compassivos; tampouco lhes parece injusto que outros sofram, já que eles próprios sofreram. Por fim, a brandura de coração é para eles uma condição penosa, como para os compassivos a indiferença estoica; reservam-lhe palavras depreciativas, e creem que ela ameaça sua masculinidade e sua fria bravura — escondem de outros as lágrimas e as enxugam, irritados consigo mesmos. São uma espécie de egoístas *diferente* dos compassivos; — mas chamá-los de notavelmente *maus*, e aos compassivos de *bons*, não é senão uma moda moral que tem seu tempo: assim como a moda inversa também teve seu tempo, um tempo demorado!

134. *Em que medida devemos nos guardar dos compassivos.* — A compaixão, na medida em que produz sofrimento — e aqui este será o nosso ponto de vista —, é uma fraqueza, como todo abandono a um afeto *que prejudica.* Ela *faz crescer* o sofrimento do mundo: indiretamente, aqui e ali, um sofrimento pode ser diminuído ou suprimido graças à compaixão, mas não se deve utilizar tais consequências ocasionais e, no conjunto, insignificantes, para justificar sua natureza, que, como disse, é prejudicial. Supondo que ela predominasse por um só dia, imediatamente pereceria a humanidade. Em si, a compaixão tem caráter tão bom como qualquer outro impulso: apenas quando é requerida e louvada — e isto acontece quando não se compreende o que ela tem de prejudicial, mas se descobre nela uma *fonte de prazer* — prende-se a ela a boa consciência, apenas então as pessoas dedicam-se a ela e não temem anunciá-la. Nas circunstâncias em que se compreende que é prejudicial, veem-na como fraqueza: ou — entre os gregos, por exemplo — como um doentio afeto periódico, ao qual se pode retirar a periculosidade com desafogos intencionais e temporários. — Quem fizer a experiência de, por algum tempo, ceder propositalmente às oportunidades de compaixão na vida prática e sempre manter no espírito a miséria toda que se apresenta à sua volta, ficará inevitavelmente doente e melancólico. Mas quem, como médico, quiser servir à humanidade *em qualquer sentido*, terá de ser muito cauteloso para com tal sentimento — ele o paralisa em todos os instantes decisivos, atando seu conhecimento e sua mão solícita e sutil.

135. *Ser objeto de compaixão.* — Entre os selvagens, a ideia de ser objeto de compaixão causa um frêmito moral: significa não ter nenhuma virtude. Oferecer compaixão equivale a desprezar: não se quer ver sofrer alguém desprezível, isto não oferece prazer. Ver sofrer um inimigo que se reconhece como igualmente valoroso e orgulhoso, e que em meio a suplícios não abandona seu orgulho, ou qualquer ser que se recusa a clamar por compaixão, isto é, pela mais profunda e vergonhosa humilhação — eis o maior dos deleites, nele a alma do selvagem alcança a *admiração*: enfim ele mata o indivíduo assim valente, quando pode fazê-lo, dando a este *indomável* a sua última honra: caso ele chorasse, perdesse a expressão de frio sarcasmo, mostrando-se desprezível — então lhe seria permitido viver, como um cachorro —, ele não mais incitaria o orgulho do espectador, e em vez da admiração apareceria a compaixão.

136. *A felicidade na compaixão.* — Se, como os hindus, estabelecemos como *objetivo* de toda a atividade intelectual o conhecimento da *miséria* humana, e através de muitas gerações do espírito permanecemos fiéis a este pavoroso desígnio, a *compaixão* termina por receber, aos olhos de tais homens de pessimismo *hereditário*, um novo valor como poder *conservador* da vida, que faz suportar a existência, embora ela também merecesse ser jogada fora com desgosto e horror. A compaixão torna-se antídoto para o suicídio, como sentimento que contém paz e faz provar a superioridade em pequenas doses: — ela nos distrai de nós, enche o coração, afasta o medo e a rigidez, incita à palavra, aos lamentos e atos — comparada à miséria do conhecimento, que de todos os lados empurra o indivíduo para o aperto e a escuridão e lhe tira o fôlego, é *relativamente uma felicidade*. E a felicidade, seja ela qual for, traz luz, ar e liberdade de movimento.

137. *Por que duplicar o "Eu"?* — Observar nossas vivências com o olhar com que costumamos observá-las quando são as vivências de outros — isso tranquiliza bastante e é um remédio aconselhável. Mas observar e acolher as vivências de outros *como se fossem nossas* — a exigência de uma filosofia da compaixão —, isso nos destruiria em pouco tempo: apenas façam a tentativa e deixem de fantasiar! Além disso, a primeira máxima é certamente *mais conforme* à razão e à boa vontade de ser racional, pois julgamos o valor e o sentido de uma ocorrência de modo mais objetivo, quando sucede a outros e não a nós: por exemplo, o valor de um falecimento, de uma perda de dinheiro, de uma calúnia. Já a compaixão como princípio de ação, com a exigência de sofrer com o infortúnio do outro como ele mesmo, implicaria que o ponto de vista do Eu, com seu exagero e excesso, também se tornasse o ponto de vista do outro, do compassivo: de forma que teríamos de sofrer ao mesmo tempo com o nosso Eu e o do outro, e nos sobrecarregaríamos voluntariamente de um duplo contrassenso, em vez de tornar mais leve o peso do nosso.

138. *Tornando-se mais terno.* — Se amamos, adoramos, admiramos alguém, e depois vemos que esta pessoa *sofre* — sempre com espanto, pois só podemos pensar que a nossa felicidade, que dele se origina, vem de um rico manancial de felicidade *própria* —, então o nosso sentimento de amor, adoração e admiração transforma-se em *algo essencial*: torna-se *mais terno*, ou seja: o fosso entre ela e nós parece ligar-se por uma ponte, uma aproximação de igualdade parece ocorrer. Apenas então julgamos possível *retribuir*, já que antes a imaginávamos acima de nossa gratidão. O fato de poder retribuir nos proporciona uma grande alegria e elevação. Buscamos adivinhar o que suaviza sua dor, e lhe damos isso; se quer palavras de consolo, olhares, atenções, presentes, serviços — lhe damos isso; mas, sobretudo: se nos quer *sofrendo* com o seu sofrimento, damo-nos por sofredores, mas em tudo isso tendo o *prazer da gratidão ativa*: que é, em suma, *a boa vingança*. Se não quer e não aceita absolutamente nada de nós, afastamo-nos frios e tristes, quase doentes: é como se nossa gratidão fosse rejeitada — e, nesse ponto de honra, mesmo o indivíduo mais bondoso é suscetível. — Segue-se, de tudo isso, que mesmo no caso mais favorável existe algo degradante no sofrimento, e exaltador e conferidor de superioridade na compaixão; o que separa eternamente esses dois sentimentos.

139. *Supostamente mais elevado!* — Vocês dizem que a moral da compaixão é uma moral mais elevada do que a do estoicismo? Provem isso! Mas observem que o que é "alto" e "baixo", na moral, não pode ser medido por um metro moral: pois não existe uma moral absoluta. Então busquem em outra parte a sua escala e — cuidado!

140. *Louvor e censura.* — Se uma guerra tem desenlace infeliz, pergunta-se pelo "culpado" da guerra; se termina com vitória, elogia-se quem a instigou. Sempre é buscada a culpa quando há um fracasso, pois este traz consigo um mau humor a que se aplica automaticamente um único remédio: uma nova excitação do *sentimento de poder* — e esta se acha na *condenação* do "culpado". Esse culpado não é um bode expiatório da culpa de outros: é a vítima dos fracos, humilhados, abatidos, que de algum modo querem provar a si mesmos que ainda têm força. Também condenar a si próprio pode ser um meio de readquirir o sentimento de força após a derrota. — Já a glorificação do *instigador* é, com frequência, o resultado igualmente cego de outro impulso que procura sua vítima — e desta vez o sacrifício é doce e convidativo até para a vítima —: quando o sentimento de poder de um povo, uma sociedade, está saturado em virtude de um grande, fascinante êxito, e sobrevém um *cansaço do triunfo*, uma parte do orgulho é abandonada; avulta o sentimento da *devoção*, que busca seu objeto. — Ao sermos *louvados* ou *censurados*, nisto somos geralmente oportunidades, e com frequência oportunidades agarradas arbitrariamente, para nossos próximos descarregarem o impulso de louvor ou censura neles acumulado: nos dois casos lhes prestamos um benefício, no qual não temos mérito e pelo qual não têm gratidão.

141. *Mais belo, mas de menor valor.* — Moralidade pitoresca: é esta a moralidade dos afetos que se desenvolvem abruptamente, das transições ásperas, dos gestos e tons patéticos, incisivos, terríveis, solenes. É o estágio semisselvagem da moralidade: não nos deixemos seduzir por seu encanto estético, atribuindo-lhe categoria superior.

142. *Empatia.* — A fim de compreender o outro, isto é, *reproduzir em nós seu sentimento*, com frequência remontamos ao *motivo* do seu sentimento, determinado de tal ou tal forma, e perguntamos, por exemplo: *por que* está ele aborrecido? — para nos aborrecermos pelo mesmo motivo; mais comum, no entanto, é não fazer isso e gerar em nós o sentimento conforme os *efeitos* que ele exerce e mostra no outro, ao reproduzir em nosso corpo (ao menos até uma leve semelhança do jogo dos músculos e da inervação) a expressão de seus olhos, sua voz, seu andar, sua postura (ou mesmo seu reflexo em palavra, pintura, música). Então surge em nós um sentimento similar, em consequência de uma antiga associação de movimento e sensação, treinada para proceder para trás e para a frente. Muito avançamos nessa habilidade de compreender os sentimentos do outro, e quase automaticamente a praticamos na presença de uma pessoa: observe-se o jogo das linhas na face de uma mulher, como treme e se ilumina do incessante reproduzir e refletir do que é sentido à sua volta. É a música, porém, que nos mostra mais claramente que mestres somos na percepção rápida e sutil de sentimentos e na empatia: se a música é uma reprodução da reprodução de sentimentos, e, apesar dessa distância e imprecisão, com muita frequência nos faz partilhá-los, de modo que ficamos tristes sem a menor razão para a tristeza, como verdadeiros loucos, apenas por ouvir sons e ritmos que de alguma forma lembram o tom de voz e o movimento de pessoas em luto, ou mesmo seus costumes. Conta-se, de um rei dinamarquês, que foi de tal modo lançado num entusiasmo guerreiro pela música de um cantor, que subitamente ergueu-se do trono e matou cinco dos súditos que estavam ao seu redor: não havia guerra, não havia inimigo, antes o oposto disso, mas a força que *do sentimento infere a causa* foi intensa o bastante para sobrepor-se à evidência e à razão. Ocorre que é este, quase sempre, o efeito da música (supondo que *tenha* efeito —), e não é preciso casos tão paradoxais para notar isto: o estado de sentimento em que a música nos põe está quase sempre em contradição com a evidência da nossa situação real e da razão que percebe esta situação real e suas causas. — Se nos perguntamos de que modo a reprodução dos sentimentos de outros tornou-se tão comum para nós, não há dúvida quanto à resposta: o homem, sendo a mais temerosa das criaturas, devido à sua natureza frágil e refinada, tem no seu *temor* o mestre dessa empatia, dessa rápida compreensão pelo sentimento do outro (também do animal). Por longos milênios ele enxergou perigo em tudo o que era desconhecido e animado: à visão daquilo, imediatamente reproduziu a expressão dos traços e da postura, e tirou conclusões sobre o tipo de intenção ruim por trás desses traços e dessa postura. Tal interpretação dos movimentos e linhas *conforme as intenções* foi aplicada pelo homem até mesmo à natureza das coisas inanimadas — na ilusão de que nada existe de inanimado: creio que tudo o que chamamos *sentimento da natureza*, na contemplação de céu, campo, floresta, rochas, estrelas, mar, temporal, paisagem, primavera, tem aí a sua origem — sem a velha prática inspirada pelo medo, de ver tudo conforme um segundo sentido oculto, agora não teríamos alegria com a natureza, assim como não teríamos alegria com pessoas e animais sem esse mestre da compreensão, o medo. A alegria e o agradável assombro, e enfim o senso do ridículo, são filhos temporãos da empatia, e irmãos bem mais novos do medo. — A capacidade de rápida compreensão — que, portanto, baseia-se na capacidade de *rapidamente dissimular* — diminui em homens e povos orgulhosos, soberanos, porque têm menos temor: e todo tipo de compreensão e dissimulação é familiar aos povos temerosos; neles se acha igualmente o autêntico lar das artes imitativas e da inteligência superior. — Se, com base nessa teoria da empatia que proponho, penso na teoria, agora favorecida e consagrada, de um processo místico mediante o qual a *compaixão* reúne dois seres em um, tornando possível a um a imediata compreensão do outro; se me recordo que uma mente lúcida como a de Schopenhauer deleitou-se com essa mixórdia exaltada e sem valor, e transferiu seu deleite para outras mentes claras e não tão claras — então não há limite para a minha admiração e piedade. Como deve ser grande o nosso prazer com absurdos incompreensíveis! Como o ser humano ainda está próximo do insano, quando escuta seus desejos intelectuais *secretos*! — (*Por que*, de fato, Schopenhauer sentiu-se tão grato a Kant, tão profundamente penhorado? Isto se revelou de modo inequívoco certa vez: alguém mencionou como se podia tirar a *qualitas occulta* do imperativo categórico de Kant e torná-lo compreensível. Ao que Schopenhauer irrompeu: "Compreensibilidade do imperativo categórico! Pensamento radicalmente equivocado! Treva egípcia! Queiram os céus que ele não se torne compreensível! Que precisamente exista algo incompreensível, que esta *miséria de entendimento*, com os seus conceitos, seja limitado, condicionado, finito, enganoso; esta certeza é a grande dádiva de Kant".[36] — Ponderemos se tem boa vontade para o conhecimento das coisas morais, quem de antemão é enlevado pela crença na *incompreensibilidade* dessas coisas! Alguém que ainda crê honestamente em iluminações do alto, em magia e aparições, e na feiura metafísica do sapo!)

143. *Ai de nós, se este impulso se desencadear!* — Supondo que o impulso de apego e cuidado em relação a outros (a "afecção simpática") fosse duas vezes mais forte do que é, as coisas não seriam *suportáveis* na Terra. Pois pensemos nas loucuras que cada um faz por apego e cuidado *consigo mesmo*, diariamente e a cada instante, e em como isso deve ser insuportável: e se nos tornássemos *para outros* o objeto dessas loucuras e importunidades, com as quais assolaram apenas a si mesmos até agora? Não fugiríamos cegamente, tão logo um "próximo" se aproximasse? E não cobriríamos a afecção simpática dos mesmos nomes ruins que agora aplicamos ao egoísmo?

144. *Fechar os ouvidos aos lamentos.* — Se nos deixamos ensombrecer pelos lamentos e dores dos outros mortais e cobrimos de nuvens o nosso próprio céu, quem suportará as consequências desse entristecimento? Ora, os outros mortais, em acréscimo a todos os seus fardos! Não poderemos nem *ajudá-los* nem *confortá-los*, se quisermos ecoar seu lamento, e mesmo se apenas lhe voltarmos nossos ouvidos — a menos que aprendêssemos a arte dos olímpicos e passássemos a nos *edificar* com a infelicidade dos homens, em vez de ficarmos infelizes com ela. Mas isso é demasiado olímpico para nós: embora, com a fruição da tragédia, já tenhamos dado um passo na direção desse canibalismo ideal dos deuses.

145. *"Não egoísta!"* — Aquele está oco e quer ficar cheio, esse está repleto e quer esvaziar-se — cada qual é impelido a buscar um indivíduo que sirva a seu propósito. E este processo, entendido em sua mais alta acepção, é designado com uma só palavra nos dois casos: amor — como? o amor deveria ser algo não egoísta?

146. *Também por sobre o próximo.* — Como? A natureza do que é verdadeiramente moral estaria em divisar as consequências próximas e imediatas de nossas ações para o outro, e nos decidirmos em conformidade com elas? Esta é uma moral estreita e pequeno-burguesa, ainda que seja uma moral: um pensamento mais elevado e livre parece-me *olhar também por sobre* essas consequências imediatas para o outro e, em determinadas circunstâncias, promover fins mais distantes, *também com o sofrimento do outro* — por exemplo, promover o conhecimento, apesar da compreensão de que o nosso livre-pensar logo lançará o outro em dúvidas, preocupações e coisas piores. Não nos é permitido tratar o próximo como a nós mesmos, pelo menos? E se, em nosso caso, não pensamos nas consequências e dores imediatas, de modo tão estreito e pequeno-burguês: por que *teríamos* de fazê-lo no caso dele? Supondo que tivéssemos o sentido do sacrifício em relação a nós: o que nos proibiria de sacrificar conosco o próximo? — como até agora fizeram o Estado e os príncipes, sacrificando um cidadão aos outros "pelo interesse geral", como se dizia. Mas também nós temos interesses gerais, e talvez mais que gerais: por que não deveriam alguns indivíduos das gerações atuais serem sacrificados às gerações vindouras? De modo que seu desgosto, seu desassossego, seu desespero, seus equívocos e passos angustiados fossem vistos como necessários, porque uma nova relha de arado deve rasgar o solo e fazê-lo fecundo para todos? — Enfim: nós comunicamos ao próximo, ao mesmo tempo, o espírito em que pode *sentir-se sacrificado*, nós o conquistamos para a tarefa para a qual o utilizamos. Então não temos compaixão? Mas, se queremos alcançar a vitória de nós mesmos também *por sobre a nossa compaixão*, não é essa uma postura e disposição mais alta e mais livre do que aquela em que nos sentimos seguros ao descobrir se uma ação *faz bem ou mal* ao próximo? Enquanto nós, através do sacrifício — no qual estão incluídos nós e *os próximos* — fortaleceríamos e elevaríamos mais alto o sentimento geral do *poder* humano, supondo que não conseguíssemos mais. Mas isto já seria um positivo incremento da *felicidade*. — Por último, se mesmo isto — — nem uma palavra mais, porém! Um olhar basta, vocês me compreenderam.

147. *Causa do "altruísmo"*. — De modo geral, as pessoas falaram do amor com tanta ênfase e adoração porque *tiveram* *pouco dele*, nunca puderam saciar-se desse manjar: então ele se tornou "manjar dos deuses" para elas. Se um poeta mostrar, numa utopia, a existência do *universal amor humano*, certamente descreverá uma situação dolorosa e ridícula, de que não se viu igual neste mundo. — Todo indivíduo cortejado, importunado e desejado, não por um só amante, como sucede hoje, mas por milhares, sim, por todos, em virtude de um impulso irreprimível que será injuriado e amaldiçoado, como a antiga humanidade fez com o egoísmo; e os poetas dessa nova situação, se lhes for dado sossego para poetar, sonharão apenas com o feliz passado sem amor, o divino egoísmo, a solidão, paz, ausência de amor, malevolência e desprezo que antes foram possíveis na Terra, e como quer que se chame toda a vilania do caro mundo animal em que vivemos.

148. *Perspectiva distante.* — Se apenas forem morais, como se definiu, as ações que fazemos pelo próximo e somente pelo próximo, então não existem ações morais! Se apenas forem morais — segundo outra definição — as ações que fazemos com livre-arbítrio, então não existem ações morais! — O que, então, é isso que tem esse nome, que de todo modo existe e pede explicação? São os efeitos de alguns erros intelectuais. — Supondo que nos libertássemos desses erros, que seria das "ações morais"? — Em virtude desses erros, até hoje atribuímos a algumas ações um valor mais alto do que o que têm: nós as distinguimos das ações "egoístas" e das "não livres". Se agora tornamos a juntá-las a estas, como temos de fazer, *diminuímos* certamente o seu valor (o sentimento de seu valor), e isso abaixo da medida razoável, pois as ações "egoístas" e "não livres" tiveram avaliação muito baixa até o momento, devido à suposta diferença intrínseca e profunda. — Então elas serão realizadas com menor frequência a partir de agora, porque passarão a ser menos valorizadas? — Inevitavelmente! Ao menos por um bom tempo, enquanto a balança do sentimento de valor estiver sob a reação de erros passados! Mas nossa contrapartida é que restituímos aos homens a boa coragem para as ações difamadas como egoístas e restauramos o *valor* das mesmas — *roubamos delas a má consciência*! E, como até hoje foram as mais frequentes, e em todo o futuro continuarão a sê-lo, retiramos a todo o quadro das ações e da vida a sua *má aparência*! Não mais se considerando mau, o homem deixa de sê-lo!

LIVRO III

149. *Pequenas ações divergentes são necessárias!* — Em matéria de *costumes*, agir ocasionalmente *contra* o que achamos melhor; ceder na prática, reservando-se a liberdade espiritual; fazer como todos, assim demonstrando favor e gentileza a todos, como que em compensação pela divergência de nossas opiniões: — para muitos homens de espírito razoavelmente livre, isso é não apenas irrepreensível, mas "honesto", "humano", "tolerante", "nada pedante", ou qualquer outra das belas palavras com que se põe para dormir a consciência intelectual: assim, este leva o filho para o batismo cristão, sendo ateu, e aquele faz o serviço militar como todos, embora amaldiçoe o ódio entre as nações, e um terceiro comparece à igreja com uma mulher, porque a família desta é devota, e presta juramento ante um padre sem se envergonhar. "Não é *essencial* que um de nós também faça o que todos fazem e sempre fizeram." É o que diz o tosco *preconceito*. O *tosco* erro! Pois nada é *mais essencial* do que algo já poderoso, tradicional, irracionalmente reconhecido, ser confirmado pela ação de alguém reconhecidamente racional: assim obtém, aos olhos de todos os que têm notícia do fato, a sanção da própria razão! Todo o respeito por suas opiniões! Mas *pequenas ações divergentes* têm mais valor!

150. *O acaso dos casamentos.* — Se eu fosse um deus, e um deus benévolo, os casamentos dos homens me fariam mais impaciente do que qualquer outra coisa. Um indivíduo pode ir longe, muito longe, nos seus setenta ou mesmo trinta anos de vida — é algo espantoso, até para os deuses! Mas vejam como ele toma o legado e herança dessas lutas e vitórias, o laurel de sua humanidade, e o pendura no primeiro lugar que acha, onde uma mulherzinha o encontra e despedaça; vendo como ele sabe obter, mas não conservar, como nem mesmo raciocina que pode, mediante a procriação, preparar uma vida ainda mais vitoriosa: então perdemos a paciência, como disse, e pensamos: "Nada pode resultar da humanidade a longo prazo, os indivíduos são desperdiçados, o acaso dos casamentos torna impossível uma grande marcha racional da humanidade; — deixemos de ser os zelosos espectadores e bobos desse espetáculo sem meta!". — Foi com esse ânimo que os deuses de Epicuro recolheram-se na sua tranquilidade e bem-aventurança divina: eles estavam cansados dos homens e seus amores.

151. *Aqui há novos ideais a inventar.* — Não deveria ser permitido tomar uma decisão sobre a própria vida quando se está enamorado, e fixar de uma vez por todas o caráter de sua companhia devido a um capricho violento: o juramento dos amantes deveria ser publicamente invalidado, e o seu casamento, interdito: — pela razão de que o matrimônio deveria ser levado muito mais a sério! De modo que, justamente nos casos em que ele até agora se realizou, não se realizaria normalmente! A maioria dos casamentos não é de espécie tal que não se deseja um terceiro como testemunha? E justamente esse terceiro — a criança — quase nunca falta, e é mais do que testemunha, é o bode expiatório!

152. *Fórmula de juramento.* — "Se eu mentir agora, não serei mais uma pessoa decente, e todos poderão me dizer isso na cara." — Recomendo esta fórmula, em vez do juramento legal e a costumeira invocação de Deus: ela é *mais forte*. Também a pessoa religiosa não tem razão para se opor a ela: pois, assim que o juramento até agora em uso deixa de *servir*, o indivíduo religioso tem de escutar seu catecismo, que ordena: "Não invocarás o nome do Senhor teu Deus *em vão*!".

153. *Um insatisfeito.* — Esse é um daqueles antigos valentes: irrita-se com a civilização, porque acha que ela visa fazer todas as boas coisas — honras, tesouros, mulheres belas — acessíveis também aos covardes.

154. *Consolo nos perigos.* — Os gregos, numa vida exposta a grandes perigos e reviravoltas, buscaram na reflexão e no conhecimento uma espécie de segurança do sentimento e um derradeiro *refugium*. Nós, em situação incomparavelmente mais segura, transportamos a periculosidade para a reflexão e o conhecimento, e dela nos recuperamos e nos tranquilizamos *na vida*.

155. *Ceticismo extinto.* — Empreendimentos ousados são mais raros na época moderna do que na antiga e na medieval — provavelmente porque a época moderna já não tem fé em presságios, estrelas, oráculos e adivinhos. Ou seja: tornamo-nos incapazes de *crer num futuro* para *nós* determinado, como acreditavam os antigos, que — à diferença de nós — eram muito menos céticos em relação ao que *vem* do que em relação ao que *é*.

156. *Maus por exuberância.* — "Basta não nos sentirmos bem demais!" — este era o secreto medo que habitava o coração dos gregos nos bons tempos. *Por isso* pregavam a si mesmos a moderação. E nós?[37]

157. *Culto das "vozes da natureza".* — O que indica o fato de nossa cultura não apenas ser tolerante para com as manifestações da dor, para com lágrimas, lamentos, reproches, gestos de fúria ou de humilhação, mas aprová-las e inscrevê-las entre as mais nobres inevitabilidades? — enquanto o espírito da filosofia antiga olhava-as com desprezo e não lhes reconhecia absolutamente a necessidade. Lembremos como Platão — que não era dos filósofos mais desumanos — fala do Filoctetes do drama trágico.[38] Faltaria à nossa cultura moderna a "filosofia"? Pertenceríamos todos nós à "plebe", segundo a avaliação daqueles filósofos antigos?

158. *Clima para o adulador.* — Agora os aduladores servis não devem ser buscados na vizinhança dos príncipes — esses têm o gosto pelas coisas militares, que repugna ao adulador.

É na vizinhança de banqueiros e artistas que ainda cresce hoje esta flor.

159. *Os despertadores dos mortos.* — Homens vaidosos valorizam mais um fragmento do passado, a partir do momento em que conseguem revivê-lo em si próprios (sobretudo quando isto é difícil); querem mesmo, se possível, despertá-lo de entre os mortos. Como os vaidosos são sempre inúmeros, o perigo dos estudos históricos, quando uma época inteira a eles se dedica, efetivamente não é pequeno: demasiada energia é desperdiçada em todo tipo de ressurreição de mortos. Talvez se possa compreender melhor, desse ponto de vista, todo o movimento do Romantismo.

160. *Vãos, cobiçosos e pouco sábios.* — Seus desejos são maiores do que seu entendimento, e sua vaidade é ainda maior que seus desejos — a homens como vocês é aconselhável, fundamentalmente, *muita* prática cristã e um pouco de teoria schopenhaueriana!

161. *Beleza conforme a época.* — Se nossos escultores, pintores e músicos querem acertar o espírito da época, têm de retratar a beleza como inchada, gigante e nervosa: tal como os gregos, sob o império de sua moral da moderação, viram e retrataram a beleza como o Apolo do Belvedere. Na realidade, deveríamos chamá-lo de *feio*! Mas os tolos "classicistas" nos despojaram de toda honestidade!

162. *A ironia dos contemporâneos.* — Atualmente é estilo dos europeus tratar todos os grandes interesses com ironia, pois, estando ocupados a serviço deles, não têm tempo para levá-los a sério.

163. *Contra Rousseau.* — Sendo verdadeiro que nossa civilização tem algo deplorável em si, vocês têm a escolha de concluir, com Rousseau, que "essa deplorável civilização é culpada de nossa moralidade ruim", ou concluir de volta, contra Rousseau, que "nossa boa moralidade é culpada dessa natureza deplorável da civilização. Nossos frágeis, pouco masculinos conceitos sociais de bem e mal, e seu enorme predomínio sobre corpo e alma, afinal enfraqueceram todos os corpos e almas e quebrantaram os homens independentes, autônomos, despreconcebidos, os pilares de uma civilização forte: onde vemos agora a moralidade ruim, encontramos as derradeiras ruínas desses pilares". Assim, há paradoxo contra paradoxo! É impossível que a verdade esteja em ambos os lados: estará ela em um dos dois? Comprove-se.

164. *Talvez prematuro.* — Parece que na atualidade, sob toda espécie de nomes falsos e enganadores, e geralmente com grande falta de clareza, são feitas as primeiras tentativas de organizar-se e criar para si um *direito*, por parte dos que não se veem ligados aos costumes e leis existentes: quando até então, tachados de criminosos, livres-pensadores, imorais, malfeitores, viveram sob o signo da proscrição e da má consciência, depravados e depravadores. Isso deveria ser considerado *bom e razoável* no conjunto, ainda que torne perigoso o século vindouro e faça todo indivíduo ter uma arma: para que exista um poder oposto, que sempre recorde que não há uma moral única determinando o que é moral, e que toda moralidade que afirma exclusivamente a si própria mata muitas forças boas e vem a sair muito cara para a humanidade. Os divergentes, que tantas vezes são os inventivos e fecundos, não devem mais ser sacrificados; já não deve ser tido por vergonhoso divergir da moral, em atos e pensamentos; devem ser feitas inúmeras tentativas novas de existência e de comunidade; um enorme fardo de má consciência deve ser eliminado do mundo — tais metas universais deveriam ser reconhecidas e promovidas por todos os homens honestos que buscam a verdade!

165. *Quando a moral não entedia.* — Os principais mandamentos morais que um povo se deixa constantemente ensinar e pregar estão relacionados a seus defeitos principais, e por isso não vêm a ser tediosos para ele. Os gregos, que frequentemente perdiam a moderação, o sangue-frio, o senso da justiça e, sobretudo, a ponderação, eram atentos às quatro virtudes socráticas — pois tinham tanta necessidade delas, e justamente para elas tão pouco talento!

166. *Na encruzilhada.* — Ora! Querem ser parte de um sistema em que se tenha de ser roda, completamente, ou se caia debaixo das rodas! Onde seja evidente que cada um *é* aquilo para que o *fazem* desde cima! Onde a busca por "conexões" é um dos deveres naturais! Onde ninguém se sente ofendido ao lhe ser apontado um homem com as palavras: "Ele pode vir a lhe ser útil"; onde a pessoa não se envergonha de visitar alguém para obter sua recomendação! Onde a pessoa não tem a menor ideia de como, através de uma deliberada inserção em tais costumes, caracteriza-se definitivamente como pequeno vaso de louça da natureza, que outros podem usar e quebrar sem sentir-se responsáveis; como se dissesse: "Desse tipo que sou nunca haverá falta: peguem-me! Sem cerimônia!". —

167. *As homenagens incondicionais.* — Quando penso no mais lido filósofo alemão, no mais ouvido compositor alemão e no mais respeitado estadista alemão, tenho de admitir para mim mesmo: os alemães, esse povo de sentimentos *incondicionais*, têm a vida dificultada por seus próprios grandes homens atualmente. Nos três casos há um magnífico espetáculo: um rio a correr no leito que ele próprio cavou, movendo-se tão impetuosamente, que quase parece querer subir pela montanha. E, no entanto, por mais longe que levemos a veneração a eles: quem não preferiria, tudo somado, ser de *outra* opinião que Schopenhauer! — E quem poderia agora ser da mesma opinião que Richard Wagner, no início e no fim das contas? Por mais verdadeiro que seja, como disse alguém, que, onde ele vê ofensa e onde causa ofensa, há um problema *enterrado* — basta isso, não é ele mesmo que o traz à luz. — E, por fim, quantos não gostariam de concordar com Bismarck de todo o coração, se ele próprio estivesse de acordo consigo, ou desse a entender que doravante estaria! É verdade: *sem princípios, mas com instintos,*[39] um espírito ágil a serviço de instintos fortes, e justamente por isso sem princípios — o que não é de chamar a atenção num estadista, sendo antes considerado justo e natural; mas até hoje, infelizmente, isso não foi nada alemão! Assim como a algazarra em torno da música, a dissonância e o desalento em torno do músico, assim como a nova e extraordinária postura adotada por Schopenhauer: não *acima* das coisas, nem de joelhos ante elas — as duas atitudes poderiam ser chamadas de alemãs — mas *contra* as coisas! Inacreditável! E desagradável! Alinhar-se com as coisas, mas como seu adversário, e afinal até mesmo como adversário de si próprio! — que pode o admirador incondicional fazer com um tal modelo! E com três modelos assim, que não querem ter paz entre si mesmos! Eis Schopenhauer inimigo da política de Bismarck, e Bismarck inimigo de tudo wagneriano e schopenhaueriano! Que resta aí a fazer? Para onde fugir com sua avidez de "homenagem a granel"? Seria possível escolher, na música de um compositor, algumas centenas de compassos de boa música que falem ao coração e que abriguemos no peito, porque têm coração — seria possível afastar-se com esse pequeno espólio e — esquecer todo o resto? E chegar a um trato semelhante relativamente ao filósofo e ao estadista — selecionar, tomar no coração e, em particular, *esquecer o resto*? Sim, caso o esquecimento não fosse tão difícil! Havia um homem muito orgulhoso, que nada aceitava, de bom ou de mau, que não fosse de si mesmo: mas, quando precisou do *esquecimento*, não pôde dá-lo a si mesmo, tendo de invocar três vezes os espíritos; eles vieram, escutaram seu desejo, e então lhe disseram: "Apenas isso, justamente isso, não está em nosso poder!". Não deveriam os alemães aproveitar a experiência de *Manfred*?[40] Por que invocar espíritos? É inútil, não se consegue esquecer quando se quer esquecer. E como seria grande "o resto" que se teria de esquecer, no caso, para continuar sendo admirador "a granel" desses três grandes de nossa época! Mais aconselhável é aproveitar a ocasião e tentar algo novo: isto é, progredir na *honestidade para consigo mesmo* e tornar-se, em vez de um povo de crédula repetição e de cega e amarga hostilidade, um povo de aprovação condicional e benevolente oposição; mas primeiramente aprender que a homenagem incondicional a uma pessoa é algo ridículo, que mudar de concepção quanto a isso não é desonroso, mesmo para alemães, e que existe uma máxima profunda, digna de consideração: "*Ce qui importe, ce ne sont point les personnes: mais les choses*" [O que importa não são as pessoas, mas as coisas]. Esta máxima é, como aquele que a falou, grande, brava, simples e taciturna — exatamente como Carnot, o soldado e republicano. — Mas é permitido agora falar assim de um francês para os alemães, ainda mais de um republicano? Talvez não; talvez não se possa nem mesmo recordar o que Niebuhr, em sua época, pôde dizer aos alemães: que ninguém lhe dera tanto a impressão de *verdadeira grandeza* como Carnot.[41]

168. *Um modelo.* — O que amo eu em Tucídides, o que faz que o tenha em mais elevado apreço do que Platão? Ele tem o mais amplo e despreconcebido deleite em tudo o que é típico do ser humano e dos eventos, e acha que a cada tipo corresponde um *quantum* de *bom senso*: é este que ele procura descobrir. Ele tem mais justiça prática do que Platão; não é um denegridor e diminuidor dos homens que não lhe agradam ou que o magoaram na vida. Pelo contrário: vê ou acrescenta algo de grande em todas as coisas e pessoas, ao enxergar apenas tipos; pois o que teria a fazer a posteridade, a que ele consagra a sua obra, com o que *não* fosse típico? De modo que nele, o pensador dos homens, atingiu a última, magnífica florescência aquela *cultura do mais desassombrado conhecimento do mundo*, que teve em Sófocles seu poeta, em Péricles seu estadista, em Hipócrates seu médico, em Demócrito seu cientista: aquela cultura que merece ser batizada com o nome de seus mestres, os *sofistas*, e que, desde o instante do batismo, infelizmente começa a tornar-se pálida e inapreensível para nós — pois suspeitamos que tenha sido uma cultura muito imoral, essa que foi combatida por Platão e todas as escolas socráticas! A verdade é aqui tão emaranhada e retorcida, que relutamos em desenredá-la: que o velho erro (*error veritate simplicior* [o erro é mais simples que a verdade]) prossiga seu velho caminho!

169. *A estranheza do grego para nós.* — Oriental ou moderno, asiático ou europeu: em relação ao grego, é próprio de todos esses a enormidade e o deleite na grande quantidade como linguagem do sublime, enquanto em Pesto, Pompeia e Atenas, e ante toda a arquitetura grega, espantamo-nos de ver *com que pequenas massas* os gregos sabem expressar e *amam* expressar algo sublime. — De igual modo: como eram simples os homens da Grécia, na *concepção que tinham de si mesmos*! Como os superamos no conhecimento do homem! Mas como também parecem labirínticas nossas almas e concepções das almas, em comparação às deles! Se quiséssemos e ousássemos uma arquitetura conforme a natureza de nossa alma (somos covardes demais para isso!) — então o labirinto seria o nosso modelo! A música que é nossa, que realmente nos exprime, já permite entrever isso! (Pois na música os homens se entregam, pois acham que ninguém é capaz de vê-los *sob* a sua música.)

170. *Outras perspectivas do sentimento.* — Que significa toda a nossa conversa sobre os gregos? Que entendemos nós de sua arte, cuja alma é — paixão pela beleza *masculina* nua? Somente *a partir desta* percebiam eles a beleza feminina. De modo que tinham dela uma perspectiva inteiramente diferente da nossa. E assim também com seu amor pela mulher: adoravam de outra forma, desprezavam de outra forma.[42]

171. *A alimentação do homem moderno.* — Ele sabe digerir muita coisa, quase tudo — é seu tipo de ambição: mas ele seria de uma ordem mais alta se *não* soubesse fazê-lo; *homo pamphagus* [homem onívoro] não é a espécie mais refinada. Vivemos entre um passado que tinha um gosto mais insano e obstinado que o nosso, e um futuro que terá talvez um gosto mais seletivo — vivemos demasiado no meio.

172. *Tragédia e música.* — Homens de disposição basicamente guerreira, como os gregos do tempo de Ésquilo, são *difíceis de comover*, e, se alguma vez a compaixão vence a sua dureza, toma-os como uma vertigem, igualmente a uma "força demoníaca" — eles sentem-se cativos, e agitados por um tremor religioso. Depois têm reservas quanto a esse estado; enquanto se acham nele, desfrutam o enlevo do maravilhoso estar fora de si, misturado ao mais amargo absinto do sofrer: é justamente uma bebida para guerreiros, algo raro, perigoso e agridoce, que dificilmente é dado a um indivíduo. A tragédia se dirige a almas que sentem desse modo a compaixão, a almas duras e guerreiras, que dificilmente são vencidas, seja pelo temor, seja pela compaixão, para as quais é vantajoso, porém, serem *amolecidas* de quando em quando: mas de que serve a tragédia para os que se acham abertos às "afecções simpáticas" como velas ao vento? Quando os atenienses tornaram-se mais moles e sensíveis, no tempo de Platão — ah, como ainda estavam longe da sentimentalidade de nossos citadinos! —, os filósofos já lamentavam a *nocividade* da tragédia. Uma época cheia de perigos como a que agora começa, em que a bravura e a masculinidade sobem de valor, talvez torne gradualmente a endurecer as almas, a tal ponto que poetas trágicos lhes sejam necessários: mas enquanto isso eles são meio *supérfluos* — para utilizar a expressão mais suave. — Também para a música talvez ainda venha a época melhor (certamente a mais *malvada*!), quando os artistas deverão dirigir-se a homens severamente pessoais, duros em si, dominados pela sombria seriedade da própria paixão: mas de que serve a música a estas alminhas de hoje, demasiado volúveis, não desenvolvidas, semipessoais, curiosas e ávidas de tudo, almas de uma época que termina?

173. *Os apologistas do trabalho.* — Na glorificação do "trabalho", nas incansáveis referências à "bênção do trabalho", vejo a mesma ideia oculta que há no louvor às ações impessoais e de utilidade geral: a do temor ante o que seja individual. No fundo sente-se agora, à visão do trabalho — entendendo por isso a dura laboriosidade desde a manhã até a noite —, que semelhante trabalho é a melhor polícia, que ele detém as rédeas de cada um e sabe impedir o desenvolvimento da razão, dos anseios, do gosto pela independência. Pois ele despende muita energia nervosa, subtraindo-a à reflexão, à ruminação, aos sonhos, às preocupações, ao amor e ao ódio; ele coloca diante da vista um pequeno objetivo e garante satisfações regulares e fáceis. Assim, terá mais segurança uma sociedade em que se trabalha duramente: e hoje se adora a segurança como a divindade suprema. — E então! Que horror! Precisamente o "trabalhador" tornou-se *um perigo*! Pululam os "indivíduos perigosos"! E por trás deles o perigo maior — o *indivíduo*!

174. *A moda moral de uma sociedade mercantil.* — Por trás do princípio básico da atual moda moral: "ações morais são as ações da simpatia pelos outros", vejo agir o impulso social da temerosidade, que assim se mascara intelectualmente; esse impulso deseja, como a coisa suprema e mais importante, que seja tirada da vida *toda a periculosidade* que ela já tinha, e que *todos* ajudem a fazê-lo com todas as forças: por isso, apenas as ações que têm em mira a segurança comum e o sentimento de segurança da comunidade merecem o predicado "bom"! — Como devem ter pouca alegria consigo os homens de hoje, se uma tal tirania do temor lhes prescreve a lei moral suprema, se permitem, sem objeção, que lhes seja ordenado não olhar para si, mas ter olhos de lince para toda miséria, todo sofrimento de outra parte! Não estaremos, com esse descomunal propósito de limar todas as arestas e asperezas da vida, a ponto de transformar a humanidade em *areia*? Areia! Pequena, redonda, tenra, infinita areia! É este o seu ideal, arautos das afecções simpáticas? — Enquanto isso, fica sem resposta a questão de saber se somos mais *úteis* ao outro indo a seu encontro e *ajudando-o* — o que pode suceder de modo apenas superficial, quando não é uma interferência e remodelação tirânica —, ou *fazendo* de si mesmo algo que o outro vê com deleite, como um belo, tranquilo jardim fechado, que tem muros altos para as tempestades e a poeira da estrada, mas também um portão hospitaleiro.

175. *O pensamento básico de uma cultura de mercadores.* — Vemos agora surgir, de várias maneiras, a cultura de uma sociedade em que o *comércio* é a alma, assim como a peleja individual para os antigos gregos, e a guerra, a vitória e o direito para os romanos. O mercador sabe estimar o valor de tudo sem produzi-lo, e estimar-lhe o valor *segundo a necessidade dos consumidores*, não segundo suas próprias necessidades; "quem e quantos consomem isto?" é sua grande pergunta. Esse gênero de estimativa ele emprega instintivamente e incessantemente para tudo, também para as realizações da arte e da ciência, dos pensadores, doutores, artistas, estadistas, de povos e partidos, de épocas inteiras: em relação a tudo o que é produzido ele pergunta pela oferta e a demanda, *a fim de estabelecer para si o valor de uma coisa.* Isto alçado em caráter de toda uma cultura, pensado com o máximo de amplidão e sutileza, e impondo-se a toda vontade e capacidade: é disso que vocês, homens do próximo século, estarão orgulhosos: se os profetas da classe mercadora tiverem razão em colocá-lo na sua posse! Mas eu tenho pouca fé em tais profetas. *Credat Judaeus Apella* [Creia nisso o judeu Apella] — como diz Horácio.[43]

176. *A crítica aos pais.* — Por que razão agora se suporta a verdade também sobre o passado recente? Porque há uma nova geração que se sente *em oposição* a esse passado e desfruta, com essa crítica, as primícias do sentimento de poder. Antes, pelo contrário, a nova geração queria *basear-se* na velha, e começava a *sentir* a si própria adotando as opiniões dos pais e, quando possível, tomando-as *com maior rigor.* A crítica aos pais era então um vício: agora os mais jovens idealistas *começam* com ela.

177. *Aprender a solidão.* — Ó, pobres-diabos nas grandes cidades da política mundial, homens jovens, dotados, martirizados pela ambição, que consideram seu dever, em todos os acontecimentos — e sempre acontece algo —, trazer seu comentário! Que, assim fazendo poeira e ruído, acreditam ser o carro da história! Que, por espreitar sempre, sempre atentar para o momento de inserir seu comentário, perdem toda produtividade autêntica! Ainda que anseiem muito por fazer grandes obras, nunca lhes vem o profundo silêncio da prenhez! O acontecimento do dia os empurra como se fossem palha, enquanto eles acreditam empurrar o acontecimento — os pobres coitados! — Quando se quer fazer um herói no palco, não se pode pensar em fazer o coro, não se pode nem mesmo saber como se faz o coro.

178. *Os cotidianamente usados.* — A esses jovens não falta caráter, nem talento, nem diligência: mas nunca lhes deixaram tempo para dar a si mesmos uma direção; pelo contrário, desde a infância foram habituados a receber uma direção. Quando estavam maduros o bastante para serem "enviados para o deserto", foi feito algo diferente — foram utilizados, foram afastados de si mesmos, instruídos para serem *usados cotidianamente*, ensinados a enxergar nisso um dever — e agora não podem mais dispensar isso, e não querem que seja diferente. Apenas não se pode negar, a esses pobres animais de tiro, as suas "férias" — como é chamado o ideal de ócio de um século sobrecarregado: quando se pode folgar e ser estúpido e infantil à vontade.

179. *O mínimo de Estado possível!* — Nenhuma situação política e econômica merece que justamente os mais talentosos espíritos se ocupem dela: um tal emprego do espírito é, no fundo, pior do que um estado de indigência. Tal âmbito de trabalho é para cérebros menores, e cérebros que não são menores não deveriam estar a serviço de semelhante oficina: antes a máquina se despedace de novo! Como as coisas estão agora, em que todos não apenas acreditam ter de *saber* diariamente, mas querem participar também do que ocorre, deixando assim de lado o seu próprio trabalho, trata-se de uma enorme e ridícula loucura. O preço que se paga pela "segurança geral" é muito alto: e, o que é mais insano, com isso produz-se o oposto da segurança geral, como o nosso querido século se ocupa em demonstrar: como se ainda não estivesse demonstrado! Tornar a sociedade a prova de ladrões e de incêndio e infinitamente cômoda para qualquer trato e troca, e transformar o Estado numa espécie de providência, no bom e mau sentido — estes são objetivos baixos, moderados e nada imprescindíveis, que não se deveria buscar com os mais altos meios e instrumentos *que existem* — os meios que se deveria *guardar* para os mais altos e raros fins! Nossa época, embora fale tanto de economia, é esbanjadora: esbanja o que é mais precioso, o espírito.

180. *As guerras.* — As grandes guerras da atualidade são efeito do estudo da história.

181. *Governar.* — Uns governam por prazer em governar; outros, para não serem governados: — para estes, é apenas o menor de dois males.

182. *Grosseira coerência.* — As pessoas dizem, como sinal de distinção: "Este é um caráter!" — sim! quando ele mostra uma coerência grosseira, quando a coerência transparece para o olho obtuso! Mas tão logo surge um espírito mais refinado e profundo, e é coerente à sua maneira elevada, os espectadores negam a existência do caráter. Por isso, estadistas astuciosos costumam representar sua comédia debaixo de um manto de grosseira coerência.

183. *Os velhos e os novos.* — "Há algo de imoral nos parlamentos" — um ou outro ainda pensa —, "pois neles também são permitidas opiniões *contra* o governo!" — "Devemos ter a opinião recomendada por nosso patrão e senhor" — este é o décimo primeiro mandamento de algumas velhas e honradas cabeças, sobretudo no Norte da Alemanha. As pessoas riem disso como de uma moda ultrapassada: mas naquele tempo era essa a moral! Talvez futuramente se ria do que hoje é visto como moral, para a nova geração educada no parlamentarismo: isto é, colocar a política do partido acima de sua própria sabedoria, e responder a toda pergunta relativa ao bem público de modo a produzir vento para o veleiro do partido. "Devemos ter a opinião que pede a situação do partido" — este seria o cânone. A serviço dessa moral há toda espécie de sacrifício, autossuperação e martírio.

184. *O Estado como produto dos anarquistas.* — Nos países de gente amansada continua a haver bom número de homens atrasados e indomados: atualmente eles se reúnem mais nos campos socialistas do que em qualquer outro lugar. Se um dia eles chegarem a ditar *leis*, podemos dar como certo que se prenderão a cadeias de ferro e exercerão uma disciplina terrível: *eles se conhecem*! E suportarão essas leis, com a consciência de que eles próprios as ditaram — o sentimento do poder, *desse* poder, é muito novo e atraente para eles, para que não sofram tudo em seu nome.

185. *Mendigos.* — Deve-se abolir os mendigos: pois aborrecemo-nos ao lhes dar algo, e aborrecemo-nos ao não lhes dar algo.

186. *Homens de negócios.* — Seu negócio — é seu grande preconceito, prende-os ao seu lugar, à sua sociedade, a suas inclinações. Diligentes no negócio — mas preguiçosos no espírito, satisfeitos com sua carência, o avental do dever cobrindo esta satisfação: assim vivem vocês, assim querem que vivam seus filhos!

187. *De um futuro possível.* — É inconcebível um estado de coisas em que o malfeitor denuncie a si mesmo, que pronuncie publicamente seu castigo, com o sentimento orgulhoso de assim estar honrando a lei que ele mesmo criou, que exerça seu poder ao castigar-se, o poder do legislador? Ele pode cometer um delito, mas eleva-se, com sua pena voluntária, acima do delito, não só o apaga mediante a franqueza, grandeza e serenidade: faz também um benefício público. — Este seria o criminoso de um possível futuro, que, é verdade, também pressupõe uma legislação do futuro, com o pensamento básico: "Eu me curvo apenas à lei que eu mesmo fiz, nas coisas pequenas e grandes". Tantos experimentos ainda devem ser feitos! Tanto futuro ainda tem de vir à luz!

188. *Embriaguez e nutrição.* — Os povos são muito enganados porque sempre *buscam* um enganador, isto é, um vinho estimulante para os seus sentidos. Podendo tê-lo, contentam-se com um pão ruim. Para eles, a embriaguez vale mais que o alimento — eis a isca que eles sempre morderão! O que são, para eles, homens escolhidos de seu meio — ainda que sejam os mais competentes profissionais —, comparados a esplêndidos conquistadores, ou velhas e suntuosas casas principescas! No mínimo, o homem do povo tem de lhes oferecer a perspectiva de conquistas e suntuosidade: desse modo talvez lhe tenham fé. Eles obedecem sempre, e fazem mais ainda que obedecer, desde que possam também inebriar-se! Nem mesmo a paz e o prazer lhes podem ser oferecidos, sem a coroa de louros e sua força que enlouquece. Mas esse gosto plebeu, que *considera a embriaguez mais importante que o alimento*, de modo algum surgiu na profundeza da plebe: foi antes levado, transplantado para lá, apenas florescendo lá de maneira bem tardia e exuberante, enquanto teve sua origem nas mais altas inteligências, e nelas medrou durante milênios. O povo é o último *terreno inculto* em que ainda pode crescer esta refulgente erva daninha. — Como? E justamente a ele deveríamos confiar a política? Para que dela obtenha a sua embriaguez cotidiana?

189. *A grande política.* — Por mais que o proveito e a vaidade, tanto de indivíduos como de povos, possam influir na *grande política*: a corrente mais forte que a impele é a *necessidade do desenvolvimento de poder*, que não apenas nas almas dos príncipes e poderosos, mas também nas camadas baixas do povo brota de vez em quando, de fontes inesgotáveis. Sempre retorna o momento em que a massa está *disposta* a empenhar sua vida, seus bens, sua consciência, sua virtude, para dar a si mesma tal fruição suprema e, como nação vitoriosa, tiranicamente arbitrária, dominar as outras nações (ou acreditar-se dominante). Então os sentimentos esbanjadores, sacrificadores, esperançosos, confiantes, fantasiosos, mais-que-temerários, emanam em tal profusão que um príncipe ambicioso ou astutamente precavido pode deslanchar uma guerra e atribuir seu crime à boa consciência do povo. Os grandes conquistadores sempre tiveram nos lábios a patética linguagem da virtude: sempre tiveram à sua volta massas em estado de exaltação, que queriam escutar apenas a linguagem mais exaltada. Estranha loucura dos juízos morais! Quando o homem está com o sentimento do poder, ele se percebe como *bom* e assim se denomina: e precisamente então os outros, nos quais ele deve *descarregar* seu poder, percebem-no como *mau* e assim o chamam! — Na fábula das idades do homem, Hesíodo retratou duas vezes seguidas a mesma época, a dos heróis homéricos, e reuniu *duas em uma*: vista por aqueles que se achavam sob a opressão desses aventureiros homens de força, ou que dela sabiam por seus ancestrais, ela parecia *má*; mas os descendentes dessas estirpes cavalheirescas a veneravam como uma *boa* época antiga, feliz ou quase feliz.[44] E o poeta não teve outro recurso senão aquele — pois tinha ouvintes das duas espécies ao seu redor!

190. *A cultura alemã de outrora.* — Quando os alemães começaram a ficar interessantes para os outros povos da Europa — o que não faz muito tempo —, isso ocorreu devido a uma cultura que eles não mais possuem, da qual se livraram com cego afã, como se fora uma doença: e, no entanto, não souberam trocá-la por nada melhor do que a insânia política e nacionalista. É verdade que graças a esta conseguiram tornar-se ainda mais interessantes, para os outros povos, do que eram antes com a sua cultura: que assim tenham satisfação! Entretanto não se pode negar que aquela cultura alemã enganou os europeus, e que não era merecedora de tamanho interesse, de tal imitação e zelosa apropriação. Voltemos o olhar para Schiller, Wilhelm von Humboldt, Schleiermacher, Hegel, Schelling, leiamos sua correspondência e penetremos em seu grande círculo de seguidores: o que é comum a todos eles, o que neles tem sobre nós, tal como somos agora, efeito ora insuportável, ora comovente e digno de compaixão? Primeiro, o anseio de a todo custo parecer moralmente *excitados*; depois, a ânsia por generalidades brilhantes e sem vértebras, juntamente com a deliberação de ver tudo (caráter, paixões, tempos, costumes) como mais belo — infelizmente, "belo" conforme um gosto vago e ruim, que, no entanto, gabava-se de uma procedência grega. É um idealismo suave, de boa índole, de cintilações prateadas, que busca sobretudo a afetação de gestos e acentos nobres, algo pretensioso e inócuo, tomado de cordial aversão à "fria" ou "seca" realidade, à anatomia, às paixões integrais, a toda espécie de abstinência e ceticismo filosófico, mas sobretudo ao conhecimento da natureza, na medida em que este não se prestava a um simbolismo religioso. Goethe observou a seu modo essas agitações da cultura alemã: mantendo-se ao lado, em branda resistência, taciturnamente, afirmando-se cada vez mais no seu caminho próprio, um caminho melhor. Schopenhauer também as observou algum tempo depois — para ele, muito do mundo real e seu caráter demoníaco tornou-se novamente visível, e ele falou disso de modo grosseiro e entusiasmado: pois esse caráter demoníaco tem sua *beleza*! — E, no fundo, o que seduziu os estrangeiros, que não as observaram como Goethe e Schopenhauer ou não as consideraram? Foi esse pálido brilho, essa enigmática luz de Via Láctea que rodeava essa cultura; o estrangeiro dizia então: "Isso é muito distante de nós, aí cessamos de ver, ouvir, entender, fruir, avaliar; contudo, poderia ser estrelas! Teriam os alemães, silenciosamente, descoberto um canto do céu e lá se estabelecido? É preciso tentar aproximar-se dos alemães". E aproximaram-se deles: enquanto os alemães, pouco depois, começaram a empenhar-se em afastar de si o brilho de Via Láctea; sabiam bem demais que não haviam estado no céu — mas numa nuvem!

191. *Homens melhores!* — Dizem-me que a nossa arte se dirige aos vorazes, insaciáveis, indomados, enojados, atormentados homens do presente, mostrando-lhes um quadro de beatitude, elevação e alheamento do mundo, junto à imagem de sua própria desolação: de maneira que possam esquecer e respirar, talvez extraindo do esquecimento um estímulo à fuga e ao regresso. Pobres artistas que têm esse público! Com tais segundas intenções, dignas em parte de um sacerdote, em parte de um alienista! Bem mais feliz foi Corneille — "nosso grande Corneille", como exclama a senhora de Sévigné, com a inflexão de uma mulher ante um *homem* inteiro — e bem mais elevada a *sua* audiência, que ele pôde beneficiar com imagens de virtudes cavalheirescas, severa obrigação, generoso sacrifício, heroica restrição de si! Bem de outro modo amaram ele e ela a existência, não a partir de uma cega e desolada "vontade", a que maldizemos por não conseguir matar, mas como um lugar em que grandeza e humanidade juntas são *possíveis*, e em que mesmo a severa coação das formas, a submissão a um arbítrio eclesial e principesco, não podem suprimir nem o orgulho nem o cavalheirismo, nem a graça, nem o espírito de cada indivíduo, mas são percebidas como *estímulo e acicate, vindo do que é oposto*, à inata soberania e nobreza, ao herdado poder do querer e da paixão!

192. *Desejando adversários perfeitos.* — Não se pode contestar aos franceses o fato de terem sido o povo *mais cristão* da Terra: não no sentido de que a fé das massas foi maior entre eles do que em outros lugares, mas porque os mais difíceis ideais cristãos se transformaram em seres humanos, não permaneceram concepção, esboço, veleidade. Eis aí Pascal, o primeiro de todos os cristãos na reunião de fervor, espírito e probidade — e considere-se o que teve de ser reunido! Eis Fénelon, a perfeita e cativante expressão da *cultura eclesiástica* em toda a sua força: um áureo equilíbrio, que um historiador se inclinaria a demonstrar ser coisa impossível, quando foi algo extremamente difícil e improvável. Eis Madame de Guyon entre seus iguais, os quietistas franceses: e tudo o que o ardor e eloquência do apóstolo Paulo buscou descobrir na condição da mais sublime, mais amorosa, silenciosa e extática semidivindade dos cristãos, tornou-se ali verdade e despojou-se da importunidade judia que Paulo tem para com Deus, graças a uma autêntica, feminina, refinada, nobre-antiga ingenuidade francesa em palavra e gesto. Eis o fundador da ordem trapista, que realizou o ideal ascético do cristianismo com derradeiro rigor, não como uma exceção entre os franceses, mas bem como francês: pois até agora a sua sombria criação pôde aclimatar-se e continuar vigorosa apenas entre os franceses, e acompanhou-os na Alsácia e na Algéria. Não esqueçamos os huguenotes: até agora não houve mais bela união do sentido guerreiro com o senso do trabalho, dos costumes mais finos com a severidade cristã. E em Port-Royal floresceu pela última vez o grande mundo da erudição cristã: e de florescimento os grandes homens entendem mais na França do que em outros lugares. Longe de ser superficial, um grande francês conserva, porém, a sua superfície, uma pele natural para seu conteúdo e sua profundeza — enquanto a profundeza de um grande alemão é geralmente encapsulada num frasco enrugado, como um elixir que busca proteger-se da luz e de mãos levianas com um envoltório duro e esquisito. — E agora imagine-se por que esse povo, que possui os tipos acabados do cristianismo, devia gerar também os tipos acabados do livre-pensar anticristão! O livre espírito francês sempre lutou com grandes homens dentro de si, não apenas com dogmas e sublimes monstros, como os livres-pensadores de outros povos.

193. Esprit *e moral.* — O alemão, que entende do segredo de ser tedioso com espírito [*Geist*], saber e coração, e habituou-se a perceber o tédio como algo moral, tem, ante o *esprit* [espírito] francês, o medo de que este possa arrancar os olhos da moral — tem medo e prazer, porém, como o passarinho ante a cobra cascavel. Dos alemães famosos, talvez ninguém tivesse mais *esprit* do que Hegel — mas ele tinha também um tão grande temor alemão deste, que esse temor engendrou seu peculiar estilo ruim; cuja natureza consiste em que um núcleo é embrulhado, e novamente e mais uma vez embrulhado, até que mal transparece, envergonhado e curioso — como "jovens mulheres que olham por entre os véus", para recorrer à frase do velho misógino Ésquilo —: mas esse núcleo é uma ideia espirituosa, com frequência impertinente, acerca das coisas mais espirituais, uma sutil, ousada associação, tal como é próprio da companhia dos pensadores, algo como um acompanhamento ao prato da ciência — no entanto, naquilo que a envolve ela se apresenta como a abstrusa ciência mesma, e supremo tédio moral! Os alemães tiveram, com isso, uma forma de *esprit* que lhes era permitida, e dela fruíram com tão desembaraçado enlevo, que o ótimo, excelente intelecto de Schopenhauer calou-se diante dela — toda a sua vida ele esbravejou contra o espetáculo que os alemães lhe ofereciam, mas nunca pôde explicá-lo para si mesmo.

194. *Vaidade dos que ensinam a moral.* — O êxito relativamente escasso dos professores da moral se explica pelo fato de que pretenderam muita coisa de uma só vez, isto é, foram demasiado ambiciosos: apressaram-se em estabelecer normas para todos. Mas isso significa vaguear no indefinido e pregar aos bichos para torná-los humanos: não surpreende que seja tedioso para os bichos! Deveriam escolher círculos limitados, buscando e promovendo a moral para eles: por exemplo, pregar aos lobos para torná-los cães. Mas o grande êxito é reservado para quem pretende educar não todos, nem círculos restritos, mas um só indivíduo, e não volta o olhar para a esquerda ou a direita. Precisamente nisto o século passado é superior ao nosso, por nele ter havido muitas pessoas educadas individualmente, com outros tantos educadores que nisso enxergaram a tarefa de sua vida — e, com a tarefa, também a dignidade, perante si mesmos e qualquer outra "boa sociedade".

195. *O que é chamado de educação clássica.* — Descobrir que nossa vida é consagrada ao conhecimento; que a jogaríamos fora, não! que a teríamos jogado fora, se tal consagração não a protegesse de nós mesmos; recitar para si estes versos, frequentemente e com emoção:

"Destino, eu te sigo! E, ainda que não o quisesse,

Teria de fazê-lo, entre soluços!"[45]

— E, voltando o olhar para o caminho da vida, descobrir igualmente que algo não pode ser reparado: a dissipação de nossa juventude, quando nossos educadores utilizaram aqueles anos sedentos, ardentes, ávidos de saber, não para nos levar ao conhecimento das coisas, mas sim à chamada "formação clássica"! A dissipação de nossa juventude, quando nos inculcaram magras noções sobre os gregos, os romanos e suas línguas, de modo canhestro e doloroso, e de encontro ao princípio maior de toda educação: dar um alimento apenas àquele que tem fome dele! Quando nos impuseram a matemática e a física, em vez de antes nos conduzir ao desespero da insciência e reduzir a milhares de problemas toda a nossa pequena vida cotidiana, nossas ocupações, tudo o que da manhã à noite sucede em casa, no ateliê, no céu, na paisagem, a milhares de aborrecidos, humilhantes, mortificantes problemas — para mostrar à nossa avidez que necessitamos mais que tudo de um saber matemático e mecânico, e ensinar-nos então o primeiro arrebatamento científico, ante a absoluta coerência deste saber! Tivessem nos ensinado apenas o respeito a estas ciências, tivessem nos feito a alma tremer uma só vez ante o martírio que é a história da ciência rigorosa, com as lutas, derrotas e novas lutas dos grandes! Chegou-nos, isto sim, um certo menosprezo das autênticas ciências, em favor da história, da "cultura formal", do "classicismo"! E deixamo-nos enganar tão facilmente! Cultura formal! Não poderíamos apontar os melhores professores de nossos ginásios e perguntar, sorrindo: "Onde está a cultura formal? E, se falta, como podem ensiná-la?". E classicismo! Aprendemos algo daquilo que os antigos ensinavam a seus jovens? Aprendemos a falar como eles, a escrever como eles? Exercitamo-nos incansavelmente na arte de esgrima da conversa, na dialética? Aprendemos a nos mover de forma bela e orgulhosa como eles, a combater, arremessar, lutar com os punhos como eles? Aprendemos algo do ascetismo prático de todos os filósofos gregos? Fomos treinados numa só virtude antiga, da maneira como os antigos a praticavam? Não esteve ausente em nossa educação toda a reflexão sobre a moral, e mais ainda a sua única crítica possível, as severas e corajosas tentativas de viver conforme essa ou aquela moral? Foi despertado em nós algum sentimento que os antigos apreciavam mais que os modernos? Foi-nos mostrada a divisão do dia e da vida, e as metas acima da vida, num espírito antigo? Aprendemos as línguas antigas tal como aprendemos as dos povos atuais — de modo a falar, a falar bem e comodamente? Em nenhuma área uma competência real, uma nova capacidade nascida de anos de empenho! Mas sim um conhecimento sobre o que homens de outrora souberam e puderam! E que conhecimento! Para mim torna-se cada vez mais claro que a natureza do mundo grego e antigo, por simples e conhecida que nos pareça, é de compreensão muito difícil, é quase inacessível, e que a habitual facilidade com que se fala dos antigos é uma leviandade ou uma velha presunção e irreflexão hereditária. As palavras e conceitos semelhantes nos iludem: por trás deles sempre se oculta um sentimento que tem de ser alheio, incompreensível ou penoso para a sensibilidade moderna. E estes são âmbitos em que garotos podem brincar e saltar! Está bem, nós fizemos isso quando garotos, e dali trouxemos uma aversão à Antiguidade, a aversão de uma intimidade aparentemente muito grande! Pois é tamanha a orgulhosa fatuidade de nossos educadores clássicos, de estar como que de posse dos antigos, que eles a extravasam para os educandos, juntamente com a suspeita de que tal posse não nos faz feliz, de que é boa o suficiente para velhos, pobres, honrados e tolos ratos de biblioteca: "Que fiquem a chocar seu tesouro! Ele será digno deles!" — com este silencioso pensamento acabou nossa educação clássica. — Isso não pode ser reparado — em nós! Mas não pensemos apenas em nós!

196. *As mais pessoais questões da verdade.* — "O que é realmente que eu *faço*? E o que quero *eu* precisamente com isso?" — eis a questão da verdade, que em nosso atual gênero de educação não é ensinada e, portanto, não é colocada; para ela não há tempo. Por outro lado, falar com crianças de travessuras, e não da verdade; falar gentilezas a mulheres que depois serão mães, e não da verdade; falar com jovens de seu futuro e seus prazeres, e não da verdade — para isso há sempre tempo e vontade! — Mas que são setenta anos? — isso passa e logo termina; importa muito pouco que a onda saiba como e para onde vai! Sim, poderia haver sabedoria em *não sabê-lo*. — "Admitamos que sim: mas demonstra falta de orgulho nem sequer *perguntar*; nossa educação não torna os homens *orgulhosos*." — Tanto melhor! — "Realmente?"

197. *A hostilidade alemã ao Iluminismo.*[46] — Calculemos a contribuição que, com seu trabalho intelectual, os alemães deram à cultura na primeira metade deste século, tomando primeiramente os filósofos alemães: eles recuaram ao primeiro e mais antigo estágio da especulação, pois satisfizeram-se com conceitos, em vez de explicações, tal como os pensadores de épocas mais sonhadoras — uma espécie pré-científica de filosofia foi reavivada por eles. Em segundo lugar, os historiadores e românticos alemães: todo o seu empenho visou dar lugar de honra a sentimentos mais antigos, primitivos, sobretudo ao cristianismo, a alma popular, a lenda popular, a linguagem popular, a Idade Média, o ascetismo oriental, o mundo indiano. Em terceiro, os cientistas: eles combateram o espírito de Newton e Voltaire e buscaram, como Goethe e Schopenhauer, restaurar o pensamento de uma natureza divinizada ou demonizada e sua inteira significação ética e simbólica. A grande tendência dos alemães dirigiu-se contra o Iluminismo e a revolução da sociedade que foi cruamente mal entendida como consequência dele: a piedade para com tudo o que existe procurou converter-se em piedade para com tudo o que existiu, somente para que o coração e o espírito voltassem a ficar *plenos* e não mais tivessem lugar para objetivos futuros e inovadores. Instaurou-se o culto do sentimento no lugar do culto da razão, e os compositores alemães, enquanto artistas do invisível, do exaltado, fabuloso, nostálgico, participaram da construção do novo templo com mais sucesso do que os artistas da palavra e do pensamento. Ainda considerando que muitas coisas boas foram ditas e exploradas individualmente, e que desde então algumas são julgadas mais razoavelmente do que nunca, é preciso dizer que, no conjunto, houve o *perigo nada pequeno* de, aparentando atingir o conhecimento pleno e definitivo do passado, colocar o próprio conhecimento abaixo do sentimento e — nas palavras de Kant, que assim definiu sua própria tarefa — "abrir novamente caminho para a fé, mostrando ao saber os seus limites". Respiremos ar livre novamente: passou o momento desse perigo! E, de modo curioso: justamente os espíritos que foram tão eloquentemente invocados pelos alemães tornaram-se, com o tempo, os mais prejudiciais às intenções dos seus invocadores — a história, a compreensão da origem e do desenvolvimento, a empatia com o passado, a redespertada paixão pelo sentimento e o conhecimento, assumiram uma outra natureza, depois de por algum tempo parecerem solícitos colegas do espírito obscurantista, exaltado, atrasado, e agora passam batendo suas largas asas por sobre os seus velhos invocadores, como novos e mais vigorosos gênios *precisamente daquele Iluminismo* contra o qual foram invocados. Esse Iluminismo temos agora de levar adiante — sem nos preocuparmos de que tenha havido uma "grande Revolução" e também uma "grande Reação" contra ela, mesmo de que as duas ainda aconteçam: pois são apenas ondas, em comparação à grande maré em que *nós* andamos e queremos andar!

198. *Determinando a categoria de seu povo.* — Ter muitas experiências interiores grandes, e repousar sobre e acima delas com um olhar espiritual — isso constitui os homens da cultura, que determinam a categoria de seu povo. Na França e na Itália a nobreza realizou isso; na Alemanha, onde até hoje a nobreza, no conjunto, esteve entre os pobres de espírito (talvez por não muito tempo ainda), fizeram-no os sacerdotes e professores e seus descendentes.

199. *Somos mais nobres.* — Lealdade, magnanimidade, pudor da boa reputação: essas três coisas juntadas numa só mentalidade — a isso chamamos *nobre*, *distinto*, e nisso superamos os gregos. Não vamos abandoná-lo, sentindo que os antigos objetos dessas virtudes foram rebaixados (com razão) em nossa estima, mas cautelosamente dar novos objetos a este nosso precioso impulso hereditário. — Para compreender como a mentalidade dos mais nobres gregos seria inevitavelmente considerada pequena e quase indecorosa, em meio a nossa nobreza ainda cavalheiresca e feudal, recordemos as palavras de consolo que Ulisses tem para si mesmo em situações vergonhosas: "Suporta-o, meu caro coração! Já suportaste coisas bem piores, como um cão!".[47] E acrescentemos, como aplicação do modelo mítico, a história do oficial ateniense que, ameaçado por outro com um bastão, diante de todo o estado-maior, afastou esse ultraje com as palavras: "Sim, golpeia-me! Mas escuta-me também!". (Foi o que fez Temístocles, esse experimentado Ulisses da época clássica, que era bem o homem para enviar ao "caro coração", nesse instante vergonhoso, aquele verso de consolo e necessidade.[48]) Os gregos estavam longe de tomar tão pouco a sério a vida e a morte, por causa de uma injúria, como nós fazemos sob influência de um herdado espírito de aventura cavalheiresco e gosto por sacrifício; ou de buscar situações em que se possa arriscar uma e outra num jogo de honra, como fazemos nos duelos; ou de apreciar mais a manutenção de uma boa reputação (honra) do que a conquista de um nome ruim, quando este se concilia com a fama e o sentimento de poder; ou guardar fidelidade aos preconceitos e artigos de fé de uma classe, quando podem impedir que o indivíduo se torne um tirano. Pois este é o ignóbil segredo de todo bom aristocrata grego: por profundo ciúme, trata em pé de igualdade cada um de seus companheiros de classe, mas a todo momento está pronto a lançar-se como um tigre sobre sua presa, o despotismo: que lhe importa mentir, trair, matar, vender a cidade-pátria? O senso de justiça tornou-se extraordinariamente difícil para tal espécie de homens, parecia-lhes quase inacreditável; "o justo" — isso era, entre os gregos, algo como "o santo", entre os cristãos. Mas quando Sócrates chegou a dizer: "o homem virtuoso é o mais feliz", não acreditaram em seus ouvidos, pensaram ter escutado uma insânia.

Pois a imagem do homem feliz evocava em todo aquele de origem nobre a total inescrupulosidade e demonismo do tirano, que tudo sacrifica a sua arrogância e seu prazer. Entre indivíduos que fantasiavam secretamente acerca de uma tal felicidade, a veneração do Estado não podia ser profundamente arraigada — mas acho que homens cujo apetite de poder não mais reina cegamente como o daqueles nobres gregos também não necessitam mais daquela idolatria do conceito de Estado, com a qual esse apetite foi então refreado.

200. *Suportando a pobreza.* — A grande vantagem da origem nobre é que permite suportar melhor a pobreza.

201. *Futuro da nobreza.* — Os gestos do mundo nobre são expressão do fato de que em seus membros a consciência do poder joga continuamente o seu jogo encantador. De modo que a pessoa de hábitos nobres, homem ou mulher, não gosta de deixar-se cair exausta na poltrona; evita apoiar as costas onde todos procuram estar cômodos, num trem, por exemplo; parece não se cansar quando fica horas em pé na corte; não arruma sua casa em vista do conforto, mas de maneira espaçosa e digna, como que para hospedar seres maiores (e mais longos); responde uma fala provocadora com compostura e clareza de espírito, não como se estivesse horrorizada, esmagada, envergonhada, sem fôlego, à maneira do plebeu. Assim como sabe manter o aspecto de uma força física sempre elevada e constante, deseja, por meio de permanente serenidade e solicitude, mesmo em situações penosas, conservar a impressão de que sua alma e seu espírito se acham à altura dos perigos e das surpresas. Uma cultura nobre, em vista das paixões, pode semelhar o cavaleiro que experimenta volúpia em fazer um animal ardente e orgulhoso andar em marcha espanhola — pensemos na época de Luís XIV — ou ao cavaleiro que sente o cavalo disparando sob si como uma força da natureza, bem no limite em que animal e cavaleiro perdem a cabeça, mas fruindo a volúpia de ainda ter no lugar a cabeça: nos dois casos a *cultura* nobre respira poder, e, se com frequência os seus costumes exigem tão só a aparência do sentimento de poder, a impressão que esse jogo produz nos não nobres e o espetáculo dessa impressão fazem crescer continuamente o verdadeiro sentimento de superioridade. — Essa indiscutível felicidade da cultura nobre, baseada no sentimento da superioridade, agora começa a subir um degrau ainda mais elevado, pois graças aos espíritos livres é agora permitido e não mais vergonhoso, para alguém nascido e educado na nobreza, entrar para a ordem do conhecimento e lá obter ordenações mais intelectuais, aprender artes cavalheirescas mais elevadas do que até então, erguendo os olhos para aquele ideal de *sabedoria vitoriosa* que nenhuma época pôde estabelecer com tão boa consciência como a época que está para vir. E, por fim: com o que deve ocupar-se doravante a nobreza, se cada dia mais parece *indecente* envolver-se com a política? — —

202. *A promoção da saúde.* — Mal começamos a refletir sobre a fisiologia do criminoso e já nos vemos ante a percepção irrefutável de que não existe diferença essencial entre os criminosos e os doentes mentais: desde que acreditemos que o modo *corrente* de pensar na moral é o modo de pensar da *saúde espiritual*. Nenhuma crença é hoje tão bem mantida como esta, não se deixe então de tirar-lhe a consequência e tratar o criminoso como um doente mental: não com soberba misericórdia, sobretudo, mas com inteligência médica, benevolência médica. Ele necessita de mudança de ar, de outra companhia, de um momentâneo desaparecimento, talvez de solidão e uma nova ocupação — ótimo! Talvez ele próprio considere de seu interesse passar um tempo em custódia, para achar proteção de si mesmo e de um molesto *impulso tirânico* — ótimo! A possibilidade e os meios de cura (de eliminação, transformação, sublimação desse impulso) devem lhe ser colocados muito claramente, inclusive, no pior dos casos, a impossibilidade de cura; deve-se oferecer ao criminoso incurável, que se torna um horror para si mesmo, a oportunidade para o suicídio. Isto sendo reservado como meio extremo de alívio: nada se deve negligenciar para restituir o ânimo e a liberdade de espírito ao criminoso; devemos limpar de sua alma os remorsos, como uma coisa suja, e dar-lhe indicações de como ele pode reparar o dano que tenha feito a uma pessoa mediante um benefício a outra, talvez a toda a comunidade. Tudo com extrema deferência! E sobretudo no anonimato ou com outro nome e frequente mudança de endereço, para que a integridade da reputação e sua vida futura corram o menor risco possível. É certo que quem foi prejudicado, sem considerar como o prejuízo pode ser reparado, quer ter sua *vingança* e recorre então aos tribunais — é o que mantém provisoriamente nossas horríveis leis penais, com sua balança de merceeiro e sua vontade de *contrabalançar a culpa com a pena*: mas não deveríamos poder ir além disso? Como seria aliviado o sentimento geral da vida, se juntamente com a crença na culpa nos livrássemos do velho instinto de vingança e olhássemos como sutil inteligência dos felizes o fato de bendizer seus inimigos, como o cristianismo, e *fazer o bem* aos que nos ofenderam! Vamos retirar do mundo o conceito de *pecado* — e enviar logo atrás dele o conceito de *castigo*! Que esses monstros banidos passem a viver em outro lugar que não entre homens, se de fato querem viver e não perecer do próprio nojo! — Enquanto isso, pondere-se que as perdas sofridas pela sociedade e os indivíduos, com os criminosos, são do mesmo gênero daquelas que sofrem com os doentes: estes disseminam preocupação e mau humor, deixam de produzir, consomem a renda de outros, requerem enfermeiros e médicos e vivem do tempo e das energias dos sãos. No entanto, seria chamado de desumano quem quisesse *vingar-se* dos enfermos por isso. É certo que outrora fez-se assim; em estados grosseiros da cultura, e ainda hoje, entre alguns povos selvagens, o enfermo é tratado realmente como criminoso, como perigo para a comunidade e hospedeiro de um ser demoníaco, que nele se encarnou em consequência de uma culpa — ou seja: todo doente é um culpado! Quanto a nós — não estaríamos ainda maduros para a concepção oposta? Não deveríamos poder dizer: todo "culpado" é um doente? — Não, ainda não chegou esse momento. Ainda faltam os médicos para os quais isso que chamamos de moral prática deverá ter se transformado num aspecto de sua arte e ciência da cura; ainda falta, de modo geral, o ávido interesse por tais coisas, que um dia talvez não pareça diferente da tempestade e ímpeto[49] das velhas emoções religiosas; os que cuidam da saúde ainda não estão de posse das igrejas; o estudo do corpo e da dieta ainda não está entre as obrigações das escolas primárias ou superiores; ainda não há silenciosas agremiações de pessoas comprometidas em renunciar à ajuda dos tribunais e punição e vingança de seus malfeitores; nenhum pensador teve ainda a coragem de medir a saúde de uma sociedade e dos indivíduos pelo número de parasitas que podem suportar, e ainda não houve um fundador de Estado que conduzisse o arado no espírito dessas palavras generosas e doces: "Se queres cultivar a terra, cultiva-a com o arado: então se jubilarão contigo o pássaro e o lobo que segue o teu arado — *toda criatura se jubilará contigo*".[50]

203. *Contra a dieta ruim.* — Que horror as refeições que fazem as pessoas atualmente, nos restaurantes e em toda parte onde vive a classe bem aquinhoada da sociedade! Mesmo quando prestigiosos eruditos se reúnem, é o mesmo costume que põe a sua mesa, assim como a do banqueiro: seguindo a regra de "coisas demais" e de "coisas variadas" — do que segue que as comidas são preparadas em vista do efeito e não da consequência, e bebidas estimulantes têm de contribuir para afastar o peso na barriga e no cérebro. Que dissolução e superexcitabilidade devem resultar disso! Que sonhos terão essas pessoas! Que artes e que livros serão a sobremesa de tais refeições! E, façam elas o que quiserem: a pimenta e a contradição ou o cansaço do mundo governarão seus atos! (Na Inglaterra, a classe rica tem necessidade do cristianismo para suportar seus distúrbios digestivos e suas dores de cabeça.) Enfim, para mencionar o que é divertido na coisa, não só o que é repugnante, tais pessoas não são glutões; nosso século e sua forma de atividade têm mais poder sobre seus membros do que sobre seu estômago: que significam então essas refeições? — *Elas representam!* O que, por todos os santos? A classe? — Não, o dinheiro: não se pertence a nenhuma classe mais! A pessoa é "indivíduo"! Mas dinheiro é poder, fama, dignidade, prerrogativa, influência; dinheiro determina agora o pequeno ou grande preconceito moral de um homem, conforme o quanto dele tenha! Ninguém quer ocultá-lo, ninguém quer pô-lo sobre a mesa; logo, o dinheiro precisa ter um representante que se possa pôr na mesa: daí nossas refeições! —

204. *Dânae e deus no ouro.*[51] — De onde vem essa desmedida impaciência que hoje em dia torna alguém um criminoso, em condições que explicariam melhor a tendência oposta? Pois se um homem utiliza pesos falsos, um outro incendeia a própria casa, após tê-la segurado por um alto valor, um terceiro se envolve na falsificação de dinheiro, e três quartos da alta sociedade se dedicam ao logro autorizado e partilham a má consciência da bolsa e da especulação: o que impele essa gente? Não a necessidade verdadeira, não vão assim tão mal, talvez comam e bebam sem problemas — o que os constrange, dia e noite, é a terrível impaciência de ver o dinheiro acumular-se muito lentamente, e um prazer e um amor igualmente terríveis pelo dinheiro acumulado. Nessa impaciência e nesse amor, porém, revela-se novamente aquele fanatismo da *ânsia de poder*, que em outros tempos foi inflamado pela crença de estar de posse da verdade, e que tinha nomes tão belos que se podia ousar ser desumano *com boa consciência* (queimando judeus, heréticos e bons livros, e exterminando culturas superiores como as do Peru e do México). Os meios da ânsia de poder mudaram, mas o mesmo vulcão ainda arde, a impaciência e o amor desmedido reclamam suas vítimas: e o que antigamente se fazia "em nome de Deus" hoje se faz pelo dinheiro, isto é, por aquilo que *agora* proporciona o máximo de sensação de poder e boa consciência.

205. *Sobre o povo de Israel.* — Entre os espetáculos aos quais o próximo século nos convida se acha a decisão quanto ao destino dos judeus da Europa. O fato de que eles lançaram seus dados, de que cruzaram seu Rubicão, é agora evidente: resta-lhes, apenas, ou tornar-se os senhores da Europa ou perdê-la, como muito tempo atrás perderam o Egito, ao se verem colocados ante um dilema semelhante. Na Europa, no entanto, eles passaram por uma escola de dezoito séculos, algo que nenhum outro povo pode aqui apresentar, e de uma forma que não tanto a comunidade, mas sobretudo os indivíduos lucraram com esse terrível aprendizado. Em consequência disso, os recursos mentais e espirituais dos judeus de hoje são extraordinários; na necessidade são os que menos se valem da bebida ou do suicídio, entre os europeus, a fim de escapar a um grande apuro — algo sempre tentador para os menos dotados. Na história de seus pais e avós, cada judeu tem uma mina de exemplos da mais fria ponderação e firmeza em situações terríveis, de sutil superação e aproveitamento da desventura e do acaso; sua valentia, sob o disfarce de miserável submissão, seu heroísmo no *spernere se sperni* [desprezar ser desprezado], ultrapassam as virtudes de todos os santos. Pretendeu-se torná-los desprezíveis, tratando-os desprezivelmente por dois mil anos e recusando-lhes o acesso a todas as honras, tudo o que é honrado, e empurrando-os mais fundo nas mais sujas ocupações — e, de fato, este procedimento não os tornou mais limpos. Mas desprezíveis? Eles nunca cessaram de acreditar-se destinados às coisas mais altas, e as virtudes de todos os que sofrem nunca deixaram de adorná-los. A maneira como honram seus pais e seus filhos, a racionalidade de seus matrimônios e costumes matrimoniais os distinguem entre todos os europeus. Além de tudo, souberam tirar um sentimento de poder e de perene vingança precisamente dos ofícios que lhes deixaram (ou a que foram deixados); como escusa até mesmo de sua usura, é preciso dizer que sem essa ocasional tortura de seus desprezadores, útil e agradável, eles dificilmente chegariam a prezar a si mesmos por tão longo tempo. Pois o apreço por nós mesmos depende de nossa capacidade de retribuição, em coisas boas ou ruins. Mas nisto a sua vingança dificilmente os leva muito longe, pois eles têm todos a liberalidade de espírito, e também da alma, que produz nos homens a frequente mudança de local, de clima, de costumes dos vizinhos e opressores; eles desfrutam, sobejamente, da maior experiência em todas as relações humanas, e mesmo na paixão exercitam a cautela vinda dessa experiência. São tão seguros de sua flexibilidade intelectual e engenhosidade, que nunca, mesmo na mais dura situação, têm necessidade de ganhar o pão com a força física, como simples trabalhadores, carregadores, escravos da terra. Nota-se, por suas maneiras, que nunca lhes puseram na alma sentimentos cavalheirescos e nobres, nem belas armas ao redor de seu corpo: algo de importuno se reveza com uma submissão às vezes delicada e frequentemente penosa. Mas agora que inevitavelmente eles se vão aparentando cada vez mais com a melhor nobreza da Europa, logo terão adquirido uma boa herança de maneiras do espírito e do corpo: de modo que em cem anos eles terão o olhar suficientemente nobre para não despertar, como senhores, *vergonha* nos que lhes forem submissos. E é isso o que importa! Por isso é agora prematuro um acerto de sua causa! Eles próprios sabem muito bem que uma conquista da Europa ou algum ato violento é impensável para eles: mas também que um dia ela poderá lhes cair nas mãos como um fruto maduro, se apenas as estenderem. Para isto necessitam, nesse meio-tempo, distinguir-se em todas as áreas da distinção europeia e colocar-se entre os primeiros: até que cheguem ao ponto de determinar eles próprios aquilo que distingue. Então serão os inventores e sinalizadores dos europeus e não mais ofenderão seu pudor. E para onde afluirá toda essa abundância de impressões acumuladas que constitui a história judaica para cada família judia, essa pletora de paixões, virtudes, decisões, renúncias, lutas, vitórias de toda espécie — para onde, afinal, senão para grandes homens e obras do espírito? Então, quando os judeus mostrarem essas joias e vasos dourados como sua obra, tal como os povos europeus de experiência mais breve e menos profunda não podem e não puderam exibir, quando Israel tiver transformado sua eterna vingança numa eterna bênção da Europa: então haverá novamente aquele sétimo dia em que o velho Deus hebraico poderá *jubilar-se* consigo, com sua criação e seu povo eleito — e nós, todos nós, nos jubilaremos com ele!

206. *A classe impossível.* — Pobre, feliz e independente! — tais coisas juntas são possíveis; pobre, feliz e escravo! — isso também é possível, e eu não saberia dizer coisa melhor aos trabalhadores da escravidão fabril; supondo que não sintam como *vergonhoso* ser de tal forma *usados*, é o que sucede, como parafusos de uma máquina e, digamos, tapa-buracos da inventividade humana. Ora, acreditar que um pagamento mais alto pode remover o *essencial* de sua miséria, isto é, sua servidão impessoal! Ora, convencer-se de que um aumento dessa impessoalidade, no interior do funcionamento maquinal de uma nova sociedade, pode tornar uma virtude a vergonha da escravidão! Ora, ter um preço pelo qual não se é mais pessoa, mas engrenagem! Serão vocês cúmplices da atual loucura das nações, que querem sobretudo produzir o máximo possível e tornar-se o mais ricas possível? Deveriam, isto sim, apresentar-lhes a contrapartida: as enormes somas de valor *interior* que são lançadas fora por um objetivo assim exterior! Mas onde está o seu valor interior, se nem sabem mais o que significa respirar livremente? Se mal têm a posse de si mesmos? Se com frequência estão enjoados de si, como de uma bebida esquecida e estragada? Se dão ouvidos aos jornais e olham de soslaio para o vizinho rico, tornados invejosos pelo rápido sobe e desce de poder, riqueza e opiniões? Se não mais creem na filosofia que se veste de andrajos, na franqueza de quem não tem necessidades? Se a idílica pobreza voluntária, a ausência de profissão e o celibato, que bem conviria aos mais espirituais entre vocês, tornou-se-lhes motivo de riso? Se, por outro lado, sempre têm nos ouvidos as flautas dos aliciadores socialistas, que querem inflamá-los com doidas esperanças? Que lhes dizem para estar *prontos* e nada mais, prontos de hoje para amanhã, de modo que esperam sem cessar por algo de fora, e, de resto, vivem como sempre viveram — até que essa espera se torne fome, sede e febre, e afinal o dia da *bestia triumphans* [besta triunfante] nasça com todo o esplendor? — Em oposição a isso, cada qual deveria pensar consigo: "É melhor emigrar, tentar ser *senhor* em regiões novas e selvagens do mundo, e principalmente senhor de mim mesmo; mudar de local, enquanto me acenar alguma escravidão; não fugir à aventura e à guerra e ter a morte à mão para os piores casos: tudo menos essa indecorosa servidão, esse tornar-se azedo, venenoso e conspirador!". Esta seria a atitude correta: os trabalhadores da Europa deveriam declarar-se uma impossibilidade humana *como classe*, e não apenas, como em geral sucede, como algo duramente e impropriamente organizado; eles deveriam suscitar, na colmeia europeia, uma época de enxames migratórios como jamais houve, e, com esse ato de livre mobilidade em grande estilo, protestar contra a máquina, o capital e a escolha que agora os ameaça, de *ter* de tornar-se escravos do Estado ou escravos de um partido da subversão. Que a Europa seja aliviada de um quarto de seus habitantes! Ela e eles terão o coração mais leve! Apenas em lugares distantes, nos empreendimentos de colonizadores entusiasmados, será percebido quanta razão e equanimidade, quanta sadia desconfiança a mãe Europa instilou em seus filhos — esses filhos não mais suportavam viver junto a ela, a velha senhora embotada, e arriscavam tornar-se rabugentos, irritados e ávidos de prazer como ela. Fora da Europa, as virtudes da Europa estarão pelo mundo com esses trabalhadores; e aquilo que no interior da pátria começava a degenerar em perigoso desânimo e tendência criminosa, no exterior ganhará uma bela naturalidade selvagem e se chamará heroísmo. — Desse modo chegaria finalmente um ar mais limpo à velha, agora superpovoada e cismadora Europa! Não importa que venha a faltar alguma "mão de obra"! Talvez as pessoas se recordem, então, que a muitas necessidades elas se acostumaram apenas quando se tornou *fácil* satisfazê-las — será preciso desaprender algumas delas! Talvez busquem *chineses* então: e estes trariam o modo de pensar e de viver que convém a laboriosas formigas. E poderiam mesmo contribuir para injetar no sangue da inquieta e extenuada Europa alguma calma e contemplatividade asiática, assim como — o que mais é necessário — *perseverança* asiática.

207. *Atitude dos alemães ante a moral.* — Um alemão é capaz de fazer grandes coisas, mas é pouco provável que as faça: pois ele obedece sempre que pode, como agrada a um espírito indolente. Se é obrigado a ficar só e abandonar sua inércia, se já não lhe é possível ocultar-se como uma cifra numa soma (nesta qualidade está longe de valer tanto quanto um francês ou um inglês) —, ele descobre suas forças: torna-se perigoso, mau, profundo, temerário, e mostra o tesouro de energia adormecida que traz em si, na qual ninguém (nem ele mesmo) acreditava. Quando, neste caso, um alemão obedece a si mesmo — é a grande exceção —, ele o faz com a mesma gravidade, inflexibilidade e persistência com que obedece a seu príncipe e suas obrigações oficiais: de modo que, como disse, fica à altura de grandes coisas, que não têm relação nenhuma com o "caráter débil" que ele pressupõe em si mesmo. Habitualmente, contudo, ele receia depender apenas de si, receia improvisar: por isso a Alemanha usa tantos funcionários, tanta tinta. — A leviandade lhe é estranha, ele é temeroso demais para ela; mas em situações inteiramente novas, que o tiram da sonolência, ele é quase leviano; então frui a raridade da nova situação como uma embriaguez, e ele entende de embriaguez! De maneira que agora o alemão é quase leviano na política: embora tenha a seu favor o preconceito da exatidão e da seriedade, e o empregue bastante ao lidar com outras potências políticas, secretamente ele é tomado de presunção por poder entusiasmar-se e ser caprichoso e inovador, e trocar de pessoas, partidos e esperanças como se fossem máscaras. — Os eruditos alemães, até agora reputados como os mais alemães dos alemães, eram e talvez ainda sejam tão bons quanto os soldados alemães, por sua profunda, quase infantil tendência a obedecer em todas as coisas externas, e pela obrigação de ser único e responder por muito na ciência; quando sabem proteger da loucura política sua liberdade e sua maneira simples, orgulhosa e paciente, em épocas em que o vento sopra de outro modo, cabe esperar grandes coisas deles: tal como são (ou eram), são o estado embrionário de algo superior. — A vantagem e desvantagem dos alemães, mesmo de seus eruditos, foi, até o momento, estarem mais próximos à superstição e ao gosto de crer do que outros povos; os seus vícios são, como sempre foram, a bebida e a tendência ao suicídio (este um indício de gravidade do espírito, que rapidamente pode ser levado a abandonar as rédeas); o seu perigo se acha em tudo o que amarra as forças do intelecto e desencadeia os afetos (como, por exemplo, a excessiva utilização da música e das bebidas espirituosas): pois o afeto do alemão vai contra sua própria vantagem, é autodestrutivo como o de um bêbado. O próprio entusiasmo, na Alemanha, vale menos do que em outros lugares, pois é infecundo. Quando um alemão fez algo de grande, isto aconteceu na necessidade extrema, num estado de valentia, de dentes cerrados, de tensa ponderação e, com frequência, de magnanimidade. — O trato com eles é recomendável — pois quase todo alemão tem algo a dar, se sabemos fazer com que o encontre, o reencontre (ele em si é desordenado). — — Se agora um povo desse tipo se ocupa de moral: que moral o satisfará? Certamente quererá, primeiro, que o pendor de seu coração para a obediência apareça nela idealizado. "O homem precisa ter algo a que possa obedecer incondicionalmente" — este é um sentimento alemão, uma coerência alemã: deparamos com ele no fundo de todas as doutrinas morais alemãs. Como é diversa a impressão, quando nos vemos ante a moral da Antiguidade! Todos esses pensadores gregos, por variada que seja a imagem que nos oferecem, assemelham-se, como moralistas, ao instrutor de ginástica que diz a um jovem: "Venha! Siga-me! Entregue-se à minha disciplina! Assim talvez chegue a ganhar um prêmio diante de todos os gregos". Distinção pessoal — eis a virtude antiga. Submeter-se, seguir, publicamente ou às ocultas — eis a virtude alemã. Muito antes de Kant e seu imperativo categórico, Lutero afirmou, com base no mesmo sentimento, que tem de haver um ser no qual o homem possa confiar incondicionalmente — foi sua prova da existência de Deus, ele quis, de modo mais grosseiro e popular do que Kant, que não se obedecesse incondicionalmente a um conceito, mas a uma pessoa, e, afinal, também Kant fez um rodeio pela moral apenas para chegar à obediência à pessoa: este é precisamente o culto dos alemães, tanto menos lhes tenha restado de culto na religião. Os gregos e os romanos sentiam de outra forma, e teriam zombado desse "tem de haver um ser": era próprio de sua meridional liberdade de sentimento guardar-se da "confiança incondicional" e manter no último recesso do coração um mínimo de ceticismo para com tudo e todos, fosse deus, homem ou conceito. Mais ainda o filósofo antigo! *Nil admirari* [De nada admirar-se] — a filosofia, para ele, está nessa frase. E um alemão, Schopenhauer, vai bem longe na direção contrária, dizendo: *Admirari id est philosophari* [Admirar-se, ou seja, filosofar]. — Mas se o alemão, como pode acontecer, acha-se num estado em que é capaz de grandes coisas? Se vem a hora da exceção, a hora da desobediência? — Não creio que Schopenhauer tenha razão em dizer que a única vantagem dos alemães ante os outros povos seria que entre eles há mais ateus — mas isto eu sei: se o alemão vem a achar-se no estado em que é capaz de grandes coisas, ele sempre se ergue acima da moral! E como não o faria? Ele tem de fazer algo novo, isto é, comandar — a si ou a outros! Mas a sua moral alemã não lhe ensinou a comandar! Nela foi esquecido o comandar!

LIVRO IV

208. *Questão de consciência.* — “E, em suma: que querem vocês de realmente novo?” — Não queremos mais fazer das causas pecadores e das consequências algozes.

209. *A utilidade das mais rigorosas teorias.* — As pessoas são indulgentes com muitas fraquezas morais de um homem e empregam aí uma grossa peneira, *desde* que ele professe a mais rigorosa *teoria moral*! Por outro lado, a vida dos moralistas livres-pensadores sempre foi examinada num microscópio: com a secreta noção de que um passo errado na vida é o argumento mais seguro contra um conhecimento indesejado.

210. *O “em si”.* — Outrora se perguntava: o que é o ridículo? como se fora de nós houvesse coisas a que o ridículo aderisse como um atributo, e as pessoas esgotaram-se em ideias (um teólogo chegou a pensar que é “a ingenuidade do pecado”). Atualmente se pergunta: o que é o riso? Como nasce o riso? As pessoas meditaram e finalmente constataram que não existe nada bom, nada belo, nada sublime, nada ruim em si, mas estados de alma em que aplicamos essas palavras às coisas fora e dentro de nós. *Tomamos de volta* os predicados das coisas, ou, pelo menos, lembramo-nos de que os havíamos *emprestado* a elas: — cuidemos de, com esse entendimento, não perder a *capacidade* de emprestar, e de não nos tornarmos simultaneamente *mais ricos* e *mais avaros.*

211. *Aos que sonham com a imortalidade.* — Então desejam que essa bela consciência de si mesmos tenha *duração eterna*? Não é isso uma desfaçatez? Não pensam em todas as demais coisas que teriam de *suportá-los* por toda a eternidade, como até o momento os suportaram com paciência mais que cristã? Ou acreditam poder lhes dar um eterno sentimento de agrado com vocês? Um único homem imortal sobre a Terra já seria bastante para infundir em todos os demais viventes, por *fastio com ele*, um furor geral de morte e suicídio! E vocês, terráqueos, com sua noçãozinha de alguns milhares de minutos no tempo, querem importunar eternamente a eterna existência universal! Poderia haver algo mais impertinente? — Mas, enfim: sejamos indulgentes com um ser de setenta anos de vida! — ele não pôde exercitar a fantasia ao descrever seu próprio "tédio eterno" — faltou-lhe tempo!

212. *Em que o indivíduo se conhece.* — Tão logo um animal vê um outro, mede-se em espírito com ele; assim também fazem os homens de eras selvagens. Disso resulta que cada pessoa conhece-se quase que somente com respeito a suas forças de ataque e defesa.

213. *Os homens da vida malograda.* — Uns são feitos de matéria *tal* que a sociedade pode *fazer* isso ou aquilo deles: em qualquer circunstância estarão bem e não se lamentarão de uma vida malograda. Outros são de matéria tão especial — não necessariamente nobre, apenas rara —, que inevitavelmente estarão mal, a menos que possam viver conforme seu único objetivo: — de qualquer outro modo a sociedade é prejudicada. Pois tudo o que ao indivíduo parece vida malograda, não vingada, todo o seu fardo de desgosto, paralisia, doença, irritação, cobiça, ele lança de volta à sociedade — e assim se forma em torno dela um ar ruim e pesado, e, no caso mais favorável, uma nuvem de tormenta.

214. *Indulgência!* — Vocês sofrem, e querem que sejamos indulgentes consigo, quando, ao sofrer, são injustos com as coisas e os homens! Mas que importa a nossa indulgência! Vocês deveriam ser *mais cuidadosos*, por vocês mesmos! Bela maneira de compensar o sofrimento, essa de também *prejudicar seu julga-*

mento! Contra vocês mesmos se volta a sua vingança, quando insultam algo; assim turvam o *seu* olhar, não o dos outros: acostumam-se a *ver mal e tortamente*!

215. *Moral dos animais de sacrifício.* — "Devoção entusiasmada", "sacrificar a si mesmo" — são estas as palavras-chave de sua moral, e acredito que, como dizem, vocês "honestamente pensam assim": mas conheço-os mais do que vocês mesmos, se a sua "honestidade" consegue ir de braço dado com semelhante moral. Do alto dela vocês olham para baixo, para essa outra moral, sóbria, que requer autocontrole, rigor, obediência; chamam-na de egoísta, e certamente — vocês são honestos consigo, se ela lhes desagrada — ela *tem* que lhes desagradar! Pois, ao dedicar-se entusiasticamente a ela e sacrificar-se, fruem o inebriante pensamento da união com o poderoso, homem ou deus, ao qual se consagram: regalam-se no sentimento do seu poder, novamente testemunhado por um sacrifício. Na verdade, vocês apenas *parecem* sacrificar-se: convertem-se em deuses no pensamento e fruem a si mesmos como tal. Do ponto de vista dessa fruição — como lhes parece fraca e pobre a moral "egoísta" da obediência, da obrigação, da racionalidade: ela lhes desagrada, porque aí realmente tem de haver sacrifício e devoção, *sem* que o sacrificante se imagine transformado em deus, como imaginam. Em suma, *vocês* querem a embriaguez e a desmesura, e a moral que desprezam ergue o dedo *contra* a embriaguez e a desmesura — eu bem acredito que ela lhes cause mal-estar!

216. *Os maus e a música.* — Poderia a plena ventura do amor que há na *confiança absoluta* caber a outras pessoas que não as desconfiadas, más e biliosas? Pois estas fruem, nessa ventura, a enorme *exceção* de sua alma, inacreditada e inacreditável. Um dia lhes sobrevém aquela sensação infinita e fantástica, com a qual contrasta toda a sua vida restante, secreta e visível: como um milagre e enigma precioso, pleno de um áureo clarão e acima de todas as imagens e palavras. A confiança absoluta emudece a pessoa; há até mesmo um sofrimento e uma opressão nesse venturoso emudecer, razão pela qual essas almas oprimidas pela felicidade costumam ser mais gratas à *música* do que as outras que são melhores: pois através da música, como por uma névoa colorida, veem e ouvem seu amor como se ele ficasse *mais distante*, mais tocante, menos pesado; música, para elas, é o único meio de *observar* seu estado extraordinário, e só então, com uma espécie de distanciamento e alívio, participar da visão dele. Todo amante pensa, ante a música: "fala de mim, fala em meu lugar, *sabe tudo*!". —

217. *O artista.* — Os alemães desejam, através do artista, chegar a uma espécie de paixão sonhada; os italianos, descansar de suas verdadeiras paixões; os franceses querem dele a oportunidade de provar seu julgamento, e ensejos para falar. Portanto, sejamos justos!

218. *Dispor de suas fraquezas como um artista.* — Se é inevitável termos fraquezas, e devemos enfim reconhecê-las como leis acima de nós, então desejo que cada um tenha força artística suficiente para tornar suas fraquezas o pano de fundo em que ressaltam suas virtudes, e, através de suas fraquezas, fazer-nos desejosos de suas virtudes: algo que, em medida excepcional, os grandes compositores souberam fazer. Como é frequente, na música de Beethoven, um tom presunçoso e impaciente; em Mozart, uma jovialidade de moço honrado, na qual coração e espírito têm de contentar-se; em Richard Wagner, uma inquietude precipitada e importuna, ante a qual o indivíduo mais paciente *quase* perde o bom humor: mas *então* ele retoma a sua força, e assim também os outros dois; com suas fraquezas, eles geraram em nós uma grande sede de suas virtudes e um paladar muito mais sensível para cada gota de espírito musical, beleza musical, bondade musical.

219. *O engano na humilhação.* — Com sua insensatez, você infligiu ao próximo um grande sofrimento e destruiu-lhe inapelavelmente a felicidade — e agora você vence a própria vaidade a ponto de procurá-lo, humilhar-se perante ele e entregar sua insensatez ao desprezo, acreditando que após esta cena dura, bastante penosa para você, tudo voltou a ficar em ordem — que sua voluntária perda de honra compensa a involuntária perda de felicidade por parte do outro: com este sentimento você se afasta, de cabeça erguida e virtude reabilitada. Mas o outro continua com o sofrimento, para ele não há consolo no fato de você ser insensato e tê-lo admitido, ele se lembra também da dolorosa visão que você lhe proporcionou, desprezando a si mesmo diante dele, como uma nova ferida que deve a você — mas não pensa em vingança e não entende como algo pode ser *compensado* entre você e ele. No fundo, você representou aquela cena diante de si mesmo e para si mesmo: chamou uma testemunha, mas novamente por sua causa, não dela — não se engane!

220. *Dignidade e temor.* — As cerimônias, os trajes de ofício e de classe, a expressão séria, o olhar solene, o andar vagaroso, a frase retorcida, tudo o que se chama de dignidade: tudo isso é a forma de dissimulação daqueles que no fundo são temerosos — com isso querem inspirar temor (a si ou àquilo que representam). Os destemerosos, isto é, originalmente: os temíveis a todo instante e sem contestação, não necessitam de dignidade e cerimônias, a honestidade, a franqueza em palavras e gestos lhes traz reputação e até má reputação, como indícios de um caráter temível e consciente de si.

221. *Moralidade do sacrifício.* — A moralidade que se mede conforme o grau de sacrifício é aquela do estágio semisselvagem. A razão obtém, no caso, apenas uma vitória difícil e sangrenta no interior da alma, há contraimpulsos violentos a serem derrotados; sem uma espécie de crueldade, como nos sacrifícios que exigem os deuses canibais, isto não acontece.

222. *Quando o fanatismo é desejável.* — Só é possível entusiasmar as naturezas fleumáticas tornando-as fanáticas.

223. *O olhar temido.* — Nada é mais temido por artistas, poetas e escritores do que o olhar que vê o seu *pequeno logro*, que depois percebe quantas vezes ficaram na encruzilhada onde o caminho leva ao prazer inocente consigo mesmo ou à produção de efeitos; que depois verifica se procuraram vender pouco por muito, se tentaram elevar e embelezar, sem serem eles próprios elevados; que, através de todo o engano de sua arte, vê o pensamento como lhes apareceu no início, talvez como uma fascinante figura de luz, mas talvez também como um roubo de todo o mundo, como um pensamento cotidiano que eles tiveram de esticar, encurtar, colorir, envolver, condimentar, para dele fazer algo, em vez de o pensamento fazer algo deles — oh, esse olhar que nota em seu trabalho toda a inquietude de vocês, seu espreitar e cobiçar, seu imitar e exceder (que é apenas um invejoso imitar), que conhece tanto o seu rubor como sua arte de ocultar esse rubor e reinterpretá-lo para si mesmos!

224. *O que é "edificante" na infelicidade do próximo.* — Ele prova a infelicidade, e então vêm os "compassivos" e lhe descrevem sua infelicidade — por fim, vão embora satisfeitos e edificados: regalaram-se na aflição do infeliz, como se fosse a sua própria, e passaram uma boa tarde.

225. *O meio de ser rapidamente desprezado.* — Um homem que fala muito e rápido cai bastante fundo em nosso conceito, após a mais breve relação, e mesmo quando fala sensatamente — não só na medida em que nos é importuno, mas ainda mais fundo. Pois imaginamos quantas pessoas ele já importunou, e acrescentamos ao desprazer que nos causa também o desprezo em que supomos que é tido.

226. *O trato com celebridades.* — A: Mas por que evita esse grande homem? — B: Eu não gostaria de não compreendê-lo! Nossos defeitos não se harmonizam: sou míope e desconfiado, e ele gosta de usar tanto os seus diamantes falsos como os verdadeiros.

227. *Portadores de grilhões.* — Cautela com todos os espíritos que se acham em grilhões! Por exemplo, com as mulheres inteligentes que o destino baniu para um ambiente estreito e abafado, no qual envelhecem. É verdade que ali estão ao sol, aparentemente inertes e de olhos cerrados: mas a qualquer passo não familiar, qualquer coisa inesperada, levantam-se para morder; vingam-se de tudo o que escapou de seu canil.

228. *Vingança no louvor.* — Eis aqui uma página cheia de louvor, e vocês a chamam de banal: mas, se descobrem que há vingança oculta nesse louvor, então a considerarão quase sutil demais, e muito se deleitarão com a riqueza de pequenos, ousados toques e figuras. Não a pessoa, mas a sua vingança é assim refinada, rica e inventiva; ela própria mal se apercebe disso.

229. *Orgulho.* — Ah, nenhum de vocês conhece o sentimento que o torturado experimenta ao retornar para a cela após a tortura, sem ter revelado o seu segredo! — ele ainda o mantém cerrado entre os dentes. Que sabem vocês do júbilo do orgulho humano?

230. *"Utilitário".* — Agora as sensibilidades em questões morais seguem tantas direções que, para alguns, prova-se uma moral por sua utilidade, enquanto, para outros, justamente por sua utilidade ela é refutada.

231. *Da virtude alemã.* — Como um povo devia ser degenerado em seu gosto, servil perante dignidades, cargos, trajes, brilho e pompa, quando avaliou o *simples* [*das Schlichte*] como o *ruim* [*das Schlechte*], o homem simples como homem ruim! À arrogância moral dos alemães devemos contrapor essa palavrinha, "ruim", e nada mais!

232. *De uma discussão.* — A: Amigo, você enrouqueceu ao falar! — B: Então fui refutado. Não falemos mais disso.

233. *Os "conscienciosos".* — Já observaram que pessoas atribuem mais valor à consciência rigorosa? Aquelas que estão cônscias de ter muitos sentimentos deploráveis, que pensam medrosamente de si e para si e têm medo dos outros, que querem ocultar ao máximo o seu interior — elas procuram *impor-se a si mesmas* com o rigor da consciência e a dureza da obrigação, graças à impressão dura e rigorosa que os outros assim terão delas (sobretudo os subordinados).

234. *Receio da fama.* — A: Uma pessoa evitar a fama, ofender intencionalmente quem o elogia, recear ouvir julgamentos sobre si, por temer o elogio — *isso ocorre, isso existe* — acreditem ou não! — B: Isso ocorre, isso existe! Tenha só um pouco de paciência, senhor Arrogância!

235. *Recusando o agradecimento.* — Pode-se recusar um pedido, mas nunca recusar um agradecimento (ou, o que é o mesmo, recebê-lo de modo frio e convencional). Isso ofende profundamente — por quê?

236. *Punição.* — Coisa estranha, a nossa punição! Não purifica o infrator, não é uma *ex*piação: pelo contrário, ela mancha mais do que o próprio crime.

237. *Um problema no partido.* — Em quase todo partido há uma dificuldade ridícula, mas não isenta de perigo: dela sofrem os que durante anos foram dignos e fiéis defensores da opinião do partido e de repente, um dia, notam que alguém mais poderoso tomou nas mãos o clarim. Como suportarão ser reduzidos ao silêncio? Por isso eles elevam o tom, e às vezes mudam de tom.

238. *O empenho por elegância.* — Se uma natureza forte não tem propensão para a crueldade e nem sempre está ocupada consigo, involuntariamente buscará a *elegância* — será a sua marca distintiva. Os caracteres fracos, por outro lado, gostam de juízos ásperos — juntam-se aos heróis do desprezo aos homens, aos denegridores religiosos ou filosóficos da existência, ou se recolhem atrás de costumes severos e penosas "vocações": assim buscam criar para si um caráter e uma espécie de força. O que fazem também involuntariamente.

239. *Indicação para moralistas.* — Nossos compositores fizeram uma grande descoberta: a *feiura interessante* é igualmente possível em sua arte! E deste modo se atiram a esse franqueado oceano do feio, como que inebriados, e nunca foi tão fácil fazer música. Agora conquistou-se o escuro pano de fundo geral em que um raio de música bela, mesmo pequenino, ganha um brilho de ouro e de esmeralda; agora se ousa lançar o ouvinte no tumulto e na revolta e tirar-lhe o fôlego, para depois oferecer-lhe, num instante de abandono no repouso, um sentimento de felicidade que favorece a avaliação da música. Descobriu-se o contraste: somente agora os efeitos mais poderosos são possíveis — e *baratos*: ninguém mais pede boa música. Mas vocês devem apressar-se! Para toda arte resta apenas um curto espaço de tempo, depois que chega a essa descoberta. — Oh, se nossos pensadores tivessem ouvidos para escutar dentro da alma de nossos compositores, mediante sua música! Quanto tempo será preciso esperar, até que se tenha novamente uma oportunidade como esta de flagrar o homem interior numa má ação e na inocência desta ação! Pois os nossos compositores não suspeitam minimamente que colocam em música a sua própria história, a história do enfeamento da alma. Antes o bom compositor era quase obrigado a tornar-se um bom homem por causa de sua arte —. E agora!

240. *Da moralidade do palco.* — Engana-se quem pensa que o teatro de Shakespeare tem efeito moral e que a visão de Macbeth afasta do mal da ambição; e engana-se de novo se acha que o próprio Shakespeare sentiu como ele. Quem realmente está possuído de furiosa ambição vê esta sua imagem com *prazer*; e, se o herói sucumbe por sua paixão, este é justamente o tempero mais forte na quente bebida desse prazer. Então o poeta sentiu de outra maneira? Com que realeza, sem nenhum traço de velhacaria, seu ambicioso protagonista segue sua trilha após o grande malfeito! Só a partir desse momento ele exerce atração "demoníaca", e incita naturezas semelhantes a imitarem-no; — "demoníaco" significando aqui: a *despeito* da vantagem e da vida, em favor de um impulso e pensamento. Vocês acham que Tristão e Isolda dão um ensinamento *contra* o adultério, ao sucumbir em virtude dele? Isto significaria pôr os poetas de cabeça para baixo: os quais, especialmente Shakespeare, são enamorados das paixões em si, e não de suas disposições *mórbidas* — em que o coração não se atém à vida com mais firmeza do que uma gota ao vidro. Não é a culpa e seu horrível desfecho que lhes importa, a Shakespeare e a Sófocles (em *Ajax*, *Édipo*, *Filoctetes*): teria sido fácil, nesses casos, fazer da culpa a alavanca do drama, mas certamente isso foi evitado. O autor de tragédias também não deseja, com suas imagens da vida, predispor *contra* a vida! Ele exclama, isto sim: "É o encanto supremo, essa existência estimulante, cambiante, perigosa, sombria e às vezes banhada de sol! É uma *aventura* viver — tomem aí o partido que quiserem, ela sempre terá esse caráter!". — Assim fala ele, do interior de uma época intranquila e plena de força, meio ébria e entorpecida por sua profusão em sangue e energia — do interior de uma época mais malvada que a nossa: motivo pelo qual temos antes necessidade de *preparar* e *adaptar* para nós o objetivo de um drama shakespeariano, ou seja, de não compreendê-lo.

241. *Temor e inteligência.* — Se for verdadeiro o que agora se afirma decididamente, que a causa da pigmentação negra da pele *não* se acha na luz: seria talvez o efeito derradeiro de frequentes acessos de raiva acumulados por milênios (e fluxos de sangue sob a pele)? Enquanto em outras estirpes, *mais inteligentes*, o pavor e a palidez, também frequentes, teriam resultado na pele branca? — Pois o grau de temerosidade é uma medida da inteligência: e abandonar-se com frequência à raiva cega, um sinal de que a animalidade ainda está próxima e quer novamente se impor. — Marrom-cinzento seria então a cor original do homem — algo lembrando o macaco e o urso, como parece justo.

242. *Independência.* — Independência (chamada "liberdade de expressão" em sua dose mais fraca) é a forma de renúncia que o ansioso por domínio adota finalmente — ele, que longamente procurou o que pudesse dominar, e nada encontrou senão a si mesmo.

243. *As duas direções.* — Se procuramos observar o espelho em si, nada descobrimos afinal, senão as coisas nele. Se queremos apreender as coisas, nada alcançamos novamente, exceto o espelho. — Eis a história universal do conhecimento.

244. *Alegria com o real.* — Nossa atual inclinação para a alegria com o real — quase todos a temos — pode ser compreendida apenas por termos tido alegria com o irreal durante muito tempo e até nos saciarmos. Tal como agora se apresenta, sem escolha e sutileza, não é uma inclinação inócua: — seu menor perigo é a falta de gosto.

245. *Sutileza do sentimento de poder.* — Napoleão irritava-se por falar mal, e não se enganou quanto a isso: mas sua ânsia de domínio, que não desdenhava oportunidades e era mais sutil que o seu sutil espírito, levou-o a falar pior *do que ele podia.* Então ele vingou-se de sua própria irritação (ele tinha ciúme de todos os seus afetos, porque tinham *poder*), e desfrutou seu autocrático *bel-prazer.* Depois, em relação aos ouvidos e o julgamento dos ouvintes, desfrutou novamente esse bel-prazer, como se fosse bom o bastante falar-lhes assim. E mesmo exultou secretamente à ideia de, com o raio e estrondo da autoridade suprema — que reside na aliança de poder e genialidade —, aturdir o julgamento e desencaminhar o gosto; enquanto seu juízo e seu gosto se ativeram fria e orgulhosamente à verdade de que ele falava *mal*. — Como personificação completa e elaborada de um só impulso, Napoleão pertence à humanidade antiga: cujas características — a estrutura simples e a engenhosa formação e variação de um só ou de poucos motivos — são facilmente reconhecíveis.

246. *Aristóteles e o casamento.* — Nos filhos dos grandes gênios irrompe a loucura, nos filhos dos grandes virtuosos, a estupidez — diz Aristóteles.[52] Queria ele, com isso, induzir ao casamento os homens excepcionais?

247. *Origem do mau temperamento.* — O que há de injusto e instável no ânimo de muitas pessoas, sua desordem e falta de medida, são as consequências últimas de numerosas imprecisões lógicas, superficialidades e conclusões precipitadas, de que seus ancestrais foram culpados. Já as pessoas de bom temperamento vêm de linhagens meditativas e meticulosas, que tiveram a razão em alta conta — se para fins louváveis ou ruins, não vem ao caso.

248. *Simulação como dever.* — Na maioria das vezes, a bondade foi desenvolvida pela demorada simulação que buscava parecer bondade: em todo lugar onde existiu grande poder, viu-se a necessidade de justamente esse tipo de simulação — ela infunde certeza e confiança, e centuplica a verdadeira soma de poder físico. A mentira é, se não a mãe, certamente a ama de leite da bondade. Também a honradez foi cultivada sobretudo pela demanda de uma aparência de honradez e probidade: nas aristocracias hereditárias. O que é simulado por longo tempo torna-se enfim *natureza*: a simulação acaba por suprimir a si mesma, e órgãos e instintos são os inesperados frutos do jardim da hipocrisia.

249. *Quem está só?* — O temeroso não sabe o que é estar só: atrás de sua cadeira há sempre um inimigo. — Oh, quem poderia nos contar a história do fino sentimento que se chama solidão!

250. *A música e a noite.* — O ouvido, o órgão do medo, pôde desenvolver-se tanto como se desenvolveu apenas na noite e na penumbra de cavernas e bosques sombrios, consoante o modo de viver da época do medo, isto é, a mais longa época da humanidade: no claro, o ouvido não é tão necessário. Daí o caráter da música, uma arte da noite e da penumbra.

251. *Estoicamente.* — Há uma jovialidade peculiar ao estoico, quando se sente limitado pelo cerimonial que ele mesmo estabeleceu para sua conduta; então ele frui a si mesmo como dominador.

252. *Considere-se!* — Quem é castigado já não é aquele que realizou o ato. Ele é sempre o bode expiatório.

253. *Evidência.* — Mau! Muito mau! O que é preciso demonstrar da maneira melhor e mais teimosamente é a evidência. Pois a muitas pessoas faltam os olhos para vê-la. Mas isso é tão enfadonho!

254. *Os antecipadores.* — O que distingue, mas é também perigoso nas naturezas poéticas, é sua imaginação *exaustiva*: aquela que antecipa, que de antemão frui e sofre o que será e pode vir a ser, e quando enfim se dá o acontecimento e o ato já se encontra *cansada*. Lorde Byron, que conhecia muito bem tudo isso, escreveu em seu diário: "Quando eu tiver um filho, ele deverá ser algo inteiramente prosaico — jurista ou corsário".

255. *Conversa sobre a música.* — A: Que diz você sobre essa música? — B: Ela me subjugou, nada tenho a dizer. Escute! Ela começa novamente! — A: Tanto melhor! Vamos cuidar para que dessa vez *nós* a subjuguemos. Posso dizer algumas palavras sobre essa música? E também lhe mostrar um drama que, à primeira audição, talvez não quisesse ver? — B: Muito bem! Tenho dois ouvidos e até mais, se necessário. Aproxime-se mais! — A: Isso não é ainda o que ele quer nos dizer, até esse instante ele apenas promete que vai dizer algo, algo inaudito, como dá a entender por esses gestos. Pois trata-se de gestos. Como ele acena! Como se ergue, lançando os braços! E agora parece que atingiu o momento da tensão suprema: mais duas fanfarras e ele introduz seu tema, esplêndido e ornado, como que retinindo de pedras preciosas. Será uma bela mulher? Ou um belo cavalo? Em suma, ele olha encantado à sua volta, pois tem olhares encantados a colher — somente agora lhe agrada inteiramente o seu tema, ele torna-se inventivo, arrisca traços novos e ousados. Como expõe seu tema! Ah, preste atenção — ele sabe não apenas adorná-lo, mas também *maquiá-lo*! Sim, ele conhece a cor da saúde, sabe fazê-la ressaltar — é mais refinado em seu autoconhecimento do que eu pensava. E agora está convencido de que convenceu os ouvintes, apresenta suas inspirações como se fossem as coisas mais importantes sob o Sol, indica despudoradamente seu tema, como se fosse bom demais para este mundo. — Ah! como é desconfiado! Receia que fiquemos cansados! Então cobre suas melodias de doçuras — faz apelo até a nossos sentidos mais grosseiros, a fim de nos excitar e nos ter de novo sob seu domínio! Ouça como ele invoca a força elementar dos ritmos tempestuosos e trovejantes! E agora, notando que eles nos pegam, nos sufocam e quase nos esmagam, ousa novamente mesclar seu tema ao jogo dos elementos, e nos *persuadir*, abalados e semientorpecidos que estamos, de que nosso abalo e entorpecimento é efeito de seu tema milagroso. E doravante os ouvintes lhe dão crédito: tão logo ele soa, nasce neles uma recordação daquele abalador efeito elementar — tal recordação beneficia agora o tema —, este se tornou "demoníaco"! Que conhecedor da alma ele é! Domina-nos com as artes de um orador popular. — Mas a música cessa! — B: E é bom que cesse! Pois não suporto mais ouvir *você*! Prefiro mil vezes *deixar-me enganar* do que conhecer a verdade ao seu modo! — A: Isso é o que eu queria escutar de você. Os melhores, atualmente, são como você: ficam satisfeitos em deixar-se enganar! Vocês vêm com ouvidos grosseiros e lascivos, não trazem a consciência da arte de escutar, deixaram pelo caminho sua *mais fina retidão*! E assim estragam a arte e os artistas! Sempre que aplaudem e ovacionam, vocês têm nas mãos a consciência dos artistas — e ai se eles notam que vocês não distinguem entre música culpada e inocente! Não falo verdadeiramente de música "boa" e "ruim" — há de ambas nas duas espécies! Chamo de *música inocente* aquela que apenas em si pensa e acredita, e consigo esquece do mundo — o ressoar por si da mais profunda solidão, que sobre si fala consigo e já não sabe que lá fora existem ouvintes, escutadores, efeitos, mal-entendidos e fracassos. — Por fim: a música que acabamos de ouvir é justamente desse tipo nobre e raro, e tudo o que dela falei foi inventado — perdoe minha malícia, se quiser! — B: Oh, também você ama *essa* música? Então muitos pecados lhe são perdoados!

256. *Felicidade dos maus.* — Esses homens quietos, sombrios, maus, têm algo que vocês não lhes podem negar, um raro e estranho prazer no *dolce far niente* [doce fazer nada], um sossego vespertino e crepuscular conhecido apenas de um coração que muito foi consumido, lacerado, envenenado por afetos.

257. *As palavras presentes em nós.* — Exprimimos nossos pensamentos sempre com as palavras que se acham à mão. Ou, para exprimir toda a minha suspeita: a cada instante temos apenas o pensamento para o qual as palavras nos estão à mão, que conseguem exprimi-lo aproximadamente.

258. *Adulando o cão.* — Basta tocar uma vez no pelo desse cão: logo ele estala e solta faíscas, como todo adulador — e tem espírito à sua maneira. Por que não devemos suportá-lo assim?

259. *O antigo louvador.* — "Ele deixou de falar sobre mim, apesar de agora saber a verdade e poder dizê-la. Mas ela soaria como uma vingança — e ele tem tamanho respeito pela verdade, esse homem respeitável!"

260. *Amuleto dos dependentes.* — Quem depende inevitavelmente de um patrono deve possuir algo mediante o qual inspire temor e mantenha em xeque o patrono, como, por exemplo, a integridade, a sinceridade, ou uma língua ferina.

261. *Por que tão sublime?* — Oh, eu conheço esse bicho! Sem dúvida gosta mais de si mesmo ao andar sobre duas pernas, "como um deus" — mas eu gosto mais quando volta às quatro patas: essa postura lhe é bem mais natural!

262. *O demônio do poder.* — Não é a necessidade, nem a cobiça — não, o demônio dos homens é o amor ao poder. Seja lhes dado tudo, saúde, alimento, habitação, distração — eles continuam sendo infelizes e caprichosos: pois o demônio insiste em esperar, ele quer ser satisfeito. Seja-lhes tirado tudo, mas satisfaça-se a ele: então serão quase felizes — tão felizes quanto homens e demônios podem sê-lo. Mas por que ainda falo isso? Lutero já o falou, e melhor do que eu, nos seguintes versos: "Tomem-nos o corpo, os bens, a honra, a mulher e os filhos: que assim seja — o Reino [*das Reich*] continuará nosso!". Sim, sim, o "Reino"!

263. *A contradição em corpo e alma.* — No assim chamado gênio há uma contradição fisiológica: ele tem, por um lado, muito movimento selvagem, desordenado e involuntário, e, por outro, muita finalidade superior nesse movimento — como que possuindo um espelho que mostra os dois movimentos lado a lado e entremeados, mas também opostos um ao outro, com frequência. Devido a essa visão é frequentemente infeliz, e, quando se sente o melhor possível, ao criar, é porque esquece que faz precisamente — tem de fazer — algo fantástico e irracional (assim é toda arte), com finalidade suprema.

264. *Querer enganar-se.* — Homens invejosos que têm faro sutil procuram não conhecer bem seus rivais, para poder sentir-se superiores a eles.

265. *O teatro tem sua época.* — Quando a fantasia de um povo diminui, surge nele a inclinação a apresentar suas lendas no palco, ele *suporta* os grosseiros substitutos da fantasia — para o tempo a que pertence o rapsodo épico, no entanto, o teatro e o ator travestido de herói são um empecilho, em vez de asas, para a imaginação: algo próximo demais, definido demais, pesado demais, muito pouco sonho e voo de pássaro.

266. *Sem encanto.* — Falta-lhe encanto, e ele tem ciência disso: oh, como sabe mascará-lo! Com severa virtude, com olhar sombrio, com afetada desconfiança dos homens e da vida, com gracejos picantes, com desprezo por um modo refinado de viver, com *pathos* e pretensões, com cínica filosofia — ele tornou-se mesmo um caráter, na contínua consciência do que lhe falta.

267. *Por que tão orgulhoso?* — Um caráter nobre distingue-se de um vulgar pelo fato de *não ter à mão*, como este, certo número de hábitos e pontos de vista: por acaso não lhe foram transmitidos por herança ou educação.

268. *Cila e Caribdes do orador.*[53] — Como era difícil, em Atenas, falar de modo a ganhar os ouvintes *para* a causa, sem repeli-los *pela forma* ou com ela distraí-los da causa! Como ainda é difícil, na França, escrever desse modo!

269. *Os doentes e a arte.* — Contra todo tipo de aflição e miséria da alma deve-se tentar, antes de mais nada: mudança de dieta e trabalho físico duro. Mas as pessoas habituaram-se a recorrer a meios inebriantes nesse caso: à arte, por exemplo — em detrimento delas mesmas e da arte! Vocês não percebem que, solicitando a arte como doentes, tornam os artistas doentes?

270. *Tolerância aparente.* — Estas são palavras benevolentes, compreensivas, sobre e a favor da ciência, no entanto, no entanto! eu consigo enxergar *por trás* desta sua tolerância para com a ciência! Num canto de seu coração acreditam, apesar de tudo, *que ela não lhes é necessária*, que é generoso de sua parte admiti-la e mesmo agir como advogados dela, tanto mais que a ciência não mostra essa generosidade para com suas opiniões! Sabem vocês que não têm nenhum direito a este exercício de tolerância? Que esse gesto condescendente é um insulto mais grosseiro à ciência do que a franca zombaria que qualquer padre ou artista arrogante se permite? Falta-lhes a rigorosa consciência para o que é real e verdadeiro, não lhes martiriza ver a ciência em contradição com seus sentimentos, não percebem a ávida ânsia de conhecimento como uma lei que os governa, não sentem como um dever a exigência de ter os olhos presentes em toda parte *onde* se conhece, de não deixar escapar nada *do que* se conhece. Vocês *não conhecem* aquilo que tratam tolerantemente! E apenas *porque* não o conhecem chegam a adotar expressões tão favoráveis! Vocês, justamente vocês teriam olhares irritados e fanáticos, se a ciência quisesse iluminar-lhes o rosto uma só vez com os olhos *dela*! — Como pode nos preocupar, então, que vocês pratiquem tolerância — com um *fantasma*! e nem sequer conosco! E que importamos nós!

271. *O ânimo festivo.* — Justamente para aqueles homens que buscam o poder com mais fervor é indizivelmente agradável sentir-se *subjugados*! Repentinamente afundar num sentimento, como num redemoinho! Sentir as rédeas lhes serem arrancadas das mãos e observar um movimento que os leva quem sabe para onde! Quem seja, o que seja que nos presta este serviço — é um grande serviço: estamos tão felizes e sem fôlego, e sentimos em torno de nós uma calma excepcional, como que no mais fundo centro da Terra. Inteiramente sem poder! Um joguete de forças primordiais! Há uma distensão nesta felicidade, um desvencilhar-se do grande fardo, um rolar abaixo sem esforço, como entregue à cega gravidade. É o sonho do montanhista cuja *meta* se acha acima, mas adormece de profundo cansaço, no meio do caminho, e sonha com a *felicidade contrária* — rolar sem esforço para baixo. — Descrevo a felicidade tal como a vejo em nossa presente sociedade europeia e americana, agitada e sedenta de poder. Aqui e ali querem recair na *impotência* — este prazer lhes é oferecido por guerras, artes, gênios, religiões. Após abandonar-se temporariamente a uma impressão que tudo esmaga e devora — é o moderno *ânimo festivo*! —, a pessoa está de novo mais livre, descansada, fria, severa, e continua a buscar incansavelmente o oposto — o *poder*. —

272. *A purificação da raça.* — Provavelmente não existem raças puras, mas somente depuradas, e isso com grande raridade. O habitual são as raças cruzadas, em que sempre se acham, junto à desarmonia das formas físicas (por exemplo, quando o olho e a boca não combinam), também desarmonias de hábitos e noções de valor. (Livingstone ouviu alguém dizer: "Deus criou negros e brancos, mas o Diabo criou os mestiços".) Raças cruzadas são sempre, ao mesmo tempo, culturas cruzadas, moralidades cruzadas: são geralmente mais malvadas, mais cruéis, mais inquietas. A pureza é o resultado último de incontáveis adaptações, absorções e eliminações, e o progresso rumo à pureza mostra-se no fato de a força presente numa raça *limitar-se* cada vez mais a funções escolhidas separadamente, enquanto previamente se aplicava a coisas demais, muitas vezes contraditórias: uma tal limitação sempre parecerá também um *empobrecimento*, e requer julgamento cauteloso e delicado. Afinal, porém, quando o processo de purificação é bem-sucedido, acha-se à disposição do conjunto do organismo toda a força que antes se gastava na luta entre as características desarmônicas: motivo pelo qual as raças depuradas sempre se tornaram também *mais fortes* e *mais belas*. — Os gregos nos dão o exemplo de uma raça e cultura depurada: e oxalá também se constitua, um dia, uma raça e cultura europeia pura.

273. *O louvor.* — Eis alguém que, você percebe, quer *elogiá-lo*: você morde os lábios, seu coração aperta: ah, passe de mim este cálice![54] Mas ele não passa, ele chega! Bebamos, então, a doce impudência do louvador, superemos o asco e o fundo desprezo pelo cerne do seu louvor, adotemos a expressão de alegria agradecida! — afinal, ele quis nos fazer bem! E, agora que isso ocorreu, sabemos que ele se sente muito elevado, obteve uma vitória sobre nós — sim, e também sobre si mesmo, o cachorro! —, pois não lhe foi fácil arrancar de si próprio esse elogio.

274. *Direito e privilégio humanos.* — Nós, seres humanos, somos as únicas criaturas que, quando malogram, podem apagar a si mesmas como uma frase malograda — seja que o fazemos em honra da humanidade, ou por compaixão dela, ou por aversão a nós.

275. *O homem transformado.* — Agora ele se torna virtuoso, apenas para ferir os outros. Não olhem tanto para ele!

276. *Com que frequência! Com que inocência!* — Quantos homens casados não viveram o dia em que lhes ocorreu que sua jovem esposa é enfadonha e acredita o contrário! Para não falar das mulheres cuja carne é dócil e cujo espírito é fraco!

277. *Virtudes quentes e frias.* — A coragem como fria e inabalável intrepidez e a coragem como ardente, semicega bravura — ambas são chamadas com o mesmo nome! Mas como são diferentes as virtudes *frias* das virtudes *quentes*! E tolo seria aquele que achasse que o "ser bom" é acrescentado somente pelo calor, e não menos tolo quem o atribuísse apenas à frieza! A verdade é que a humanidade achou muito útil a coragem, quente ou fria, e, além disso, suficientemente rara para incluí-la entre as pedras preciosas, em ambas as cores.

278. *A memória cortês.* — Quem tem uma alta posição faz bem em adquirir uma memória cortês, isto é, em notar tudo de bom que há nas outras pessoas e sublinhá-lo: desse modo as mantém numa agradável dependência. Assim se pode lidar também consigo mesmo: ter ou não uma memória cortês é o que decide, afinal, sua própria atitude consigo, a nobreza, bondade ou desconfiança ao observar suas tendências e intenções, e, por fim, também a natureza das tendências e intenções mesmas.

279. *Em que nos tornamos artistas.* — Quem faz de alguém seu ídolo, procura justificar-se ante si mesmo, elevando-o em ideal; nisso torna-se um artista, para ter boa consciência. Se sofre, não sofre por *não saber*, mas por enganar a si mesmo, como se não soubesse. — A miséria e delícia interior de uma tal pessoa — isso inclui todos os que amam apaixonadamente — não pode ser esvaziada com baldes comuns.

280. *Infantil.* — Quem vive como as crianças — isto é, não luta por seu pão e não crê que seus atos tenham significação definitiva — permanece criança.

281. *O Eu quer tudo possuir.* — Parece que o ser humano age apenas para possuir: ao menos as línguas sugerem este pensamento, ao considerar tudo o que passou como se nele possuíssemos algo ("eu falei, lutei, venci":[55] isto é, estou de posse de minha fala, luta, vitória). Como aí se mostra cobiçoso o ser humano! Não deixar que lhe escape nem mesmo o passado, querer continuar a *tê-lo*!

282. *Perigo na beleza.* — Essa mulher é bonita e inteligente: mas quão mais inteligente não teria se tornado se não fosse bonita!

283. *Paz doméstica e paz na alma.* — Nosso estado de espírito habitual depende do estado de espírito em que sabemos manter nosso ambiente.

284. *Apresentar o novo como velho.* — Muitos parecem irritados quando alguém lhes conta uma novidade; eles sentem a preponderância que a novidade confere a quem a sabe antes.

285. *Onde cessa o Eu?* — A maioria das pessoas toma sob sua proteção uma coisa que *sabe*, como se o saber já a tornasse sua propriedade. O desejo de apropriação do sentimento do Eu não tem limites: os grandes homens falam como se a totalidade do tempo estivesse por trás deles e eles fossem a cabeça deste enorme corpo, e as boas mulheres põem a seu crédito a beleza de seus filhos, de seus vestidos, seu cão, seu médico, sua cidade, apenas não ousando dizer "tudo isso sou eu". *Chi non ha, non è* [Quem não tem, não é] — dizem os italianos.

286. *Animais domésticos e de estimação.* — Existe algo mais repugnante do que o sentimentalismo para com plantas e animais, por parte de uma criatura que desde o início habitou entre eles como o mais feroz inimigo e que termina por reivindicar afeição de suas vítimas debilitadas e mutiladas? Ante essa espécie de "natureza" convém ao homem sobretudo *seriedade*, se é alguém que pensa.

287. *Dois amigos.* — Eram amigos, mas deixaram de sê-lo, e ambos cortaram simultaneamente a amizade; um deles, por acreditar-se muito mal conhecido; o outro, por acreditar-se conhecido bem demais — e os dois se enganaram! — pois nenhum conhecia o bastante a si mesmo.

288. *Comédia dos nobres.* — Aqueles que não conseguem ter a familiaridade nobre e cordial procuram deixar vislumbrar sua natureza nobre mediante a reserva e o rigor, e um certo menosprezo da familiaridade: como se o forte sentimento de sua confiança tivesse pudor de se mostrar.

289. *Onde não se pode dizer nada contra uma virtude.* — Entre os covardes não é de bom-tom, e provoca desprezo, dizer algo contra a valentia; e homens desconsiderados mostram-se aborrecidos quando se fala mal da compaixão.

290. *Um desperdício.* — Em naturezas irritáveis e abruptas, as primeiras palavras e ações geralmente *não são indicativas* de seu verdadeiro caráter (são inspiradas pelas circunstâncias, e como que imitações do espírito das circunstâncias), mas, porque foram ditas e feitas, palavras e ações posteriores, realmente próprias do caráter, muitas vezes têm de ser *gastas* em contrabalançar, reparar ou fazer esquecê-las.

291. *Presunção.* — Presunção é um orgulho representado e fingido; mas é próprio justamente do orgulho o fato de não poder nem querer ser representação e fingimento — nisso a presunção é o fingimento da incapacidade de fingir, algo muito difícil e geralmente sem êxito. Mas supondo que ele se traia, o que normalmente sucede, o presunçoso terá três aborrecimentos: irritamo-nos com ele porque quis nos enganar, e também nos irritamos porque quis mostrar-se superior a nós — e, finalmente, ainda rimos dele, por ter malogrado nas duas coisas. A presunção é algo bem desaconselhável, portanto!

292. *Uma espécie de incompreensão.* — Quando ouvimos alguém falar, às vezes basta o som de uma única consoante (de um *r*, por exemplo) para nos suscitar dúvidas sobre a honestidade do seu sentimento: *nós* não estamos habituados a este som, e teríamos de *fazê-lo* deliberadamente — ele nos parece "feito". Eis um âmbito de grosseira incompreensão: e o mesmo vale para o estilo de um escritor que tem hábitos que não são os de todos. Sua "naturalidade" é vista como tal apenas por ele, e justamente com o que ele próprio considera "feito", porque nisto cedeu à moda e ao chamado "bom gosto", talvez agrade e inspire confiança.

293. *Agradecido.* — Um quê de gratidão e piedade a mais: — e sofremos com isso como de um vício, e, com toda a nossa independência e honestidade, caímos presa da má consciência.

294. *Santos.* — Os homens *mais sensuais* são os que *têm* de fugir das mulheres e martirizar o corpo.

295. *Refinamento no servir.* — Na grande arte do servir, uma das mais delicadas tarefas é servir a alguém desmedidamente ambicioso, que, sendo um extremado egoísta em tudo, de maneira nenhuma quer ser visto dessa forma (o que é justamente um aspecto de sua ambição), para o qual tudo tem de acontecer conforme sua vontade e seu gosto, mas sempre de modo a parecer que ele se sacrificou e raramente quis algo para si.

296. *O duelo.* — Considero uma vantagem poder ter um duelo, disse alguém, se absolutamente necessito de um; pois sempre há bravos camaradas ao meu redor. O duelo é o último caminho inteiramente honroso para o suicídio que restou, infelizmente um caminho sinuoso, e nem mesmo seguro.

297. *Estrago.* — A maneira mais segura de estragar um jovem é ensiná-lo a ter em mais alta conta os que pensam como ele do que os que pensam diferente dele.

298. *O culto do herói e seus fanáticos.* — O fanático de um ideal que tem carne e sangue geralmente tem razão enquanto *nega*, e nisso ele é terrível: conhece o que nega tão bem como a si próprio, pelo simples motivo de que vem dali, ali se acha em casa, e teme secretamente ser obrigado a retornar — quer tornar o regresso impossível pela forma como nega. Tão logo afirma, no entanto, ele semicerra os olhos e põe-se a idealizar (com frequência, apenas para ferir os que permaneceram —); a isto podem chamar de artístico — muito bem, mas há também algo desonesto aí. Quem idealiza uma pessoa coloca de tal maneira à distância esta pessoa, que não mais a enxerga claramente — e então interpreta como "belo" o que ainda vê, ou seja, como algo simétrico, indefinido, de linhas suaves. Dado que também vai querer adorar esse ideal que paira na distância e nas alturas, ele necessita construir um templo, a fim de protegê-lo do *profanum vulgus* [vulgo profano]. E para dentro dele carrega todos os objetos venerandos e consagrados que ainda possui, para que sua magia favoreça o ideal e, com tal *alimentação*, este cresça e torne-se cada vez mais divino. Por fim, ele realmente completou seu deus — no entanto, ai dele!, há quem saiba como isto sucedeu, a sua consciência intelectual — e há também quem proteste muito inconscientemente contra isso, ou seja, o próprio endeusado, que, devido ao culto, cânticos e incenso, torna-se insuportável e evidentemente se mostra, de maneira detestável, não divino e demasiado humano. Então resta apenas uma saída para esse fanático: ele deixa-se pacientemente maltratar, a si e a seus iguais, e interpreta toda a sua miséria *ad maiorem dei gloriam* [para maior glória de Deus], por meio de um novo gênero de autoengano e nobre mentira: ele toma partido contra si, experimentando nisso, como maltratado e como intérprete, algo assim como um martírio — desse modo alcança o topo de sua presunção. — Homens dessa espécie viviam, por exemplo, em torno de *Napoleão*: e talvez tenha sido ele justamente que infundiu na alma de nosso século a prostração romântica em face do "gênio" e do "herói", ele, ante o qual um Byron não se envergonhou de dizer que era "um verme, comparado a tal ser". (As fórmulas dessa prostração foram encontradas por aquele velho e pretensioso trapalhão e resmungão, Thomas Carlyle, que despendeu uma longa vida em tornar romântica a razão dos seus ingleses: em vão!)

299. *Aparência de heroísmo.* — Lançar-se no meio dos inimigos pode ser a marca da covardia.

300. *Complacente com o adulador.* — A derradeira sabedoria do ambicioso insaciável é não dar a perceber o desprezo pelos homens que a visão do adulador lhe inspira, mas parecer complacente para com ele também, como um deus que não pode ter senão complacência.

301. *"De caráter".* — "O que eu disse, faço" — esta forma de pensar é vista como sendo de caráter. Quantas ações são realizadas não por terem sido escolhidas como as mais razoáveis, mas porque, ao nos ocorrerem, de alguma maneira nos excitaram a ambição e a vaidade, de modo que persistimos nelas e as executamos cegamente! Assim elas aumentam em nós mesmos a fé em nosso caráter e nossa boa consciência, isto é, a nossa *força* em geral; enquanto a escolha do mais razoável possível entretém o ceticismo em relação a nós e, nisso, um sentimento de fraqueza dentro de nós.

302. *Uma vez, duas vezes, três vezes verdade!* — As pessoas mentem com inacreditável frequência, mas depois não pensam nisso e, em geral, não creem nisso.

303. *Passatempo do conhecedor dos homens.* — Ele acredita me conhecer e sente-se refinado e importante, quando lida comigo de tal e tal maneira: eu cuido para não decepcioná-lo. Pois eu teria de pagar por isso, enquanto agora tem *simpatia* por mim, já que lhe produzo um sentimento de cônscia superioridade. — Eis um outro: ele receia que eu imagine conhecê-lo, e isso o faz sentir-se rebaixado. Então ele se comporta de modo horrível e incerto e procura induzir-me em erro quanto a ele — para novamente elevar-se acima de mim.

304. *Os aniquiladores do mundo.* — Este não consegue realizar algo; termina por gritar enraivecido: "Que o mundo inteiro se acabe!". Este sentimento abominável é o cúmulo da inveja, que raciocina: porque eu não posso ter *algo*, o mundo não deve ter *nada*! o mundo não deve *ser* nada!".

305. *Avareza.* — Ao comprar, nossa avareza aumenta com o preço baixo dos objetos — por quê? Seria que as pequeninas diferenças de preço constituem o pequeno olho da avareza?

306. *Ideal grego.* — Que admiravam os gregos em Ulisses? Sobretudo a aptidão para a mentira e a represália astuciosa e terrível; o estar à altura das circunstâncias; quando for o caso, parecer mais nobre que os mais nobres; poder ser *o que quiser*; a heroica tenacidade; ter todos os meios à sua disposição; ter espírito — seu espírito é admirado pelos deuses, eles sorriem, quando nele pensam —: isso tudo é o *ideal* grego! O mais notável é que aí a oposição entre ser e aparência não é sentida e, portanto, também não é moralmente considerada. Já houve atores tão consumados?

307. *Facta!* Sim, *facta ficta*! [Fatos! Sim, fatos fingidos!]. — Um historiador não se ocupa do que efetivamente ocorreu, mas dos supostos acontecimentos: pois apenas estes *tiveram efeito*. E, do mesmo modo, apenas dos supostos heróis. Seu tema, a assim chamada história universal, são opiniões sobre supostas ações e os supostos motivos para elas, que novamente dão ensejo a opiniões e ações cuja realidade imediatamente se vaporiza e apenas como vapor *tem efeito* — uma contínua geração e fecundação de fantasmas, sobre as névoas profundas da realidade insondável. Os historiadores falam de coisas que jamais existiram, exceto na representação mental.[56]

308. *É nobre não entender do comércio.* — Vender sua virtude somente pelo mais alto preço ou mesmo praticar usura com ela, como professor, funcionário, artista — isso faz do gênio e do talento uma coisa de merceeiro. Com sua *sabedoria* não se deve querer ser *esperto*!

309. *Temor e amor.* — O medo promoveu mais a compreensão geral dos homens que o amor, pois o medo quer descobrir quem é o outro, o que ele pode, o que ele quer: enganar-se nisto seria perigoso e desvantajoso. Inversamente, o amor tem um secreto impulso de enxergar no outro as coisas mais belas possíveis, ou de erguê-lo o mais alto possível: enganar-se nesse ponto seria, para ele, prazeroso e vantajoso — e assim ele faz.

310. *Os bonachões.* — Os bonachões adquiriram sua natureza graças ao constante medo de ataques que tiveram seus ancestrais — eles amenizaram, mitigaram, solicitaram, distraíram, adularam, se inclinaram, esconderam a dor e o desgosto, recompuseram os traços — e, por fim, legaram todo esse mecanismo delicado e polido a seus filhos e netos. Uma sina mais favorável fez com que estes não tivessem ocasião para o medo constante: apesar disso, eles continuam a tocar o seu instrumento.

311. *O que é chamado de alma.* — A soma dos movimentos interiores que *são fáceis* para o ser humano, e que, por isso, ele realiza de bom grado e com graça, é denominada sua alma; — ele é visto como sem alma quando deixa transparecer empenho e dureza nos movimentos interiores.

312. *Os esquecidiços.* — Nas irrupções da paixão e no fantasiar do sonho e da loucura o homem descobre novamente a pré-história, sua e da humanidade: a *animalidade* e suas caretas selvagens; sua memória recua longe o suficiente, enquanto seu estado civilizado evolui a partir do esquecimento dessas experiências primevas, isto é, do relaxamento da memória. Quem, como esquecidiço da mais alta estirpe, sempre foi alheio a tudo isso, *não compreende os seres humanos* — mas é uma vantagem para todos que de vez em quando surjam tais indivíduos que "não os compreendem", que são, por assim dizer, gerados de semente divina e postos no mundo pela razão.

313. *O amigo não mais desejado.* — O amigo cujas expectativas não podemos satisfazer preferimos ter como inimigo.

314. *Na companhia dos pensadores.* — Em meio ao oceano do devir, acordamos numa pequena ilha do tamanho de um barco, nós, aventureiros e aves de arribação, e por um breve momento olhamos ao redor: com pressa e curiosidade enormes, pois com que rapidez pode um vento nos levar ou uma onda engolfar a pequena ilha, de maneira que nada mais reste de nós! Mas aqui, neste curto espaço, achamos outras aves de arribação e ouvimos falar de outras que passaram — e assim vivemos um precioso minuto de conhecimento e descobrimento, num alegre chilreio e bater de asas, e em espírito nos aventuramos para lá do oceano, não menos orgulhosos do que ele mesmo!

315. *Despojar-se.* — Deixar algo sair de sua posse, renunciar a seu direito — isso dá alegria, quando é sinal de grande riqueza. A generosidade se inclui aí.

316. *Seitas frágeis.* — As seitas que sentem que continuarão frágeis caçam membros individuais inteligentes e querem substituir pela qualidade o que lhes foge em quantidade. Aí está um grande perigo para os inteligentes.

317. *O julgamento vespertino.* — Quem reflete sobre a obra de seu dia e sua vida, quando se acha cansado e no fim, normalmente chega a uma consideração melancólica: isso não se deve ao dia e à vida, no entanto, e sim ao cansaço. — No meio da atividade geralmente não nos permitimos tempo para julgar a vida e a existência, e tampouco no meio do prazer: mas, se isto vem a acontecer, não mais damos razão àquele que esperou pelo sétimo dia e pelo repouso para achar muito belo tudo o que existe — ele deixou passar o *melhor* instante.

318. *Cautela com os sistematizadores!* — Há um espetáculo teatral dos sistematizadores: querendo preencher todo um sistema e tornar redondo o horizonte em volta dele, precisam apresentar seus atributos mais frágeis no mesmo estilo dos mais fortes — querem representar naturezas inteiras e singularmente fortes.

319. *Hospitalidade.* — O sentido dos costumes da hospitalidade é paralisar o que há de hostil no estrangeiro. Quando ele não é mais visto primeiramente como inimigo, a hospitalidade decresce; ela floresce ao mesmo tempo que sua maldosa premissa.

320. *Sobre o tempo.* — Um tempo inabitual e imprevisível torna as pessoas desconfiadas também umas das outras; elas ficam ávidas de inovações, pois têm de perder seus hábitos. Por isso os déspotas amam todas as regiões em que o tempo é moral.

321. *Perigo na inocência.* — Os inocentes sempre serão as vítimas, pois a sua ignorância não os deixa diferenciar entre medida e desmedida e ser tempestivamente cautelosos consigo mesmos. Assim, jovens mulheres inocentes, isto é, inscientes, habituam-se aos frequentes deleites afrodisíacos e depois sentem bastante a sua falta, quando seus homens adoecem ou fenecem prematuramente; a concepção ingênua e crédula de que tal frequência de relações é direito e norma produz nelas uma necessidade que mais tarde as expõe a vigorosas tentações e coisas piores. Mas, de um ponto de vista geral e elevado: quem ama uma pessoa ou uma coisa sem conhecê-la, torna-se a presa de algo que não amaria, se pudesse vê-la. Ali onde experiência, cautela e passos ponderados são necessários, o inocente é o mais radicalmente arruinado, pois tem de beber cegamente a borra e o mínimo veneno de cada coisa. Considere-se a prática de todos os príncipes, partidos, seitas, igrejas, corporações: o inocente não é sempre usado como uma doce isca nos casos mais nefandos e perigosos? — tal como Ulisses emprega o inocente Neoptólemo para tirar o arco e as flechas do velho e doente monstro solitário de Lemnos.[57] — O cristianismo, com seu desprezo do mundo, fez da ignorância uma *virtude*, a inocência cristã, talvez porque o resultado mais comum desta inocência seja, como indiquei, a culpa, o sentimento de culpa e o desespero, sendo assim uma virtude que leva ao céu pelo desvio do inferno: pois só então podem abrir-se os escuros propileus da salvação cristã, só então tem efeito a promessa de uma *segunda inocência* póstuma: — uma das mais belas invenções do cristianismo!

322. *Viver sem médico, se possível.* — Quer me parecer que um doente é mais leviano quando tem um médico do que quando cuida ele próprio de sua saúde. No primeiro caso, basta-lhe seguir rigorosamente as prescrições; no segundo, temos uma visão mais conscienciosa daquilo que objetivam essas prescrições, a nossa saúde, e notamos bem mais, ordenamos e proibimos bem mais a nós mesmos do que faríamos por causa do médico. — Todas as regras têm o efeito de distrair da finalidade por trás da regra e tornar mais leviano. — E a que nível de descontrole e destruição não chegaria a leviandade dos homens, se eles tudo deixassem nas mãos da divindade, como nas de seu médico, segundo a expressão "como Deus quiser"! —

323. *Escurecimento do céu.* — Conhecem vocês a vingança dos tímidos, que se comportam em sociedade como se tivessem lhes roubado os membros? A vingança das almas humildes à maneira cristã, que apenas deslizam pelo mundo? A vingança daqueles que sempre julgam de imediato e sempre de imediato são desmentidos? A vingança dos bêbados de toda espécie, para quem a manhã é o que há de mais inquietante no dia? A dos enfermos de toda espécie, dos doentios e abatidos que já não têm o ânimo de recuperar-se? O número desses pequenos vingativos e dos seus pequeninos atos de vingança é enorme; o ar inteiro vibra incessantemente com as flechas e setas de sua maldade, de modo que o Sol e o céu da vida são obscurecidos — não apenas para eles, mas sobretudo para nós, os demais: o que é pior do que nos arranharem frequentemente a pele e o coração. Não *negamos* às vezes o Sol e o céu, apenas porque durante muito tempo não os vimos? — Logo: solidão! Também por isso solidão!

324. *Filosofia dos atores.* — Uma feliz ilusão dos grandes atores é a de que os personagens históricos que interpretam realmente sentiam como eles ao representar — mas nisso se enganam muito: sua força de imitação e adivinhação, que eles bem querem fazer passar como faculdade clarividente, penetra o bastante apenas para explicar gestos, sons e olhares, o exterior, em suma; isto é, apanham a sombra da alma de um grande herói, estadista, guerreiro, de um grande ambicioso, ciumento, desesperado, chegam próximo da alma, mas não até o espírito de seus objetos. Seria uma bela descoberta, sem dúvida, a de que basta apenas o ator clarividente, em vez dos pensadores, conhecedores, especialistas, para iluminar a *essência* de um estado qualquer! Mas não esqueçamos, sempre que tais pretensões se fizerem ouvir, que o ator é precisamente um macaco ideal, e tão macaco que não consegue crer na "essência", no "essencial": tudo, para ele, torna-se jogo, som, gesto, palco, bastidor e público.

325. *Vivendo e crendo à parte.* — O meio de tornar-se o profeta e milagreiro de seu tempo continua hoje o mesmo de sempre: viver à parte, com poucos conhecimentos, algumas ideias e muita presunção — afinal nos vem a crença de que a humanidade não pode prosperar sem nós, *porque evidentemente* nós prosperamos sem ela. Tão logo surja esta fé, outros terão fé em nós. Por fim, um conselho para quem dele necessitar (foi dado a Wesley por seu mestre espiritual, Böhler): "Prega a fé, até que a tenhas, e então a pregarás porque a tens!".[58]

326. *Conhecendo suas próprias circunstâncias.* — Podemos estimar nossas forças, mas não nossa *força*. As circunstâncias não somente nos ocultam e nos mostram esta — não! elas a aumentam e diminuem. Deve-se considerar a si mesmo uma grandeza variável, cuja capacidade de realização pode, em circunstâncias favoráveis, atingir o máximo: deve-se, portanto, refletir sobre as circunstâncias e não poupar diligência na observação delas.

327. *Uma fábula.* — O Don Juan do conhecimento: nenhum filósofo e nenhum escritor o descobriu ainda. Falta-lhe amor às coisas que conhece, mas ele tem espírito, volúpia e prazer na caça e nas intrigas do conhecimento — até as mais altas e longínquas estrelas do conhecimento! — até que enfim nada mais lhe resta a caçar, senão o que é absolutamente *doloroso* no conhecimento, como o beberrão que finda por tomar absinto e água-forte. Então ele termina por ansiar pelo inferno — é o derradeiro conhecimento que o *seduz*. Talvez também este o decepcione, como tudo o que já é conhecido! E ele teria de ficar imóvel por toda a eternidade, pregado à decepção e transformado ele mesmo em convidado de pedra, aspirando a uma ceia do conhecimento que nunca mais lhe será dada! — pois o mundo inteiro das coisas já não tem nenhum bocado para oferecer a este faminto.

328. *O que deixam perceber as teorias idealistas.* — As teorias idealistas são encontradas de modo mais seguro nos homens decididamente práticos; pois eles necessitam do brilho delas para a sua reputação. Agarram-se a elas com seus instintos, não tendo nenhum sentimento de hipocrisia: assim como um inglês não se sente hipócrita com seu cristianismo e seu domingo sagrado. Inversamente, apenas as duras teorias realistas satisfazem às naturezas contemplativas, que têm de precaver-se contra toda fantasia e também receiam a fama de entusiastas: a elas agarram-se com a mesma instintiva necessidade, e sem perder sua honestidade.

329. *Os caluniadores da alegria.* — Pessoas profundamente magoadas pela vida suspeitam de toda alegria, como se esta sempre fosse ingênua e pueril e demonstrasse irracionalidade, em vista da qual poderíamos sentir apenas comiseração e enternecimento, como sentiríamos ante uma criança prestes a morrer, que na cama ainda mima seus brinquedos. Tais pessoas enxergam, por baixo de todas as rosas, túmulos ocultos e dissimulados; divertimento, agitação, música festiva lhes parece o resoluto engano de si mesmo de um doente grave, que por um minuto ainda quer saborear a embriaguez da vida. Mas esse julgamento sobre a alegria não é outra coisa que a refração dela no fundo escuro do cansaço e da doença: é ele mesmo algo tocante, irracional, que leva à compaixão, é inclusive algo ingênuo e pueril, mas vindo daquela *segunda infância* que segue a velhice e antecede a morte.

330. *Não basta!* — Não basta provar uma coisa, é preciso também mover ou elevar as pessoas até ela. Por isso, aquele que sabe deve aprender a *dizer* sua sabedoria: e, com frequência, de modo que ela *soe* como uma tolice!

331. *Direito e limite.* — O ascetismo é o correto modo de pensar para aqueles que têm de erradicar seus impulsos sensuais, porque estes são furiosos predadores. Mas somente para eles!

332. *O estilo inflado.* — Um artista que não quer descarregar seu sentimento acumulado em obras e aliviar-se, mas sim transmitir o sentimento de acumulação, é bombástico, e seu estilo é aquele inflado.

333. *"Humanidade".* — Nós não consideramos os animais seres morais. Mas vocês acham que os animais nos consideram seres morais? — Um animal que podia falar afirmou: "Humanidade é um preconceito de que pelo menos nós, animais, não sofremos".

334. *O benfeitor.* — O benfeitor satisfaz uma necessidade de seu espírito, ao fazer o bem. Quanto mais forte é esta necessidade, menos ele se põe no lugar daquele que serve para saciá-la, ele se torna indelicado e ocasionalmente ofensivo. (É o que se diz da beneficência e misericórdia judaica: que, notoriamente, é um tanto mais fervorosa que a de outros povos.)

335. *Para que o amor seja sentido como amor.* — Precisamos ser honestos conosco e nos conhecer muito bem, a fim de poder praticar com os outros essa dissimulação filantrópica que chamamos de amor e bondade.

336. *De que somos capazes?* — Um homem foi tão atormentado, o dia inteiro, pelo filho ruim e degenerado, que no fim da tarde o matou e, respirando aliviado, disse ao resto da família: "Bom! Agora podemos dormir sossegados!". — Quem sabe a que *poderiam* nos levar as circunstâncias?

337. *"Natural"*. — Ser *natural* pelo menos em seus defeitos — é talvez o último elogio que se pode fazer a um artista artificial e, em todo o resto, teatral e semigenuíno. Por isso uma tal criatura fará sobressair ousadamente os seus defeitos.

338. *Consciência de reserva.* — Esse indivíduo é para um outro a consciência: o que é particularmente importante quando o outro não tem nenhuma.

339. *Metamorfose dos deveres.* — Quando o dever deixa de ser um fardo, quando, após longa prática, transforma-se em prazerosa inclinação e necessidade, mudam os direitos dos outros, daqueles aos quais se referem nossos deveres, agora inclinações: viram ocasião de agradáveis sensações para nós. Graças a seus direitos, o outro torna-se estimável (em vez de respeitável e temível, como antes). Buscamos nosso *prazer*, se agora admitimos e sustentamos a esfera do seu poder. Quando os quietistas[59] já não sentiam como um peso o seu cristianismo, encontrando em Deus somente prazer, adotaram o lema "Tudo em honra de Deus!": o que quer que fizessem neste sentido já não era sacrifício; significava o mesmo que "Tudo para nosso prazer!". Exigir que o dever seja sempre incômodo — como faz Kant — é exigir que nunca se torne hábito e costume: nessa exigência há um resíduo de ascética crueldade.

340. *A evidência é contra o historiador.* — É coisa muito bem provada que as pessoas saem do ventre da mãe: no entanto, filhos adultos, em pé ao lado da mãe, fazem a hipótese parecer absurda; ela tem a evidência contra si.

341. *Vantagem de mal conhecer.* — Alguém disse que na infância tinha tal desprezo pelos afetados caprichos do temperamento melancólico, que até meados de sua vida não percebeu que temperamento tinha: justamente o melancólico. Declarou ser esta a melhor das ignorâncias possíveis.

342. *Não confundir!* — Sim! Ele observa a coisa de todos os lados, e vocês acham que ele é um verdadeiro homem do conhecimento. Mas ele quer apenas diminuir-lhe o preço — quer comprá-la!

343. *Supostamente moral.* — Não querem jamais ficar insatisfeitos consigo, jamais sofrer consigo — e chamam a isto seu pendor moral! Ora, um outro pode chamá-lo de sua covardia. Mas uma coisa é certa: nunca farão a viagem ao redor do mundo (que vocês próprios são!) e continuarão sendo um acaso em si mesmos, um pedaço de barro preso a um pedaço de terra! Então acreditam que nós, que pensamos de outro modo, por simples loucura nos expomos à jornada pelos próprios ermos, pântanos e montes nevados, e voluntariamente escolhemos as dores e o enfado, como os estilitas?[60]

344. *Sutileza no erro.* — Se Homero, como dizem,[61] adormeceu algumas vezes, foi mais sábio que todos os artistas cuja ambição não dorme. É preciso deixar os admiradores respirarem, transformando-os em críticos de vez em quando; pois ninguém suporta a boa qualidade incessantemente brilhante e desperta; e, em vez de nos beneficiar, um mestre desse tipo torna-se um mestre disciplinar, que odiamos enquanto vai à nossa frente.

345. *Nossa felicidade não é argumento, contra ou a favor.* — Muitos são capazes de uma felicidade apenas moderada: não é uma objeção à sua sabedoria que ela não lhes possa dar mais felicidade, assim como não é objeção à medicina que muitas pessoas não sejam curadas e que outras estejam sempre doentes. Ainda que cada uma tenha a fortuna de achar justamente a concepção de vida que lhe permita realizar a *sua* medida maior de felicidade, sua vida pode continuar sendo lamentável e pouco invejável.

346. *Misóginos.* — "A mulher é nossa inimiga" — no homem que assim fala a outros homens revela-se o impulso irrefreável, que odeia não apenas a si, mas também os seus meios.

347. *Uma escola de oratória.* — Guardando silêncio por um ano, desaprende-se a tagarelice e aprende-se a falar. Os pitagóricos foram os melhores estadistas de seu tempo.

348. *Sentimento de poder.* — Distingamos bem: quem deseja adquirir o sentimento de poder, recorre a todos os meios e não despreza nada que possa alimentá-lo. Quem o tem, porém, tornou-se bastante seletivo e nobre em seu gosto; raramente alguma coisa o satisfaz.

349. *Nem tão importante assim.* — Ao assistirmos a uma morte, constantemente nos surge um pensamento que reprimimos de imediato, por um falso sentimento de decoro: o de que o ato de morrer não é tão significativo como pretende o respeito geral, e de que provavelmente o moribundo perdeu coisas mais importantes na vida do que o que está para perder. O fim, no caso, certamente não é a meta.

350. *Como prometer melhor.* — Quando se faz uma promessa, não é a palavra que promete, mas o inexprimido por trás da palavra. Sim, as palavras tornam uma promessa menos vigorosa, ao descarregar e consumir uma força que é parte da força que faz a promessa. Logo, estendam a mão e coloquem o dedo sobre a boca — assim farão as juras mais seguras.

351. *Geralmente mal compreendido.* — Numa conversa, notamos uma pessoa ocupada em preparar uma armadilha na qual a outra cai, não por malícia, como se poderia pensar, mas por prazer com a própria astúcia; e outras, ainda, que armam uma brincadeira para que outro a faça, ou dispõem o laço para que ele produza o nó: não por benevolência, como se poderia pensar, mas por malícia e desprezo dos intelectos grosseiros.

352. *Centro.* — A sensação de que "sou o centro do mundo!" surge bem forte, quando repentinamente somos tomados pela vergonha; ficamos ali, como que entorpecidos no meio da rebentação, e sentimo-nos como que cegados por um imenso olho, que de todos os lados olha para nós e através de nós.

353. *Liberdade de expressão.* — "A verdade tem que ser dita, mesmo que o mundo vá pelos ares!" — assim grita, com uma grande voz, o grande Fichte! — Sim, sim! Mas seria preciso também tê-la! — Ele acha, no entanto, que cada um deveria expressar sua opinião, mesmo que tudo fique de pernas para o ar. Acerca disso poderíamos discutir com ele.

354. *Ânimo para sofrer.* — Tal como somos agora, podemos suportar uma boa quantidade de desprazer, e nosso estômago é regulado para esse pesado alimento. Sem ele, talvez julgássemos insípida a refeição da vida; e sem a boa vontade para a dor teríamos que deixar de lado muitas alegrias!

355. *Veneradores.* — Quem venera a ponto de crucificar aquele que não venera inclui-se entre os carrascos de seu partido — tenha-se cautela em dar-lhe a mão, ainda que pertencendo ao mesmo partido.

356. *Efeito da felicidade.* — O primeiro efeito da felicidade é o *sentimento de poder*: este quer *manifestar-se*,[62] seja ante nós mesmos, seja ante outras pessoas, ou concepções, ou seres imaginários. Os modos mais habituais de manifestar-se são: presentear, zombar, aniquilar — todos os três com um impulso fundamental comum.

357. *Moscardos morais.* — Esses moralistas a que falta o amor do conhecimento e que apenas conhecem o prazer de infligir dor — eles têm o espírito e o enfado dos habitantes das cidadezinhas; sua distração, cruel e lastimável, é vigiar bastante o próximo e, despercebidamente, esconder uma agulha de modo que ele nela se fira.[63] Eles retêm a má-criação de meninos que não podem estar contentes sem caçar e maltratar alguma coisa viva ou morta.

358. *Os fundamentos e seu caráter infundado.* — Você tem aversão a ele e aduz bastantes fundamentos para essa aversão — mas eu acredito apenas em sua aversão, não em seus fundamentos! É uma afetação ante você mesmo, apresentar a si e a mim como uma dedução racional o que ocorre instintivamente.

359. *Aprovar algo.* — Aprovamos o casamento, em primeiro lugar, porque ainda não o conhecemos; em segundo, porque nos habituamos a ele; em terceiro, porque o contraímos — ou seja, em quase todos os casos. Com isso, porém, não está provado que o casamento seja algo bom.

360. *Nada utilitários.* — "Vale mais o poder ao qual se faz e se atribui muita coisa ruim do que a impotência a que só acontecem coisas boas" — desse modo sentiam os gregos. Isto é: apreciavam mais o sentimento de poder do que qualquer vantagem ou boa reputação.

361. *Parecer feio.* — A moderação vê a si própria como bela; é inocente do fato de aos olhos do imoderado parecer insossa e crua — feia, portanto.

362. *Diversos no ódio.* — Alguns odeiam apenas quando se sentem fracos e cansados: de outro modo são justos e indulgentes. Outros odeiam apenas quando veem a possibilidade da vingança: de outro modo guardam-se de toda ira, secreta ou declarada, e, havendo ocasião para ela, passam adiante.

363. *Homens do acaso.* — O essencial, em toda invenção, é feito pelo acaso, mas a maioria dos homens não encontra esse acaso.

364. *Escolha do ambiente.* — Cuidemos de não viver num ambiente em que não se pode guardar um silêncio digno nem comunicar o que se tem de mais elevado, de maneira que só restam a comunicar nossos lamentos e necessidades e a história de nossas misérias. Assim ficamos insatisfeitos conosco e insatisfeitos com esse ambiente, e ainda juntamos o dissabor de sentir-se queixoso à miséria que nos faz queixarmo-nos. Devemos viver, isto sim, onde se tenha *vergonha* de falar de si e não seja preciso fazê-lo. — Mas quem pensa em tais coisas, em ter *escolha* nessas coisas! Falamos de nosso "destino", inclinamos as largas costas para trás e suspiramos: "Ai de mim, Atlas infeliz!".[64]

365. *Vaidade.* — A vaidade é o temor de parecer original; é, portanto, uma falta de orgulho, mas não necessariamente uma falta de originalidade.

366. *Aflição do criminoso.* — O criminoso descoberto não sofre com o crime, mas com a vergonha ou o dissabor por uma estupidez cometida ou com a privação da vida habitual, e é necessária uma rara sutileza para distinguir nesse ponto. Quem vai muito a prisões e reformatórios surpreende-se de como é raro ali encontrar um inequívoco "remorso": mais frequente, ao contrário, é a nostalgia do bom e velho crime.

367. *Parecer sempre feliz.* — Quando a filosofia era matéria de competição pública, na Grécia do terceiro século, havia não poucos filósofos que ficavam felizes pelo secreto pensamento de que outros, que viviam conforme outros princípios e se atormentavam com isso, ficariam irritados com sua felicidade: acreditavam refutá-los da melhor maneira com esta felicidade, e para isso bastava-lhes parecer sempre felizes: mas assim terminavam *tornando-se* felizes! Esta foi, por exemplo, a sina dos cínicos.

368. *Motivo de muita incompreensão.* — A moralidade da energia nervosa crescente é alegre e intranquila; a moralidade da energia nervosa decrescente, à noite ou em doentes e pessoas idosas, é sofredora, tranquilizadora, triste, paciente, e não raro sombria. Conforme tenhamos essa ou aquela, não compreendemos a que nos falta, e frequentemente a interpretamos como imoralidade e fraqueza nos outros.

369. *Erguendo-se acima de sua mesquinhez.* — Eis indivíduos orgulhosos, que, para criar o sentimento de sua dignidade e importância, sempre necessitam antes de outros que possam dominar e violentar: aqueles cuja impotência e covardia permite que alguém lhes faça impunemente gestos altivos e furiosos! — de modo que precisam da mesquinhez do seu ambiente, a fim de erguer-se momentaneamente acima de sua própria mesquinhez! — Para isto, um necessita de um cachorro, um outro de um amigo, um terceiro, de uma mulher, um quarto, de um partido, e um bem raro, de toda uma época.

370. *Em que medida o pensador ama o inimigo.* — Jamais reter ou calar para si mesmo algo que pode ser pensado contra os seus pensamentos! Prometa-o para si mesmo! Isso é parte da primeira retidão do pensamento. A cada dia você também deve conduzir sua campanha contra si mesmo. Uma vitória e uma trincheira conquistada não são mais assunto seu, mas da verdade — mas também sua derrota não é mais assunto seu!

371. *A maldade da força.* — A violência como resultado da paixão, da ira, por exemplo, deve ser compreendida fisiologicamente como tentativa de evitar um iminente ataque de asfixia. Inúmeros atos de uma arrogância que se desafoga em outras pessoas foram derivativos de uma súbita congestão motivada por forte ação muscular: e talvez toda a "maldade da força" deva ser vista por esse ângulo. (A maldade da força fere o outro sem pensar nisso — ela *tem* que se desafogar; a maldade da fraqueza *quer* ferir e ver os sinais do sofrimento.)

372. *Em honra do conhecedor.* — Quando alguém que não é um conhecedor faz papel de julgador, deve-se protestar imediatamente: seja homem ou mulher. Entusiasmo e encanto por uma coisa ou uma pessoa não são argumentos: antipatia e ódio também não.

373. *Censura reveladora.* — "Ele não conhece os homens" — isto significa, na boca de uma pessoa: "Ele não conhece a vulgaridade"; e, na boca de outra: "Ele conhece bem demais a vulgaridade e desconhece a excepcionalidade".

374. *Valor do sacrifício.* — Quanto mais se nega aos Estados e príncipes o direito de sacrificar os indivíduos (na aplicação das leis, no serviço militar, etc.), tanto maior é o valor do autossacrifício.

375. *Falando claro demais.* — Por diferentes razões pode-se falar de modo excessivamente claro e articulado: por desconfiança de si, numa língua nova e não praticada, mas também por desconfiança dos outros, devido à sua estupidez ou lentidão em compreender. Da mesma forma no âmbito mais intelectual: às vezes nossa comunicação é clara demais, penosa demais, porque aqueles com quem nos comunicamos não nos entenderiam de outro modo. Logo, o estilo perfeito e fácil é *permitido* somente ante uma perfeita audiência.

376. *Dormindo muito.* — O que fazer para se estimular quando se está cansado e saturado de si mesmo? Uma pessoa recomenda o cassino, a outra o cristianismo, a terceira a eletricidade. O melhor, porém, meu caro melancólico, é *dormir muito*, em sentido próprio e impróprio! Assim teremos novamente a nossa manhã! A peça de arte, na sabedoria de viver, é saber intercalar o sono de toda espécie no momento certo.

377. *O que deixam perceber os ideais fantásticos.* — Onde se acham nossas deficiências é que têm livre curso nossas exaltações.[65] O exaltado princípio "Ama teus inimigos!" foi inventado pelos judeus, os melhores "odiadores" que já houve, e a mais bela glorificação da castidade foi escrita por aqueles que na juventude viveram de forma dissoluta e abominável.

378. *Mão limpa e muro limpo.* — Não se deve pintar nem Deus nem o Diabo no muro. Assim se perde seu muro e sua vizinhança.

379. *Provável e improvável.* — Uma mulher amava secretamente um homem, colocava-o muito acima dela e dizia mil vezes para si mesma: "Se um homem assim me amasse, esta seria uma graça diante da qual eu me lançaria no pó do chão!". — E ao homem sucedia também isso, exatamente em relação a essa mulher, e ele expressava o mesmíssimo pensamento em segredo. Quando, por fim, suas línguas se soltaram e eles disseram um ao outro tudo o que haviam calado e emudecido no coração, houve um silêncio e alguma reflexão. Após o que a mulher falou, com voz fria: "Mas é claro! Nenhum de nós é aquilo que amamos! Se você é o que diz, e nada mais, então me rebaixei e o amei em vão; o demônio me seduziu, assim como a você". — Essa história muito provável jamais acontece — por quê?

380. *Conselho provado.* — De todos os meios de consolo, nenhum faz bem maior aos necessitados de consolo do que a afirmação de que no seu caso não existe consolo. Isso implica uma tal distinção, que eles erguem novamente a cabeça.

381. *Conhecer sua "particularidade".* — Esquecemos com facilidade que, aos olhos de desconhecidos que nos veem pela primeira vez, somos algo bem diferente daquilo que nos consideramos: em geral, não mais que uma particularidade que salta aos olhos, e que determina a impressão. Assim, o homem mais gentil e ponderado, se tem um grande bigode, pode como que sentar-se à sombra dele, e sentar-se tranquilamente — os olhos comuns verão nele o acessório de um grande bigode, ou seja:

um tipo militar, facilmente irritável, por vezes violento — e se comportarão de acordo com isso diante dele.

382. *Jardineiro e jardim.* — De dias úmidos e turvos, da solidão, de palavras sem amor que escutamos, nascem *conclusões*, à maneira de cogumelos: surgem numa manhã, não sabemos de onde, e olham para nós, cinzentos e ranzinzas. Ai do pensador que não é o jardineiro, mas apenas o solo de suas plantas!

383. *A comédia da compaixão.* — Por mais que simpatizemos com um infeliz: na sua presença encenamos sempre um pouco de comédia, não dizemos muitas coisas que pensamos e como as pensamos, com a prudência do médico junto ao leito do enfermo grave.

384. *Estranhos santos.* — Há indivíduos sem alento, que pouco pensam de suas melhores obras e ações e têm dificuldade em comunicá-las e expô-las: mas, por uma espécie de vingança, também pouco pensam da simpatia dos outros, ou não creem absolutamente na simpatia; envergonham-se de parecer arrebatados por si mesmos e sentem um teimoso prazer em tornar-se ridículos. — Esses são estados que se encontram na alma de artistas melancólicos.

385. *Os vaidosos.* — Nós somos como vitrines em que sempre arrumamos, escondemos ou realçamos as supostas características que outros nos atribuem — a fim de enganar *a nós mesmos.*

386. *Os patéticos e os ingênuos.* — Pode ser um hábito bem pouco nobre não deixar passar ocasião de mostrar-se patético: pelo prazer de imaginar o espectador batendo no peito e sentindo-se ele próprio miserável e pequeno. Logo, também pode ser sinal de nobreza ridicularizar as situações patéticas e comportar-se nelas de forma indigna. A velha aristocracia guerreira da França possuía esse tipo de nobreza e refinamento.

387. *Amostra de reflexão antes do casamento.* — Supondo que ela me ame, como se tornaria incômoda para mim, com o passar do tempo! E supondo que não me ame, como aí então se tornaria incômoda para mim, com o passar do tempo! — Trata-se apenas de duas diferentes espécies de incômodo: — casemos, portanto!

388. *A patifaria com boa consciência.* — Ser logrado numa pequena transação — em algumas regiões, no Tirol, por exemplo, isso é muito desagradável, porque, além do negócio ruim, temos o rosto mau e a grosseira cobiça do vendedor que engana, juntamente com a má consciência e a rude hostilidade que nele surgem para conosco. Já em Veneza, o trapaceiro diverte-se de coração com a velhacaria bem-sucedida e não é absolutamente hostil em relação ao trapaceado, inclinando-se mesmo a fazer-lhe amabilidades e a rir com ele, caso ele tenha vontade. — Em suma, é preciso ter também o espírito e a boa consciência para a patifaria: isso quase que reconcilia o fraudado com a fraude.

389. *Um pouco grave demais.* — Pessoas excelentes, que, no entanto, são um pouco graves demais para serem gentis e amáveis, buscam imediatamente responder a uma gentileza com um sério serviço ou uma contribuição de sua energia. É tocante ver como trazem timidamente suas moedas de ouro, quando alguém lhes oferece seus tostões folheados.

390. *Escondendo o espírito.* — Se flagramos alguém nos escondendo seu espírito, nós o chamamos de mau: e tanto mais se suspeitamos que a polidez e a benevolência o levaram a fazer isso.

391. *O mau instante.* — Naturezas vivazes mentem apenas um instante: depois mentiram para si próprias e estão convencidas e íntegras.

392. *Condição para a polidez.* — A polidez é uma coisa muito boa e, realmente, uma das quatro virtudes maiores (ainda que a última delas): mas, para que não nos incomodemos uns aos outros com ela, a pessoa com a qual estou lidando precisa ser um pouco mais ou um pouco menos polida que eu — de outro modo não saímos do lugar, e o bálsamo não unta simplesmente, mas nos deixa grudados.

393. *Virtudes perigosas.* — "Ele nada esquece, e tudo perdoa". — Então é duplamente odiado, pois envergonha duplamente, com sua memória e com sua generosidade.

394. *Sem vaidade.* — Indivíduos passionais pensam pouco no que os outros pensam, o seu estado os eleva acima da vaidade.

395. *A contemplação.* — Num determinado pensador, o estado contemplativo peculiar ao pensador sempre sucede ao estado do medo; num outro, sempre ao estado da cobiça. Para o primeiro, então, a contemplatividade parece ligada ao sentimento da *segurança*; no outro, ao sentimento da *saciedade* — ou seja: aquele se acha com disposição corajosa, e este, enfastiada e neutra.

396. *Caçando.* — Um está caçando para obter verdades agradáveis, o outro — desagradáveis. Mas também o primeiro tem mais prazer na caça do que na presa.

397. *Educação.* — A educação é um prosseguimento da geração e, com frequência, uma espécie de embelezamento posterior da mesma.

398. *Em que se reconhece o mais inflamado.* — De duas pessoas que lutam entre si, ou que se amam, ou se admiram, a mais inflamada sempre adota a posição mais incômoda. O mesmo vale para dois povos.

399. *Defendendo-se.* — Alguns têm todo o direito de agir de tal e tal modo; mas quando se defendem em relação a isso, não mais cremos que seja assim — e nos enganamos.

400. *Amolecimento moral.* — Existem naturezas fragilmente morais, que têm vergonha a cada êxito e remorso a cada fracasso.

401. *A mais perigosa desaprendizagem.* — Começa-se por desaprender a amar os outros e termina-se por não encontrar nada mais digno de amor em si mesmo.

402. *Também uma tolerância.* — "Ficar um minuto a mais no carvão ardente e *queimar* um pouco ali — isto não chega a prejudicar, em pessoas e em castanhas! Somente esse pouco de amargura e dureza faz provar como é suave e doce o âmago." — Sim! É como julgam vocês, fruidores! Vocês, sublimes canibais!

403. *Orgulhos diferentes.* — São as mulheres que empalidecem à ideia de que seu amado pode não ser digno delas; são os homens que empalidecem à ideia de que podem não ser dignos de sua amada. Falo de mulheres completas, de homens completos. Tais homens, possuindo *habitualmente* confiança e sentimento de poder, no estado da paixão adquirem vergonha, dúvida em si; tais mulheres, porém, que em outros instantes percebem-se como fracas, dispostas à entrega, acham na elevada *exceção* da paixão seu orgulho e seu sentimento de poder — o qual pergunta: quem é digno de *mim*?

404. *Aqueles com os quais raramente somos justos.* — Certas pessoas não podem se entusiasmar por algo bom e grande sem cometer grave injustiça para algum lado: esta é a *sua* espécie de moralidade.

405. *Luxo.* — A inclinação para o luxo penetra fundo numa pessoa: revela que o supérfluo e o desmedido são as águas em que sua alma prefere nadar.

406. *Tornando imortal.* — Quem deseja matar seu rival deve ponderar se com isso não o eterniza dentro de si.

407. *Contra nosso caráter.* — Se a verdade que temos a dizer vai contra o nosso caráter — como frequentemente sucede —, nós nos portamos, ao dizê-la, como se mentíssemos mal, e suscitamos desconfiança.

408. *Onde se requer muita brandura.* — Algumas naturezas têm apenas a escolha de ser malfeitores públicos ou de sofrer em segredo.

409. *Doença.* — Por doença deve-se entender: um prematuro avizinhamento da idade, da fealdade ou dos juízos pessimistas — coisas que andam juntas.

410. *Os receosos.* — Justamente os seres canhestros e receosos tornam-se matadores com facilidade: não compreendem a pequena vingança ou defesa adequada, seu ódio não conhece, por falta de espírito e de presença de espírito, outra saída que não a destruição.

411. *Sem ódio.* — Você quer despedir-se de sua paixão? Faça-o, mas *sem ódio* a ela! De outro modo, terá uma segunda paixão. — A alma dos cristãos, tendo se libertado do pecado, geralmente é arruinada pelo ódio ao pecado. Vejam os rostos dos grandes cristãos! São rostos de quem muito odeia.

412. *Engenhoso e limitado.* — Ele nada sabe estimar fora de si mesmo; e quando quer estimar outros, primeiro tem que transformá-los em si. Mas nisso é engenhoso.

413. *Os acusadores privados e públicos.* — Olhem detidamente aquele que acusa e indaga — nisso ele mostra seu caráter: e, não raro, um caráter pior do que o da vítima cujo crime ele persegue. O acusador acha, com toda a inocência, que o opositor de um delito ou delinquente tem de ser em si de bom caráter, ou ser tido como bom — e assim deixa-se levar, isto é: *revela-se.*

414. *Os voluntariamente cegos.* — Há uma espécie de devoção entusiasmada e extrema a uma pessoa ou um partido, que demonstra que secretamente nos sentimos superiores a ela ou ele e nos irritamos conosco por isso. É como se nos cegássemos voluntariamente, como castigo por nossos olhos terem visto demais.

415. Remedium amoris. — Para o amor, na maioria dos casos ainda ajuda aquele velho remédio radical: amor em troca.[66]

416. *Onde está o pior inimigo?* — Quem cuida bem de sua causa e sabe disso, em geral tem ânimo conciliador em relação aos oponentes. Mas crer que tem uma boa causa, sabendo que *não* é hábil para defendê-la — isso gera um ódio furioso e implacável ao inimigo da causa. — Que cada um avalie, com isso, onde estão seus piores inimigos!

417. *Limite de toda humildade.* — Mais de um já alcançou a humildade que diz: *credo quia absurdum est* [creio porque é absurdo], oferecendo sua razão em sacrifício: mas ninguém, pelo que sei, alcançou a humildade que se acha apenas um passo adiante, e que diz: *credo quia absurdus sum* [creio porque sou absurdo].

418. *Jogo da verdade.* — Alguns são verdadeiros — não porque detestam simular sentimentos, mas porque dificilmente conseguiriam obter fé em sua simulação. Em suma, não confiam em seu talento como ator e preferem a retidão, o "jogo da verdade".

419. *Coragem no partido.* — As pobres ovelhas dizem a seu condutor: "Vá sempre na frente, assim nunca nos faltará coragem para segui-lo". Mas o pobre condutor pensa consigo mesmo: "Sigam-me sempre, assim nunca me faltará coragem para conduzi-las".

420. *Astúcia do sacrificado.* — É uma triste astúcia querermos nos enganar acerca de alguém a quem nos sacrificamos e lhe darmos a oportunidade de ter que nos aparecer como desejamos que fosse.

421. *Através de outros.* — Há pessoas que não desejam ser vistas de outro modo senão reluzindo através de outras. E nisso há muita inteligência.

422. *Dar alegria aos outros.* — Por que dar alegria é a maior das alegrias? — Porque assim damos alegria de uma só vez aos nossos cinquenta impulsos próprios. Podem ser, isoladamente, alegrias muito pequenas: mas, colocando-as todas numa só mão, ela estará mais cheia do que nunca — e o coração também! —

LIVRO V

423. *Dentro do grande silêncio.* — Aqui está o mar, aqui podemos esquecer a cidade. Os seus sinos ainda tocam neste momento a Ave-Maria — esse ruído sombrio e tolo, porém doce, no cruzamento do dia com a noite —, mas apenas por mais um instante! Agora tudo se cala! O mar se estende pálido e cintilante, não pode falar. O céu traz seu eterno e silencioso espetáculo vespertino em cores rubras, verdes e amarelas, não pode falar. As pequenas falésias e recifes que entram no mar, como que buscando o local mais solitário, nenhum deles pode falar. Essa mudez enorme, que subitamente nos toma, é bela e aterradora, diante dela o coração se inflama. — Oh, a hipocrisia dessa muda beleza! Como poderia falar bem, e mal também, se apenas quisesse! Sua língua atada e a sofredora ventura em seu rosto são uma perfídia, querem zombar da nossa simpatia! — Pois seja! Não me envergonho de ser a zombaria de tais poderes. Mas tenho compaixão de você, natureza, porque tem de silenciar, ainda quando é apenas sua malícia que lhe prende a língua: sim, tenho compaixão de você por sua malícia! — Ah, faz-se ainda mais silêncio, e novamente se inflama o meu coração: apavora-se ante uma nova verdade, *também não pode falar*, ele próprio zomba juntamente, se a boca exclama algo nessa beleza, ele próprio desfruta sua doce maldade em silenciar. A fala, e até o pensamento, tornam-se para mim odiosos: não escuto o erro, a ilusão, o espírito delirante a rir por trás de cada palavra? Não tenho que zombar de minha compaixão? Zombar de minha zombaria? — Oh, mar! Oh, noite! Vocês são maus instrutores! Ensinam o ser humano a *parar* de ser humano! Deve ele entregar-se a vocês? Deve tornar-se, como são agora, pálido, brilhante, mudo, imenso, repousando em si mesmo? Elevado sobre si mesmo?

424. *Para quem existe a verdade.* — Até o momento, os erros foram os poderes *consoladores*: agora espera-se o mesmo efeito das verdades reconhecidas, e espera-se já há algum tempo. E se as verdades não fossem capazes justamente disso — consolar? Seria isto uma objeção às verdades? Que têm elas em comum com os estados de homens sofredores, fenecidos, doentes, para que tenham de lhes ser úteis? Pois não constitui prova contra a *verdade* de uma planta se é verificado que ela em nada contribui para a cura de homens doentes. Mas outrora havia tal convicção de que o ser humano era a finalidade da natureza, que se supunha, sem hesitação, que também o conhecimento nada poderia descobrir que não fosse útil e saudável para o homem, sim, não *poderia* haver, não era *lícito* que houvesse outras coisas. — Talvez disso resulte a tese de que a verdade, *como um todo coerente*, existe apenas para as almas simultaneamente poderosas e inofensivas, jubilosas e pacíficas (como foi a de Aristóteles), e de que apenas estas serão capazes de *buscá-la*: pois as outras buscam *remédios* para si, ainda que pensem muito orgulhosamente do seu intelecto e a liberdade deste — elas *não* buscam a verdade. Daí essas outras terem tão pouca alegria verdadeira com a ciência e recriminarem sua frieza, secura e desumanidade: assim julgam os doentes acerca dos jogos dos sãos. — Também os deuses gregos não sabiam consolar; quando, enfim, também os homens gregos se tornaram todos doentes, esta foi uma razão para o declínio de tais deuses.

425. *Nós, deuses no exílio!* — Devido a *erros* quanto a sua origem, seu caráter único, seu destino, e a *exigências* estabelecidas com base nesses erros, a humanidade ergueu-se alto e sempre "superou a si própria": mas devido aos mesmos erros apareceu no mundo uma indizível quantidade de sofrimento, perseguição mútua, suspeita, incompreensão e ainda maior miséria do indivíduo consigo e em si. Os homens tornaram-se criaturas *sofredoras* em consequência de suas morais: o que obtiveram com isso foi, tudo somado, o sentimento de que no fundo seriam bons e significativos demais para a Terra e nela se achariam apenas temporariamente. “O altivo sofredor” ainda é, por enquanto, o mais elevado tipo humano.

426. *Cegueira para as cores nos pensadores.* — Como viam os gregos de forma diferente a natureza, se, como temos que admitir, seus olhos eram cegos para o azul e o verde, enxergando um marrom acentuado em vez daquele e um amarelo no lugar deste (quando, por exemplo, designavam com a mesma palavra a cor do cabelo escuro, da centáurea e do mar meridional, e também com a mesma palavra a cor das plantas mais verdes e da pele humana, do mel e da resina amarela: de modo que os seus pintores máximos, comprovadamente, reproduziram o mundo apenas em preto, branco, vermelho e amarelo) — como devia lhes parecer diferente e bem mais próxima dos homens a natureza, pois a seus olhos as cores humanas predominavam também na natureza, e esta como que nadava no éter de cores da humanidade! (Verde e azul desumanizam a natureza mais do que todas as outras.) Sobre esta *deficiência* cresceu a brincalhona facilidade que os distingue, vendo os processos naturais como deuses e semideuses, isto é, sob formas humanas. — Mas isso é apenas uma imagem para outra suposição. Cada pensador pinta seu mundo e cada coisa utilizando menos cores *do que existem*, e é cego para determinadas cores. Isso não é apenas uma deficiência. Em virtude dessa aproximação e simplificação, ele *enxerga nas coisas* harmonias de cores que têm enorme encanto e podem constituir um enriquecimento da natureza. Talvez mesmo por essa via é que a humanidade tenha aprendido a *fruir* a visão da existência: por essa existência lhe ter sido mostrada inicialmente em uma ou duas cores, e assim harmonizada; ela como que se exercitou nesses poucos tons, antes de poder passar a outros mais. E ainda hoje vários indivíduos partem de uma cegueira parcial às cores para alcançar uma visão e diferenciação mais rica: no que não apenas acham novas fruições, mas também têm de *abandonar e perder* algumas das anteriores.

427. *O embelezamento da ciência.* — Tal como surgiu a jardinagem rococó, do sentimento de que "a natureza é feia, enfadonha, selvagem — vamos embelezá-la (*embellir la nature*)!" —, sempre torna a surgir, do sentimento de que "a ciência é feia, seca, desconsolada, morosa, difícil — vamos embelezá-la!", algo que se denomina *filosofia*. Ela quer o que querem todas as artes e criações — sobretudo *entreter*: mas quer isso, conforme o seu orgulho herdado, de um modo mais sublime e elevado, diante de espíritos seletos. Criar para esses uma arte de jardins cujo encanto maior, como naquela "mais vulgar", seja a *ilusão visual* (com templos, vistas panorâmicas, grutas, cascatas, labirintos, para usar imagens); apresentar a ciência numa amostra e com toda espécie de iluminações maravilhosas e súbitas, e nela misturar tanta indeterminação, desrazão e devaneio que se possa nela passear "como na natureza selvagem", mas sem esforço e tédio — isso não é ambição pouca: quem a tem sonha até mesmo em assim tornar dispensável a religião, que para os homens de outrora foi a suprema espécie de arte do entretenimento. — Isto segue seu rumo e atingirá, um dia, seu cume: agora já começam a erguer-se vozes contrárias à filosofia, que exclamam "Retorno à ciência! À natureza e naturalidade da ciência!" — com o que talvez *principie* uma época que descubra a mais forte beleza justamente nas partes "feias, selvagens" da ciência, como somente a partir de Rousseau descobriu-se o senso da beleza para as montanhas e os desertos.

428. *Dois tipos de moralistas.* — Enxergar pela primeira vez uma lei da natureza, enxergá-la inteiramente, isto é, *demonstrá-la* (por exemplo, a lei da gravidade, da reflexão da luz e do som), é algo diferente de *explicar* essa lei, e coisa para outros espíritos. Assim também se diferenciam os moralistas que veem e mostram as leis e hábitos humanos — os moralistas de olhos, ouvidos e narizes sutis — daqueles que explicam o que foi observado. Estes precisam ser sobretudo *inventivos* e ter uma imaginação *desatada* pelo acume e o saber.

429. *A nova paixão.* — Por que tememos e odiamos um possível retorno à barbárie? Porque ela tornaria os homens mais infelizes do que são? Ah, não! Em todos os tempos os bárbaros tiveram *mais* felicidade, não nos enganemos! — Mas nosso *impulso ao conhecimento* é demasiado forte para que ainda possamos estimar a felicidade sem conhecimento ou a felicidade de uma forte e firme ilusão; apenas imaginar esses estados é doloroso para nós! A inquietude de descobrir e solucionar tornou-se tão atraente e imprescindível para nós como o amor infeliz para aquele que ama: o qual ele não trocaria jamais pelo estado de indiferença; — sim, talvez nós também sejamos amantes *infelizes*! O conhecimento, em nós, transformou-se em paixão que não vacila ante nenhum sacrifício e nada teme, no fundo, senão a sua própria extinção; nós acreditamos honestamente que, sob o ímpeto e o sofrimento *dessa* paixão, toda a humanidade tenha de acreditar-se mais sublime e consolada do que antes, quando ainda não havia superado a inveja do bem-estar grosseiro que acompanha a barbárie. E talvez até que a humanidade pereça devido a essa paixão do conhecimento! — mas nem este pensamento influi sobre nós! O cristianismo se atemorizou alguma vez ante um pensamento assim? Não são irmãos o amor e a morte? Sim, odiamos a barbárie — preferimos todos o fim da humanidade ao retrocesso do conhecimento! E, afinal: se a humanidade não perecer de uma *paixão*, perecerá de uma *fraqueza*: o que é preferível? Eis a questão principal. Queremos para ela um final em luz e fogo ou em areia? —

430. *Também heroico.* — Realizar coisas de muito mau cheiro, das quais não se ousa falar, mas que são úteis e necessárias — isso também é heroico. Os gregos não se envergonharam de incluir entre os maiores trabalhos de Hércules a limpeza de um estábulo.

431. *As opiniões dos adversários.* — Para medir como são finas ou débeis por natureza também as mentes mais sagazes, preste-se atenção ao modo como apreendem e reproduzem as opiniões dos adversários: nisto se revela a medida natural de cada intelecto. — Sem o querer, o sábio consumado eleva seu adversário a uma esfera ideal e retira toda mácula e casualidade da discrepância dele: apenas quando, dessa maneira, seu adversário transformou-se num deus com armas reluzentes, ele o combate.

432. *Investigadores e experimentadores.* — Não existe um método da ciência que seja o único a levar ao saber! Temos que lidar experimentalmente com as coisas, sendo ora maus, ora bons para com elas e agindo sucessivamente com justiça, paixão e frieza em relação a elas. Esse homem dirige-se às coisas como policial, aquele como confessor, um terceiro como andarilho e curioso. Ora com simpatia, ora com violência se arrancará algo delas; a reverência ante os seus segredos leva adiante e à compreensão um indivíduo, indiscrição e velhacaria na elucidação de segredos fazem o mesmo por outro. Como todos os conquistadores, descobridores, navegantes, aventureiros, nós, investigadores, somos de uma moralidade temerária, e temos que admitir ser considerados maus no conjunto.

433. *Ver com novos olhos.* — Supondo que por beleza na arte sempre se entenda a *imitação do que é feliz* — e é o que tenho como verdade —, conforme a ideia que um tempo, um povo, um grande indivíduo legislador de si mesmo faz do que é feliz: que dá a entender sobre a felicidade de nosso tempo o assim chamado *realismo* dos artistas de hoje? É, está fora de dúvida, a *sua* espécie de beleza que agora podemos apreender e fruir com mais facilidade. Portanto, deve-se acreditar que a felicidade que hoje nos é própria está no realismo, em sentidos o mais agudos possível e apreensão a mais fiel possível do real, ou seja, não na realidade, mas no *saber acerca da realidade*? A influência do saber já alcançou tal extensão e profundidade que os artistas do século, sem o querer, tornaram-se já glorificadores das "bem-aventuranças" da ciência!

434. *Intercessão.* — As regiões despretensiosas existem para os grandes paisagistas, e as regiões raras e notáveis, para os pequenos. Isto é: as grandes coisas da natureza e da humanidade têm que interceder por todos os pequenos, medianos e ambiciosos entre seus admiradores — mas o *grande* intercede pelas coisas *simples.*

435. *Não perecer despercebidamente.* — Não de uma vez, mas continuamente se esboroa a nossa capacidade[67] e grandeza; a pequena vegetação que cresce em meio a tudo, e em toda parte consegue aderir, arruína o que é grande em nós — a mesquinhez diária e a cada instante ignorada de nosso ambiente, os milhares de raízes dessa ou daquela pequena e pusilânime sensação que vem de nossa vizinhança, nosso trabalho, nossa vida social, nosso emprego do tempo. Se deixamos de perceber essa erva daninha, perecemos despercebidamente por causa dela! — E se vocês querem de fato perecer, façam-no *de uma vez* e subitamente: talvez restem de vocês, então, *ruínas sublimes*! E não, como é de recear agora, montículos de toupeiras! E ervas e capim sobre elas, as pequenas vitoriosas, modestas como sempre, e miseráveis demais até para triunfar!

436. *Casuístico.* — Existe um amargo dilema, à altura do qual não se acham a valentia e o caráter de qualquer um: descobrir, sendo passageiro de um navio, que o capitão e o timoneiro cometem erros perigosos e que é superior a eles em conhecimento náutico — e então perguntar a si mesmo: "E agora? Se você provocasse um motim contra eles e fizesse prender os dois? Sua superioridade não o obriga a isso? Por outro lado, eles não têm o direito de aprisioná-lo, por minar a obediência?". — Eis uma alegoria para situações piores e mais elevadas; e sempre resta a questão de saber o que garante, nesses casos, nossa superioridade, nossa fé em nós mesmos. O êxito? Mas então é preciso justamente *realizar* a coisa que implica todos os perigos — e não só perigos para nós, mas também para o navio.

437. *Privilégios.* — Quem realmente possui a si mesmo, isto é, *conquistou* definitivamente a si, vê doravante como privilégio próprio castigar-se, perdoar-se, compadecer-se de si mesmo: ele não precisa concedê-lo a ninguém, mas pode livremente passá-lo às mãos de outro, de um amigo, por exemplo — mas sabe que assim confere um *direito*, e que direitos podem ser conferidos apenas desde que se possua *poder*.

438. *Homem e coisa.* — Por que o homem não enxerga as coisas? Ele próprio está no caminho: ele esconde as coisas.

439. *Características da felicidade.* — O que têm em comum todas as sensações de felicidade são duas coisas: *plenitude* do sentimento e *petulância* nisso, de modo que, como um peixe, sentimos nosso elemento ao redor e nele pulamos. Os bons cristãos compreendem o que é exuberância cristã.

440. *Não abdicar!* — Renunciar ao mundo sem conhecê-lo, como uma *freira* — isso resulta numa estéril e talvez triste solidão. Isso nada tem em comum com a solidão da *vita contemplativa* do pensador: quando ele a escolhe, não está abdicando de nada; talvez significasse renúncia, tristeza, ruína de si mesmo, para ele, ter de perseverar na *vita practica*: a esta ele renuncia, por conhecê-la, por conhecer-se. Assim pula ele nas *suas* águas, assim adquire ele a *sua* serenidade.

441. *Por que o mais próximo se torna cada vez mais distante.* — Quanto mais pensamos em tudo o que foi e será, tanto mais empalidece para nós o que agora é. Se convivemos com mortos e partilhamos com eles a sua morte, que são ainda para nós os "mais próximos"? Tornamo-nos mais solitários — e isso *porque* a maré da humanidade rumoreja à nossa volta. O ardor dentro de nós, relativo a tudo o que é humano, cresce cada vez mais — e *por isso* olhamos para o que nos rodeia como se tivesse ficado mais indiferente e mais vago. — Mas o nosso frio olhar *ofende*!

442. *A regra.* — "A regra, para mim, é sempre mais interessante do que a exceção" — quem sente desse modo está bem adiantado no conhecimento e se inclui entre os iniciados.

443. *Sobre a educação.* — Paulatinamente esclareceu-se, para mim, a mais comum deficiência de nosso tipo de formação e educação: ninguém aprende, ninguém aspira, ninguém ensina — *a suportar a solidão.*

444. *Surpresa com a resistência.* — Porque algo se tornou transparente para nós, achamos que não mais oferecerá resistência — e nos espantamos de poder penetrá-lo com a vista, mas não atravessá-lo! É a mesma tolice e o mesmo espanto da mosca que se acha ante uma janela de vidro.

445. *Onde os mais nobres se equivocam.* — Enfim damos a alguém o que temos de melhor, nossa preciosidade — e o amor já não tem mais o que dar: mas aquele que recebe não tem aí a *sua* melhor coisa, e, portanto, falta-lhe o reconhecimento inteiro e derradeiro com que conta aquele que dá.

446. *Hierarquia.* — Existem, em primeiro lugar, pensadores superficiais, em segundo, pensadores profundos — aqueles que vão ao fundo de algo —, em terceiro, pensadores radicais, que vão à raiz[68] de algo — o que tem muito mais valor do que ir apenas ao seu fundo! —, e, por fim, aqueles que enfiam a cabeça no pântano: o que não deveria ser sinal de profundidade nem de radicalidade! Estes são os nossos caros do subsolo.

447. *Mestres e alunos.* — Faz parte da humanidade de um mestre advertir seus alunos contra ele mesmo.

448. *Prestar honras à realidade.* — Como é possível olhar essa multidão em júbilo sem lágrimas e sem aprovação? Antes pensávamos pouco do objeto de seu júbilo, e ainda pensaríamos, *se* não o tivéssemos experimentado! A que podem nos arrastar as vivências, portanto! Que são nossas opiniões! Deve-se, para não se perder, para não perder sua *razão*, fugir das vivências! Assim, Platão fugiu da realidade e só quis contemplar as coisas em pálidas imagens mentais; ele era pleno de sentimento e sabia com que facilidade as ondas do sentimento cobriam sua razão. — Então o sábio deveria dizer para si mesmo: "Eu quero *prestar honras* à realidade, mas dando-lhe as costas, *porque* a conheço e temo"? — ele teria que fazer como tribos africanas diante de seu príncipe, que dele se aproximam apenas de costas e sabem mostrar sua adoração juntamente com seu medo?

449. *Onde estão os necessitados do espírito?* — Ah, o quanto me repugna *impingir* a outro meus pensamentos! Como me alegro de todo estado de ânimo e secreta mudança dentro de mim, em que os pensamentos de *outros* prevalecem diante dos meus! De vez em quando, porém, há uma festa ainda maior, quando é permitido *distribuir* seus bens espirituais, à maneira do confessor que se acha sentado no canto, ávido de que *um necessitado* venha e fale da miséria de seus pensamentos, para que ele possa lhe encher a mão e o coração e *aliviar* a alma inquieta! Ele não apenas não quer ganhar fama com isso: gostaria também de escapar à gratidão, pois ela é importuna e não respeita a solidão e o silêncio. Mas viver sem nome ou ligeiramente ridicularizado, humilde demais para provocar inveja ou hostilidade, aparelhado com uma cabeça sem febre, um punhado de saber e uma sacola plena de experiências, como que um espiritual médico dos pobres, ajudando esse ou aquele que tem a cabeça *transtornada* por opiniões, sem que perceba realmente *quem* o ajudou! Não querer estar certo diante dele e celebrar uma vitória, mas falar-lhe de modo que veja o certo após uma ínfima, imperceptível indicação ou refutação, e vá embora orgulhoso com isso! Ser como um pequeno albergue que não rejeita ninguém que esteja necessitado, mas que depois é esquecido ou zombado! Não ter nenhuma vantagem, nem melhor alimentação, nem melhor ar, nem espírito mais alegre — mas entregar, devolver, partilhar, tornar-se mais pobre! Poder ser humilde, para ser acessível a muitos e humilhante para ninguém! Haver tomado sobre si muita injustiça e rastejado pelas galerias de vermes de toda espécie de erros, para poder alcançar muitas almas ocultas em suas vias secretas! Sempre numa espécie de amor e sempre numa espécie de egoísmo e fruição de si! Possuir um domínio e, ao mesmo tempo, estar oculto e renunciar! Estar continuamente ao sol e na suavidade da graça, e no entanto saber da vizinhança dos acessos ao sublime! — Isto seria uma vida! Isto seria razão para viver longamente!

450. *A atração do conhecimento.* — Para os espíritos passionais, olhar através do portão da ciência tem o efeito do maior dos encantos; provavelmente tornam-se sonhadores e, no melhor dos casos, poetas: tão forte é sua ânsia pela felicidade dos que conhecem. Não nos percorre todos os sentidos — esse tom de suave atração com que a ciência proclamou sua boa-nova, em cem enunciados e neste, o centésimo primeiro e mais belo: "Deixe que a ilusão se vá! Também o 'ai de mim!' desaparece então; e, com o 'ai de mim!', também a dor" (Marco Aurélio).

451. *Quem necessita de um bobo da corte.* — Os muito belos, os muito bons, os muito poderosos quase nunca aprendem a verdade plena e comum acerca de algo — pois na sua presença a pessoa, sem o querer, mente um pouco, porque sofre sua influência e, conforme tal influência, apresenta a verdade que poderia comunicar sob forma de uma *adaptação* (isto é, falsifica cores e graus nos fatos, omite ou acrescenta detalhes, e retém nos lábios o que absolutamente não se adapta). Se homens desse tipo quiserem ouvir a verdade apesar de tudo, terão de manter um *bobo da corte* junto a si — um ser com o privilégio, que têm os loucos, de não poder adaptar-se.

452. *Impaciência.* — Há um grau de impaciência em homens de ação e de pensamento, o qual, ante um fracasso, imediatamente os leva a passar ao âmbito oposto, lá se apaixonar e entregar-se a empreendimentos — até que novamente uma demora no sucesso os afasta dali: assim eles vagueiam, aventureiros e ardentes, pelas experiências de muitos âmbitos e naturezas, e podem enfim, pelo conhecimento universal de homens e coisas que lhes deixam as andanças e exercícios extraordinários, e com alguma mitigação de seu impulso — tornar-se poderosos homens práticos. Assim uma falha de caráter vem a ser escola de gênio.

453. *Interregno moral.* — Quem já estaria agora em condições de descrever o que *substituirá*, um dia, os sentimentos e juízos morais? — ainda que possamos ver claramente que todos os seus fundamentos se acham defeituosos e que seu edifício não permite reparação: seu caráter obrigatório diminuirá dia após dia, enquanto não diminuir o caráter obrigatório da razão! Construir novamente as leis da vida e do agir — para essa tarefa nossas ciências da fisiologia, da medicina, da sociedade e da solidão não se acham ainda suficientemente seguras de si: e somente delas podemos extrair as pedras fundamentais para novos ideais (se não os próprios ideais mesmos). De modo que levamos uma existência *provisória* ou uma existência *póstuma*,[69] conforme o gosto e o talento, e o melhor que fazemos, nesse interregno, é ser o máximo possível nossos próprios *reges* [reis] e fundar pequenos *Estados experimentais*. Nós somos experimentos: sejamo-lo de bom grado!

454. *Digressão.* — Um livro como este não é para ser lido rapidamente ou em voz alta, mas para ser aberto com frequência, sobretudo ao passear ou viajar, é preciso poder sempre enfiar e retirar novamente a cabeça e nada encontrar de habitual ao redor.

455. *A primeira natureza.* — Tal como agora nos educam, adquirimos primeiro uma *segunda natureza*: e a temos quando o mundo nos considera maduros, maiores de idade, utilizáveis. Alguns poucos são cobras o bastante para um dia desfazer-se dessa pele: quando, sob seu invólucro, sua *primeira natureza* tornou-se madura. Na maioria, o gérmen dela ressecou.

456. *Uma virtude em devir.* — Afirmações e promessas como a dos antigos filósofos, sobre a unidade de virtude e felicidade, ou a do cristianismo, "Busquem antes o Reino de Deus, e todo o resto lhes será dado!" [Mateus, 6, 33] — nunca foram feitas com plena honestidade e, no entanto, sempre sem má consciência: frases assim, que muito se desejava fossem verdadeiras, foram atrevidamente enunciadas como verdades, contrariando a evidência, e isto sem qualquer remorso moral ou religioso — pois transcendia-se a realidade sem nenhum propósito egoísta, *in honorem majorem* [para maior honra] de Deus e da virtude! Nesse *nível de veracidade* acham-se ainda muitas pessoas de valor: *sentindo-se* desinteressadas, parece-lhes permitido *não se preocupar muito* com a verdade. Observe-se que a *retidão* não aparece nem entre as virtudes socráticas, nem entre as cristãs: é uma das mais novas virtudes, ainda pouco amadurecida, frequentemente confundida e desconhecida, e que mal tem consciência de si — algo em devir, que podemos promover ou inibir, conforme entendermos.

457. *Silêncio derradeiro.* — A alguns indivíduos sucede o mesmo que a caçadores de tesouros: descobrem eventualmente coisas ocultas de uma alma alheia e obtêm, desse modo, um conhecimento às vezes difícil de carregar! É possível, em determinadas circunstâncias, conhecer e devassar interiormente pessoas vivas e mortas, a tal ponto que se nos torna penoso falar delas para outros: tememos ser indiscretos a cada palavra. — Posso imaginar o súbito emudecer do mais sábio historiador.

458. *A grande sorte.* — Eis algo muito raro, mas encantador: uma pessoa de intelecto finamente constituído, que tem o caráter, as inclinações e *também as vivências* apropriadas a esse intelecto.

459. *A generosidade do pensador.* — Rousseau e Schopenhauer — ambos foram orgulhosos o bastante para inscrever esta divisa sobre as suas existências: *vita impendere vero* [consagrar a vida à verdade]. E ambos, também, como devem ter sofrido em seu orgulho, por não conseguirem *verum impendere vitae* [consagrar a verdade à vida]! — *verum* [verdade], como cada um deles a entendeu — por suas vidas terem corrido junto a seu conhecimento como um baixo caprichoso, que não quer corresponder à melodia! — Mas o conhecimento estaria mal, se fosse atribuído a cada pensador apenas na medida em que assentasse no seu corpo! E os pensadores estariam mal, se a sua vaidade fosse tão grande que eles tolerassem apenas isso! Justamente aí se acha a mais bela virtude do grande pensador: a generosidade de, como homem do conhecimento, impavidamente, muitas vezes envergonhado, muitas vezes com sublime escárnio e sorriso — fazer o sacrifício de si mesmo e sua vida.

460. *Tirar proveito de suas horas de perigo.* — Aprendemos a conhecer um homem e uma situação de modo bem diferente, quando em cada um de seus movimentos há perigo com relação a bens e posses, honra, vida e morte, para nós e nossos entes queridos: Tibério, por exemplo, deve ter refletido mais profundamente e sabido mais sobre o íntimo do imperador Augusto e de seu regime do que o mais sábio historiador poderia ter feito. Agora vivemos todos, comparativamente, demasiado seguros para que possamos nos tornar bons conhecedores dos homens: um conhece por diletantismo, o outro por tédio, um terceiro por hábito; nunca se diz: "Conheça ou pereça!". Enquanto as verdades não se cravam em nossa carne como facas, mantemos uma secreta reserva e menosprezo para com elas: ainda nos parecem muito semelhantes aos "sonhos alados", como se pudéssemos tê-las e também não tê-las — como se algo nelas dependesse de nossa vontade, como se também pudéssemos *acordar* dessas nossas verdades!

461. Hic Rhodus, hic salta.[70] — Nossa música, que em tudo pode se transformar e tem de se transformar, porque, como o demônio do mar, não tem caráter em si: outrora essa música seguiu os passos do *erudito cristão* e foi capaz de traduzir em sons o ideal deste: por que não acharia ela enfim aquele som mais claro, mais alegre e universal que corresponde ao *pensador ideal*? — uma música que apenas nos amplos arcos suspensos da alma *dele* possa embalar-se, estando *em casa*? — Nossa música foi até agora tão grande, tão boa: nada foi impossível nela! Que mostre, então, que é possível sentir ao mesmo tempo essas três coisas: elevação, luz profunda e quente, e a volúpia da suprema coerência!

462. *Curas lentas.* — Como as do corpo, as enfermidades crônicas da alma raramente nascem de uma única ofensa grave à razão do corpo e da alma, mas habitualmente de inúmeras pequenas negligências. — Por exemplo, quem dia após dia respira mais fracamente, ainda que num grau insignificante, e introduz menos ar nos pulmões, de forma que eles não são empenhados e exercitados o bastante, acaba por adquirir uma doença pulmonar crônica. Num caso assim, a cura não pode realizar-se por outro meio senão praticando incontáveis exercíciozinhos opostos e cultivando impercebidamente outros hábitos; estabelecendo a regra, por exemplo, de respirar de maneira forte e profunda uma vez a cada quinze minutos (deitado no chão, se possível; um relógio que soe nos quartos de hora deve tornar-se aí uma companhia permanente). Todas essas curas são *lentas* e pequeninas; também a pessoa que quer curar sua alma deve pensar na mudança dos hábitos mínimos. Há quem fale dez vezes ao dia uma palavra fria e ruim para aqueles em volta, pouco refletindo sobre isso, particularmente sobre o fato de que após alguns anos terá criado uma *lei* do hábito que o *obriga* a dez vezes ao dia aborrecer as pessoas em volta. Mas também pode habituar-se a beneficiá-las dez vezes! —

463. *No sétimo dia.* — "Vocês louvam aquilo como sendo minha *criação*? Eu apenas livrei-me do que me importunava! Minha alma está acima da vaidade dos criadores. — Vocês louvam isto como sendo minha *resignação*? Eu apenas livrei-me do que me importunava! Minha alma está acima da vaidade dos resignados."

464. *Vergonha daquele que doa.* — É tão pouco generoso fazer o papel daquele que doa e presenteia, mostrando o rosto ao fazê-lo! Mas dar e presentear escondendo o nome e o favor! Ou não ter nome, como a natureza, em que nos conforta sobretudo não deparar com alguém que dá e presenteia, com uma "face piedosa"! — É certo que também esse conforto vocês estragam para si, pois colocaram um deus nessa natureza — e agora tudo se acha novamente cativo e sufocado! Como? Nunca mais poder estar a sós consigo? Nunca mais estar inobservado, desprotegido, irrefreado, não obsequiado? Sempre que há um outro ao nosso redor, o melhor da bondade e da coragem torna-se impossível. Não bastaria essa importunidade celeste, esse inescapável vizinho sobrenatural, para nos fazer desejar abraçar o Demônio? — Mas isto não é necessário, foi apenas um sonho! Despertemos!

465. *Num encontro.* — A: Que está olhando? Há algum tempo está calado. — B: A mesma coisa antiga e nova! O desamparo de uma coisa me leva tão longe e tão profundamente dentro dela, que afinal lhe alcanço o fundo e vejo que não vale tanto. No fim de tais experiências há uma espécie de tristeza e torpor. Experimento isso em pequena escala três vezes ao dia.

466. *Perda com a fama.* — Que vantagem poder falar às pessoas como um desconhecido! "A metade de nossa virtude" nos é tomada pelos deuses, quando nos tiram do anonimato e nos tornam famosos.

467. *Duas vezes paciência!* — "Com isso você fere muitas pessoas." — Sei disso; e também sei que tenho de sofrer duplamente por isso, uma vez por compaixão para com elas e outra porque se vingarão de mim. Mas continua sendo necessário fazer o que faço.

468. *O reino da beleza é mais vasto.* — Assim como vagueamos na natureza, astutos e alegres, para descobrir e como que flagrar a beleza própria de cada coisa, assim como, seja na luz do sol, seja com céu de tormenta, seja num pálido crepúsculo, tentamos ver como aquele pedaço da costa, com suas falésias, enseadas, oliveiras e pinheiros, atinge sua perfeição e mestria: assim também deveríamos vagar entre os homens, como seus descobridores e observadores, tratando-os bem e mal, para que sua beleza própria se manifeste, que neste se desenvolve de maneira solar, naquele, de maneira tormentosa, e num outro, somente na penumbra e com céu chuvoso. Então é proibido *fruir* os homens *maus* como uma paisagem selvagem, que tem suas próprias linhas e efeitos de luz ousados, se o mesmo homem surge a nossos olhos como uma distorção e caricatura e nos faz sofrer como uma mancha na natureza, quando se faz de bom e obediente à lei? — Sim, é proibido: até agora permitiu-se apenas buscar a beleza no *moralmente bom* — razão suficiente para acharmos tão pouco e termos de lidar com imaginárias belezas sem ossos! — Tal como é certo haver, entre os maus, cem tipos de felicidade de que os virtuosos não suspeitam, neles também se acham cem tipos de beleza: e muitos ainda não foram descobertos.

469. *A desumanidade do sábio.* — Sendo a marcha do sábio, que, segundo o cântico budista, "erra solitário como o rinoceronte", pesada e esmagadora — é preciso, de quando em quando, uma mostra de humanidade conciliadora e abrandada: e não apenas daqueles passos mais velozes, dos amáveis e sociáveis torneios do espírito, não apenas da brincadeira e de uma certa zombaria de si, mas de contradições, de eventuais recaídas no contrassenso dominante. Para não semelhar o rolo compressor que avança como o destino, o sábio que deseja ensinar tem de utilizar seus *erros* como atenuantes, e, ao dizer "Desprezem-me!", está implorando o favor de ser o defensor de uma verdade usurpada. Ele quer levá-los para as montanhas, ele talvez ponha em risco as vidas de vocês: em troca, concede-lhes de bom grado, antes e depois, que se vinguem de tal guia — é o preço que paga pelo prazer de *ir na frente.* — Lembram-se do que lhes veio à mente, quando ele os conduziu em vias escorregadias por uma escura caverna? Como o seu coração lhes disse, mal-humorado e batendo forte: "Esse guia poderia fazer coisa melhor do que rastejar por aqui! Ele pertence a um tipo inquiridor de homens ociosos: — já não é honra demais para ele o fato de, ao *segui-lo*, parecermos lhe conferir algum valor?".

470. *No banquete de muitos.* — Como se é feliz ao ser alimentado como os pássaros, pela mão de alguém que distribui os grãos sem olhar detidamente os pássaros e examinar se são dignos! Viver como um pássaro, que chega e segue voando e não tem nome inscrito no bico! Minha alegria é saciar-me desse modo no banquete de muitos.

471. *Um outro amor ao próximo.* — O temperamento excitado, ruidoso, nervoso, desigual, é o oposto da *grande paixão*: esta, como uma brasa escura e quieta que mora no íntimo e ali reúne tudo de quente e cálido, faz a pessoa olhar fria e indiferente para fora e lhe imprime uma certa impassibilidade nos traços. Tais pessoas são eventualmente capazes de *amor ao próximo* — mas este é de uma espécie diferente daquele da gente sociável e ansiosa de agradar: é uma suave, contemplativa, serena afabilidade; elas como que olham das janelas de seu castelo, que é sua fortaleza e, justamente por isso, também sua prisão: — o olhar para o que é alheio, livre, para o que é *outro* lhes faz bem!

472. *Não se justificar.* — A: Mas por que não quer se justificar? — B: Eu poderia fazê-lo, nisso e em muitas coisas, mas desprezo o prazer que há na justificação: pois essas coisas, para mim, não são grandes o suficiente, e prefiro ter algumas manchas do que contribuir para que pessoas mesquinhas possam dizer, com maldosa alegria: "Ele dá muita importância a essas coisas!". Justamente isso não é verdadeiro! Eu deveria talvez me importar ainda mais comigo mesmo, para ter a obrigação de corrigir concepções erradas sobre mim; — sou demasiado inerte e indiferente em relação a mim e, portanto, também em relação ao efeito que produzo.

473. *Onde se deve construir sua casa.* — Se você se sente grande e fecundo na solidão, a companhia dos outros o diminuirá e ressecará: e vice-versa. Brandura plena de poder, como a de um pai: — onde você for tomado desse ânimo, ali construa sua casa, seja no tumulto ou no silêncio. *Ubi pater sum, ibi patria* [Ali onde sou pai é minha pátria].[71]

474. *Os únicos caminhos.* — "A dialética é o único caminho para chegar ao ser divino e por trás do véu da aparência" — é o que afirma Platão, com a mesma solenidade e paixão com que Schopenhauer declara isto sobre o oposto da dialética — e ambos estão errados. Pois *não há* aquilo para o qual querem nos mostrar o caminho. — E todas as grandes paixões da humanidade não foram até agora uma dessas paixões por nada? E todas as suas atitudes solenes — solenidades por nada?

475. *Tornando-se pesado.* — Vocês não o conhecem: ele pode pendurar muitos pesos em si, mas leva-os todos consigo às alturas. E vocês concluem, por suas pequenas asas, que ele deseja ficar *embaixo* porque pendura em si esses pesos!

476. *Na festa de colheita do espírito.* — Isto se acumula dia a dia e cresce, experiências, vivências, pensamentos sobre elas e sonhos sobre os pensamentos — uma incomensurável, fascinante riqueza! Sua visão dá vertigem; já não entendo como se pode louvar a *beatitude* dos pobres de espírito! — Mas ocasionalmente os invejo, quando estou cansado: pois *administrar* uma tal riqueza é coisa pesada, e não raro esse peso asfixia toda felicidade. — Se bastasse apenas olhar para ela! Se fôssemos apenas o avarento do próprio saber!

477. *Redimido do ceticismo.* — A: "Outros emergem de um ceticismo moral universal maldispostos e fracos, abatidos, corroídos por vermes, quase consumidos — eu, porém, mais corajoso e saudável do que nunca, de instintos reconquistados. Onde sopra um vento agudo, o mar se encrespa e não é pouco o perigo a superar, ali me sinto bem. Verme não me tornei, embora muitas vezes tivesse de trabalhar e escavar como um verme". — B: "Você *parou* de ser cético! Pois você *nega*!" — A: "E com isso aprendi novamente a *dizer Sim*".

478. *Passemos adiante!* — Poupem-no! Deixem-no em sua solidão! Querem despedaçá-lo inteiramente? Ele rachou, como um vaso no qual subitamente verteu-se algo quente demais — e ele era um vaso tão precioso!

479. *Amor e veracidade.* — Nós somos, por amor, grandes infratores da verdade e inveterados ladrões e receptadores, deixando passar por verdade mais do que o que nos parece verdade — por isso o pensador deve, de quando em quando, afugentar as pessoas que ama (não serão exatamente aquelas que o amam), para que mostrem seu ferrão e sua maldade e parem de *seduzi-lo*. Assim, a bondade do pensador terá sua lua crescente e minguante.

480. *Inevitável.* — Vivenciem o que quiserem: quem não quer o seu bem verá em sua vivência uma ocasião para diminuí-los! Experimentem as mais profundas convulsões do ânimo e do conhecimento, e enfim alcancem, qual um convalescente com sorriso doloroso, a liberdade e o claro sossego: — haverá alguém que dirá: "Ele vê sua enfermidade como um argumento, sua impotência como prova da impotência de todos; é vaidoso o bastante para ficar doente, a fim de sentir a preeminência do sofredor". — E, supondo que alguém quebre suas próprias cadeias, ferindo-se profundamente: haverá um outro que apontará para ele com zombaria. "Como é desajeitado!", dirá. "Assim acontece a quem está habituado a suas cadeias e é tolo o suficiente para rompê-las!"

481. *Dois alemães.* — Compare-se Kant e Schopenhauer a Platão, Spinoza, Pascal, Rousseau, Goethe, tendo em vista sua alma e não seu espírito: então os dois primeiros pensadores se acham em desvantagem: seus pensamentos não constituem uma apaixonada história da alma, ali não há romance, crises, catástrofes e instantes supremos a descobrir, seu pensamento não é também a involuntária biografia de uma alma, e sim, no caso de Kant, de uma *mente*, no caso de Schopenhauer, a descrição e o reflexo de um *caráter* ("do inalterável") e a alegria com o próprio "espelho", isto é, com um excelente intelecto. Kant se apresenta, quando transparece em seus pensamentos, como bravo e honrado no melhor sentido, mas insignificante: falta-lhe envergadura e poder; não vivenciou muita coisa, e seu modo de trabalhar toma-lhe o *tempo* para vivenciar algo — não penso, naturalmente, em grandes "eventos" exteriores, mas nas vicissitudes e tremores que assaltam a vida mais quieta e solitária, que tem ócio e arde na paixão do pensar. Schopenhauer tem uma vantagem diante dele: possui ao menos uma certa *veemente feiura* da natureza, em ódio, cobiça, desconfiança, vaidade, é de constituição um tanto mais selvagem e tinha tempo e vagar para esta selvageria. Mas faltava-lhe o "desenvolvimento", assim como no seu âmbito de ideias; ele não tinha "história".

482. *Procurar sua companhia.* — Então procuramos demais, ao buscar a companhia de homens que se tornaram brandos, saborosos e nutritivos, como castanhas que foram postas e tiradas a tempo do fogo? Que pouco esperam da vida, tomando-a, isto sim, como um presente não merecido, que os pássaros e as abelhas lhes tivessem trazido? Que são orgulhosos demais para poder jamais sentir-se recompensados? E sérios demais em sua paixão do conhecimento e da retidão, para ter tempo e solicitude para a fama? — Chamaremos tais homens de filósofos; e eles próprios acharão ainda um nome mais modesto.

483. *Fastio com o ser humano.* — A: Conheça! Sim! Mas sempre como ser humano! Como? Sempre ante a mesma comédia, e atuando na mesma comédia? Nunca poder olhar as coisas a partir de outros olhos que não *esses*? E que incontáveis espécies de seres pode haver, cujos órgãos prestam-se melhor ao conhecimento! O que terá conhecido a humanidade no final de todo o seu conhecimento? — seus órgãos! O que talvez signifique: a impossibilidade do conhecimento! Miséria e nojo! — B: Eis um ataque sério — *a razão* o ataca! Mas amanhã você estará de novo no meio do conhecimento, e assim também no meio da não razão, isto é: do *prazer* no que é humano. Vamos para a beira do mar! —

484. *O caminho próprio.* — Se damos o passo decisivo e tomamos o caminho denominado "próprio", subitamente revela-se para nós um segredo: todos, também os que nos eram próximos e amigos, imaginavam-se até então superiores a nós e ficam ofendidos. Os melhores entre eles são indulgentes, e com paciência aguardam que encontremos de novo o "caminho certo" — que eles conhecem! Os outros zombam e fazem como se tivéssemos temporariamente enlouquecido, ou indicam maliciosamente um sedutor. Os mais maldosos declaram que somos loucos vaidosos e procuram denegrir nossos motivos, e o pior de todos nos considera seu pior inimigo, um inimigo sequioso de vingança por uma longa dependência — e tem receio de nós. — Que fazer então? Meu conselho é: inaugurar sua soberania, garantindo antecipadamente a todos os nossos conhecidos um ano de anistia por pecados de toda espécie.

485. *Perspectivas distantes.* — A: Mas por que essa solidão? — B: Não estou aborrecido com ninguém. Mas sozinho pareço ver os amigos de modo mais nítido e belo do que quando estou com eles; e quando amei e senti mais a música, vivia longe dela. Parece que necessito de perspectivas distantes para pensar bem das coisas.

486. *Ouro e fome.* — Aqui e ali aparece um homem que transforma em ouro tudo o que toca. Um belo dia ruim, ele descobre que assim morrerá de fome. Tudo ao seu redor é esplêndido, magnífico, ideal-inacessível, e ele anseia por coisas que, para ele, é *totalmente impossível* transformar em ouro — e como anseia! Como um faminto anseia por alimento! — Para onde estenderá a mão?

487. *Vergonha.* — Ali está o belo corcel, ele bate as patas no chão, ele funga, ele pede uma cavalgada e ama aquele que habitualmente o monta — mas oh, que vergonha! Este não pode subir à sela, está fatigado. — Eis a vergonha do pensador cansado diante de sua própria filosofia.

488. *Contra o esbanjamento do amor.* — Não enrubescemos, ao nos flagrarmos com uma forte aversão? Mas deveríamos também enrubescer ante as fortes inclinações, pela injustiça que também se acha nelas! Mais ainda: há pessoas que se sentem restringidas e de coração atado, quando alguém lhes testemunha afeição *apenas* subtraindo a outros um tanto da afeição. Quando ouvimos, no tom de sua voz, que *nós* somos escolhidos, preferidos! Ah, não sou grato por essa escolha, noto que tenho algo contra quem me quer assim distinguir: ele não deve me amar *à custa* dos outros! Quero me suportar por mim mesmo! E muitas vezes tenho o coração cheio, e motivo para a exuberância — a quem possui tais coisas não se deve dar nada do que *outros* têm necessidade, amarga necessidade!

489. *Amigos na aflição.* — Às vezes notamos que um de nossos amigos pertence mais a outro do que a nós, que sua delicadeza atormenta-se com tal decisão e seu egoísmo não se acha à altura dela: então devemos facilitar-lhe a coisa e *afastá-lo de nós* com uma ofensa. — Isso é igualmente necessário quando adotamos uma forma de pensar que lhe seria ruinosa: nosso amor a ele deve nos impelir, mediante uma injustiça que assumimos, a criar nele uma boa consciência ao renunciar a nós.

490. *Essas pequenas verdades!* — "Vocês conhecem isso tudo, mas nunca o viveram — não aceito seu testemunho. Essas 'pequenas verdades'! — elas lhes parecem pequenas porque não as pagaram com seu sangue!" — Mas elas são grandes, então, porque se pagou *demais* por elas? Sangue é sempre demais! — "Vocês acham? Como são avaros com o sangue!"

491. *Outro motivo para a solidão!* — A: Então quer retornar ao seu deserto? — B: Não sou veloz, tenho que esperar por mim mesmo — sempre fica tarde, até que surge a água da fonte de meu eu, e com frequência tenho de aguentar a sede por mais tempo do que a paciência me permite. Por isso vou para a solidão — a fim de não beber das cisternas de todos. Estando entre muitos, vivo como muitos e não penso como eu; após algum tempo, é como se me quisessem banir de mim mesmo e roubar-me a alma — e aborreço-me com todos e receio a todos. Então o deserto me é necessário, para ficar novamente bom.

492. *Entre os ventos meridionais.* — A: Não me compreendo mais! Ainda ontem estava tão tempestuoso em mim, mas tão quente, tão ensolarado — e claro ao extremo. E hoje! Tudo está quieto, amplo, triste, sombrio, como a laguna de Veneza: — eu nada quero e respiro profundamente, mas estou intimamente contrariado com esse nada-querer: — assim vão e vêm as ondas, no lago de minha melancolia. — B: Você está descrevendo uma agradável doença menor. O próximo vento do nordeste o livrará dela! — A: Mas por quê?

493. *Em sua própria árvore.* — A: "Com os pensamentos de nenhum pensador tenho tanto prazer quanto com os meus próprios: é verdade que isso nada diz sobre o seu valor, mas eu teria de ser um louco para rejeitar os frutos que me são mais saborosos por eles casualmente crescerem na *minha* árvore! — E já fui esse louco." — B: "Para outros é o contrário: e também isso nada diz sobre o valor de seus pensamentos, e nada contra o seu valor, sobretudo".

494. *Último argumento do bravo.* — "Há cobras nesses arbustos." — Muito bem, vou entrar neles e matá-las. — "Mas talvez você se torne a vítima, e não elas a sua!" — Que importa eu!

495. *Nossos mestres.* — Quando jovens, tomamos nossos mestres e orientadores do tempo em que vivemos e dos círculos que deparamos: temos a irrefletida confiança de que o presente terá mestres que valem mais para nós do que para qualquer outro, e de que os acharemos sem muito procurar. Por essa infantilidade temos de pagar caro depois: *temos de expiar nossos mestres em nós.* Então iremos buscar os orientadores certos pelo mundo inteiro, inclusive o mundo do passado — mas talvez seja tarde demais. E, no pior dos casos, descobrimos que eles viveram na época de nossa juventude — e que então nos equivocamos.

496. *O princípio mau.* — Platão descreveu magnificamente[72] como o pensador filosófico deve ser considerado, em toda sociedade existente, o modelo da perversidade: pois, como crítico de todos os costumes, ele é o oposto do homem moral, e, quando não chega a tornar-se o legislador de novos costumes, fica na memória dos homens como o "princípio mau". Podemos imaginar, com isso, que papel teve na fama de Platão a cidade de Atenas, liberal e sedenta de novidades: surpreende que ele — que tinha no corpo o "impulso político", como ele próprio diz — fizesse três tentativas na Sicília, onde parecia então organizar-se um estado mediterrâneo pan-helênico? Nele, e com sua ajuda, Platão pensava em fazer para todos os gregos o que Maomé fez depois para os árabes: estabelecer os grandes e pequenos usos e, em especial, o modo de vida cotidiano de cada um. Suas ideias eram *possíveis*, tão certamente como as de Maomé foram possíveis: afinal, ideias bem mais inacreditáveis, as do cristianismo, demonstraram ser possíveis! Alguns acasos menos e alguns outros acasos mais — e o mundo teria vivido a platonização do Sul da Europa; e, supondo que esse estado prosseguisse até hoje, presumivelmente estaríamos venerando em

Platão o "princípio bom". Mas o êxito lhe escapou: e assim ficou-lhe a reputação de fantasista e utopista — os epítetos mais fortes desapareceram junto com a antiga Atenas.

497. *O olhar purificador.* — Deveríamos falar de "gênio", preferivelmente, em relação aos homens em que o espírito, como em Platão, Spinoza e Goethe, aparece apenas *frouxamente ligado* ao caráter e ao temperamento, como um ser alado que pode facilmente separar-se deles e elevar-se bastante acima deles. Mas os que falaram de seu "gênio" com mais vivacidade foram justamente os que *nunca se desligaram* de seu temperamento e souberam dar-lhe a expressão maior, mais espiritual, mais geral, até mesmo cósmica, eventualmente (como Schopenhauer, por exemplo). Esses gênios não podiam voar além de si, mas acreditavam deparar consigo, reencontrar-se, aonde quer que voassem — esta é a *sua* "grandeza", e *pode* ser grandeza! — Os outros, aos quais o nome se aplica mais apropriadamente, têm o *olhar puro, purificador*, que não parece vir de seu caráter e temperamento, mas, livre deles, e geralmente em suave contradição com eles, olha para o mundo como para um deus e ama esse deus. No entanto, esse olhar também não lhes foi dado de uma só vez: há uma prática e uma pré-escola do enxergar, e quem tem sorte também acha, no tempo oportuno, um professor do puro enxergar.

498. *Não exigir!* — Vocês não o conhecem! Sim, ele *submete-se* fácil e livremente às pessoas e às coisas, e é amável para com ambas; tudo o que pede é ser deixado em paz — mas somente *enquanto* pessoas e coisas não *exigem* submissão. Toda exigência o torna orgulhoso, assustado e belicoso.

499. *O mau.* — "Apenas o solitário é mau", exclamou Diderot: e logo Rousseau sentiu-se mortalmente ofendido. Por conseguinte, admitiu para si mesmo que Diderot estava certo. De fato, no meio da sociedade e das relações toda inclinação má tem de restringir-se tanto, pôr tantas máscaras, deitar-se tão frequentemente no leito de Procusto[73] da virtude, que bem se poderia falar de um martírio do homem mau. Na solidão, tudo isso desaparece. Quem é mau, geralmente o é mais na solidão: e também melhor — por conseguinte, também do modo mais belo, para os olhos de quem vê em tudo somente um espetáculo.

500. *A contrapelo.* — Durante anos um pensador pode obrigar-se a pensar a contrapelo: quero dizer, a não seguir os pensamentos que se lhe oferecem a partir de dentro, mas aqueles a que parecem obrigá-lo um ofício, um horário prescrito, uma espécie arbitrária de diligência. Mas enfim ele adoece: pois essa aparente superação moral estraga sua força nervosa tão radicalmente quanto uma licenciosidade transformada em regra.

501. *Almas mortais!* — No que diz respeito ao conhecimento, a conquista mais útil talvez seja esta: a de que foi abandonada a crença numa alma imortal. Agora a humanidade pode esperar, agora ela já não tem necessidade de precipitar-se e engolir ideias somente meio provadas, como tinha de fazer antes. Pois naquele tempo a salvação da pobre "alma eterna" dependia de seus conhecimentos durante a vida breve, ela precisava *decidir-se* de hoje para amanhã — o "conhecimento" tinha uma assombrosa importância! Nós readquirimos a boa coragem de errar, tentar, aceitar provisoriamente — nada é assim tão importante! —, e justamente por isso indivíduos e gerações podem hoje vislumbrar tarefas que teriam parecido, em épocas anteriores, insânia e brincadeira com o céu e o inferno. Podemos experimentar conosco mesmos! Sim, a humanidade pode fazer isso! Os maiores sacrifícios ao conhecimento ainda não foram feitos — sim, antes teria sido blasfêmia e perda da salvação eterna apenas *pressentir* ideias como as que agora antecedem o nosso agir.

502. *Uma palavra para três estados diferentes.* — Nesse indivíduo irrompe, na paixão, o animal selvagem, intolerável, medonho; aquele outro se alça, através dela, a uma grandeza, altura e esplendor de gestos que fazem sua existência normal parecer mesquinha. Um terceiro, todo permeado de nobreza, tem também o mais nobre ímpeto e tormenta; é, nesse estado, a *natureza bela-selvagem*, apenas um grau *mais fundo* que a grande natureza bela-tranquila que habitualmente representa: mas na paixão é mais compreendido pelas pessoas, e mais venerado precisamente por causa desses momentos — acha-se um pouco mais próximo e mais aparentado a elas. Elas sentem fascínio e horror ante esse aspecto, e o denominam, *precisamente então* — divino.

503. *Amizade.* — Aquela objeção à vida filosófica, de que com ela tornamo-nos *inúteis* para os amigos, jamais ocorreria a um homem moderno: ela é antiga. A Antiguidade viveu e pensou a amizade até o fundo e com energia, e quase a levou consigo para o túmulo. Esta é sua vantagem sobre nós: a isso temos a contrapor o amor sexual idealizado. Todas as grandes realizações dos antigos apoiavam-se no fato de que *o homem ficava ao lado do homem*, e de que uma mulher não podia reivindicar ser o mais próximo, o mais elevado, o único alvo de seu amor — como a paixão nos ensina a sentir. Talvez nossas árvores não cresçam tão alto devido à hera e às videiras que a elas se agarram.

504. *Conciliar!* — Seria tarefa da filosofia conciliar o que a *criança* aprendeu e o que o *homem* conheceu? Seria a filosofia tarefa precisamente dos jovens, porque se acham a meio caminho entre o homem e a criança e têm a necessidade intermediária? É o que parece, talvez, se consideramos em que idade da vida os filósofos costumam agora formar sua concepção: quando é tarde demais para a fé e ainda muito cedo para o saber.

505. *Os práticos.* — Somos nós, pensadores, que temos de primeiramente constatar e, se necessário, decretar o *gosto agradável* de todas as coisas. As pessoas práticas terminam por adotá-lo de nós, a sua dependência em relação a nós é inacreditavelmente grande, o mais ridículo espetáculo do mundo, por mais que o desconheçam e orgulhosamente nos ignorem, a nós, os não práticos: eles até menosprezariam sua vida prática, se quiséssemos menosprezá-la: — algo a que poderia nos incitar, de vez em quando, um pequeno desejo de vingança.

506. *O necessário ressecamento de tudo o que é bom.* — Como? É preciso entender uma obra exatamente como a época que a produziu? Mas temos mais alegria, mais surpresa e também mais a aprender com ela, se justamente não a compreendemos assim! Não notaram que toda nova boa obra, enquanto se acha no ar úmido de sua época, possui o seu valor mínimo — justamente porque ainda carrega muito do odor do mercado, dos adversários, das opiniões recentes e de tudo o que passa entre hoje e amanhã? Depois ela resseca, sua "temporaneidade" se extingue — e só então adquire ela seu brilho e aroma profundo, e até mesmo, se é o que busca, seu tranquilo olhar de eternidade.

507. *Contra a tirania do verdadeiro.* — Ainda que fôssemos tolos a ponto de considerar verdadeiras todas as nossas opiniões, não iríamos desejar que existissem apenas elas —: não consigo ver por que seria desejável a supremacia e onipotência da verdade; para mim basta que ela tenha um *grande poder.* Mas ela tem de saber *lutar* e ter adversários, e é preciso poder, de vez em quando, *descansar* dela na inverdade — de outro modo ela se tornará enfadonha, despida de força e de gosto para nós, e nos tornará assim também.

508. *Sem* pathos. — Aquilo que fazemos em nosso *proveito* não deve nos trazer elogio moral, nem dos outros, nem de nós mesmos; tampouco o que fazemos para nos *alegrar* conosco. Nesses casos, rejeitar a atitude patética e privar-se de todo *pathos* constitui o *bom-tom* para todos os homens elevados: e quem se habituou a ele recebe de volta a *ingenuidade.*

509. *O terceiro olho.* — Quê? Você ainda necessita do teatro? É ainda tão jovem? Seja inteligente, busque a tragédia e a comédia ali onde são representadas melhor! Onde tudo é mais interessante e interessado. Sim, não é tão fácil permanecer apenas espectador então — mas aprenda isso! E em quase todas as situações que lhe forem difíceis e dolorosas você terá uma pequena porta para a alegria e um refúgio, mesmo se as suas próprias paixões o acometerem. Abra o seu olho de teatro, o terceiro grande olho que olha para o mundo pelos outros dois!

510. *Escapar de suas virtudes.* — Que importa um pensador, se ocasionalmente não sabe escapar de suas próprias virtudes? Pois ele não deve ser "apenas um ser moral"!

511. *A tentadora.* — A probidade é a grande tentadora de todos os fanáticos. O que parecia aproximar-se de Lutero na forma do Diabo ou de uma bela mulher, e que ele rechaçou daquela maneira rude, era certamente a probidade, e talvez, em casos mais raros, até mesmo a verdade.

512. *Corajoso em relação às coisas.* — Quem é, por natureza, cheio de consideração e medo em relação às pessoas, mas tem coragem em relação às coisas, teme as amizades novas e próximas e restringe as antigas: para que cresçam juntas sua anonimidade e sua inexorabilidade com a verdade.[74]

513. *Limites e beleza.* — Você procura pessoas com uma *bela* cultura? Mas então deve também, ao procurar belas regiões, satisfazer-se com vistas e perspectivas *limitadas*. — É certo que há também pessoas panorâmicas, é certo que, como as regiões panorâmicas, são instrutivas e surpreendentes: mas não são bonitas.

514. *Aos mais fortes.* — A vocês, espíritos mais fortes e orgulhosos, pede-se apenas uma coisa: não lancem um novo fardo sobre nós, mas tomem algo de nosso fardo para si, já que são os mais fortes! Vocês gostam de fazer o contrário, no entanto: pois *vocês* querem voar, e por isso devemos *nós* carregar o seu fardo, além do nosso: ou seja, devemos rastejar!

515. *Aumento da beleza.* — Por que a beleza aumenta com a civilização? Porque são raras, cada vez mais raras, entre os homens civilizados, as três ocasiões para a feiura: primeiro, os afetos em suas irrupções mais selvagens; segundo, os esforços físicos num grau extremo; terceiro, a necessidade de inspirar temor pelo aspecto, que é tamanha e tão frequente, em estágios de cultura baixos e ameaçados, que chega a fixar gestos e cerimônias e transforma a feiura em *obrigação.*

516. *Não deixar seu demônio entrar no próximo!* — Estejamos de acordo, neste nosso tempo, em que benevolência e beneficência constituem o homem bom; vamos somente acrescentar: "pressupondo que ele antes seja benevolente e beneficente *consigo mesmo*!". Pois *sem isso* — se ele foge de si, odeia a si, prejudica a si mesmo — ele certamente não é um bom homem. Então ele apenas salva-se de si mesmo *nos outros*: que esses outros cuidem para que não fiquem mal, por mais bem que ele aparentemente lhes queira! — Mas precisamente isto: fugir do *ego*[75] e odiá-lo, e viver no outro, para o outro — foi até agora considerado, de forma irrefletida e muito confiante, "*altruísta*" *e, portanto*, "*bom*"!

517. *Seduzir para o amor.* — Devemos temer quem odeia a si próprio, pois seremos vítimas de sua cólera e de sua vingança. Cuidemos, então, de seduzi-lo para o amor a si mesmo!

518. *Resignação.* — O que é a resignação? É a mais cômoda posição de um doente que por muito tempo agitou-se, em meio a suplícios, para *encontrá-la*, que desse modo *fatigou-se* — e então a encontrou!

519. *Ser enganado.* — Quando quiserem agir, têm que fechar a porta à dúvida — disse um que agia. — E você não teme tornar-se, assim, o *enganado*? — respondeu um que contemplava.

520. *A eterna cerimônia fúnebre.* — Alguém poderia acreditar que escuta, ao longo de toda a história, uma contínua oração fúnebre: as pessoas enterravam e enterram sempre o que lhes é mais caro, seus pensamentos e esperanças, e em troca recebiam e recebem orgulho, *gloria mundi*, isto é, a pompa da oração fúnebre. Com isso tudo deve estar reparado! E o orador fúnebre continua a ser o maior benfeitor público!

521. *Vaidade de exceção.* — Aquele tem, para seu consolo, uma alta qualidade: seu olhar resvala com desprezo pelo resto de seu ser — e este é quase todo resto! Mas ele recupera-se de si mesmo, quando vai como que para seu santuário; já o caminho até lá lhe parece uma subida por amplos e suaves degraus: — e vocês, cruéis, o chamam de vaidoso por isso!

522. *A sabedoria sem ouvidos.* — Escutar diariamente o que se fala de nós, ou mesmo cogitar sobre o que se pensa de nós — isso aniquila o homem mais forte. Por isso nos deixam os outros viver, para diariamente estar certos em relação a nós! Não nos tolerariam, se tivéssemos ou *quiséssemos ter* razão em relação a eles! Em suma, façamos um sacrifício em prol da conciliação geral, não escutemos quando de nós se fala, quando somos alvo de elogios, censuras, votos, esperanças, nem sequer pensemos nisto!

523. *Questões ocultas.*— Em tudo o que uma pessoa deixa ver, pode-se perguntar: o que isso esconderá? De que deve distrair o olhar? Que preconceito deve suscitar? E também: até onde vai a finura dessa dissimulação? E onde ele se equivoca nisso?

524. *Ciúme dos solitários.* — Entre as naturezas sociáveis e as solitárias há esta diferença (pressupondo que as duas tenham espírito!): as primeiras ficam satisfeitas ou quase satisfeitas com algo, não importa o que seja, a partir do momento em que acham, no seu espírito, uma expressão feliz para comunicá-la — isso as reconcilia com o próprio Demônio! Já os solitários têm seu quieto enlevo, seu quieto martírio com uma coisa, odeiam a reluzente e espirituosa exposição de seus mais íntimos problemas, tal como odeiam na sua amada um traje muito rebuscado: olham-na melancolicamente, como se lhes viesse a desconfiança de que ela deseja agradar a outros! Este é o ciúme que todos os pensadores solitários e sonhadores apaixonados têm em relação ao *esprit* [espírito].

525. *Efeito do louvor.* — Uns ficam envergonhados por um grande louvor; outros, insolentes.

526. *Não querer ser símbolo.* — Eu deploro os príncipes: não lhes é permitido anular-se temporariamente na sociedade, e, portanto, conhecem os homens apenas de uma posição incômoda e dissimulada; a contínua coerção a significar muito acaba por transformá-los em solenes insignificâncias. — E assim ocorre a todos para quem ser símbolo é um dever.

527. *Os escondidos.* — Vocês ainda não encontraram desses homens que retêm e oprimem também o entusiasmo de seu coração, e que prefeririam ficar mudos a perder o pudor da medida? — E também não encontraram ainda aqueles desconfortáveis e frequentemente de boa índole, que não querem ser reconhecidos e sempre apagam suas pegadas na areia, que se tornam até enganadores, dos outros e de si mesmos, a fim de permanecer ocultos?

528. *Rara abstinência.* — Muitas vezes não é indício pequeno de humanidade não querer julgar um outro e recusar-se a pensar sobre ele.

529. *De que modo homens e povos adquirem brilho.* — Quantas ações genuinamente *individuais* são *omitidas* porque, antes de fazê-las, percebemos ou suspeitamos que serão mal compreendidas! — justamente as ações que *têm valor*, no bem como no mal. Quanto mais uma época, um povo aprecia os indivíduos, e quanto mais lhes reconhece o direito e a preponderância, tanto maior será o número de ações desse tipo que ousarão vir à luz

— e assim, afinal, um brilho de honestidade, de autenticidade no bem e no mal difunde-se em épocas e povos inteiros, de modo que, como os gregos, por exemplo, durante milhares de anos após o seu declínio eles continuam brilhando, como fazem muitas estrelas.

530. *Digressões do pensador.* — Em alguns, a marcha do conjunto de seu pensamento é rigorosa e inexoravelmente ousada, às vezes cruel consigo mesma, mas no detalhe são brandos e flexíveis; giram dez vezes em torno de algo, com benévola hesitação, mas acabam por seguir seu rigoroso caminho. São rios de muitos meandros e afastados eremitérios; há locais, em seu curso, em que a corrente brinca de esconder consigo mesma e faz para si um breve idílio, com ilhas, árvores, grutas e cascatas: e depois prossegue, passando por rochedos e forçando caminho pela mais dura pedra.

531. *Sentindo a arte de outra forma.* — A partir do momento em que se vive de modo eremita-sociável, devorando e devorado,[76] com pensamentos fecundos e profundos, e somente com eles, nada mais se quer da arte ou quer-se algo bem diferente de antes — ou seja, muda-se o próprio gosto. Pois antes queria-se, pelo portão da arte, penetrar um instante no elemento em que agora se vive continuamente; naquele tempo sonhava-se com o fascínio da posse, e agora tem-se a posse. Sim, jogar fora temporariamente o que se tem, e sonhar-se pobre, como criança, mendigo e louco — isso agora pode eventualmente nos fascinar.

532. *"O amor torna igual".* — O amor quer poupar ao outro, ao qual se consagra, todo sentimento de *ser outro*, e, portanto, é todo dissimulação e aproximação, está sempre enganando e fingindo uma igualdade que não existe na verdade. E isso ocorre de forma tão instintiva, que mulheres enamoradas negam tal dissimulação e afirmam, ousadamente, que o amor *torna igual* (ou seja, faz um milagre!). — Esse processo é simples quando uma das duas pessoas *deixa-se amar* e não acha necessário dissimular, deixando isso para a outra, que ama: mas não há peça teatral mais confusa e impenetrável do que quando as duas se acham em plena paixão uma pela outra e, portanto, cada qual se abandona e quer equiparar-se à outra e fazer apenas como ela: e nenhuma sabe mais, enfim, o que deve imitar, o que dissimular, o que passar por. A bela loucura desse espetáculo é boa demais para esse mundo e sutil demais para olhos humanos.

533. *Nós, iniciantes!* — O que não vê e percebe um ator, ao ver um outro representar! Ele sabe quando um músculo empregado em um gesto falha, ele distingue as pequenas coisas artificiais que foram treinadas isoladamente e a sangue-frio diante do espelho e não querem integrar-se no todo, ele sente quando o ator é surpreendido por sua própria criação no palco e quando a *estraga* em sua surpresa. — Como um pintor enxerga de outra maneira uma pessoa que se move à sua frente! De imediato vê muitas coisas *em acréscimo*, a fim de completar e levar a pleno efeito o que está presente; experimenta, no espírito, várias iluminações do mesmo objeto, e divide o conjunto do efeito por um contraste que acrescentou. — Se apenas tivéssemos o olhar desse ator e desse pintor no reino da alma humana!

534. *As pequenas doses.* — Se uma transformação deve ser a mais profunda possível, que o remédio seja dado em doses mínimas, mas ininterruptamente, por longos períodos! Que coisa grande pode ser criada de uma vez? Cuidemos, então, de não trocar apressadamente e com violência o estado da moral a que estamos habituados por uma nova valoração das coisas — não, queremos continuar vivendo nele ainda por muito tempo — até nos darmos conta, provavelmente bem depois, de que a *nova valoração* tornou-se em nós a força predominante e que as suas pequenas doses, *a que temos de nos acostumar de agora em diante*, plantaram em nós uma nova natureza. — Também se começa a perceber que a última tentativa de uma grande mudança das valorações, aliás no âmbito da política — a "grande Revolução" — não foi mais que uma patética e sangrenta *charlatanice*, que, através de súbitas crises, soube infundir na crédula Europa a esperança de cura *súbita* — e, com isso, fez todos os doentes políticos *impacientes e perigosos* até o dia de hoje.

535. *A verdade necessita do poder.* — Em si, a verdade não é absolutamente um poder — por mais que digam o contrário os lisonjeadores iluministas! — Ela tem de atrair o poder para seu lado ou pôr-se ao lado do poder, senão sempre sucumbirá! Isso já foi demonstrado bastante e mais que bastante!

536. *O torniquete.* — Causa indignação, enfim, sempre ver a crueldade com que cada um faz outros pagarem suas poucas virtudes pessoais, que eles casualmente não possuem, ver como assim os atanaza e atormenta. De forma que sejamos humanos também com o "senso de honestidade", na certeza de que nele possuímos um torniquete para machucar e fazer sangrar todos esses grandiosos egoístas[77] que ainda hoje querem impor sua fé ao mundo inteiro: — nós o experimentamos em nós mesmos!

537. *Mestria.* — A mestria é alcançada quando, na realização, não se erra *nem se hesita.*

538. *Insânia moral do gênio.* — Em determinada espécie de grandes espíritos podemos observar um espetáculo doloroso, às vezes terrível: seus instantes mais fecundos, seus voos para o alto e para longe, parecem não ser adequados à sua constituição como um todo e exceder de algum modo a sua força, de maneira que toda vez se nota uma falha e, a longo prazo, a *falibilidade da máquina*, que, porém, em naturezas altamente espirituais como as de que falamos, manifesta-se em todo gênero de sintomas morais e intelectuais, bem mais regularmente do que em aflições físicas. Assim, o quê de inexplicavelmente angustiado, vaidoso, odiento, invejoso, constrangido e constrangedor, que subitamente delas irrompe, tudo o que há de excessivamente pessoal e de cativo em naturezas como as de Rousseau e Schopenhauer, bem poderia ser consequência de um periódico mal do coração: mas este, consequência de um mal nervoso, e este, enfim, consequência — —. Enquanto o gênio habita em nós, somos arrojados, como que loucos até, e não atentamos para vida, saúde e honra; cruzamos o dia mais livres que uma águia, e temos mais segurança na escuridão que uma coruja. Mas repentinamente ele nos deixa, e da mesma forma súbita somos acometidos de profundo temor: já não compreendemos a nós mesmos, sofremos de tudo o que vivemos e do que não vivemos, achamo-nos como que entre rochas nuas antes de uma tormenta, e, ao mesmo tempo, como pobres almas infantis que temem um ruído e uma sombra. — Três quartos de todo o mal que se faz no mundo ocorre por temor: e este é, antes de tudo, um processo fisiológico! —

539. *Vocês sabem o que querem?* — Nunca os torturou o medo de ser completamente inaptos para reconhecer o que é verdadeiro? O medo de seu tino ser muito obtuso, de mesmo a sensibilidade da visão ainda ser muito grosseira? Se notarem *que tipo* de vontade governa por trás de sua visão? Por exemplo, como ontem queriam ver *mais* que um outro, hoje querem ver *diferente* do outro, ou como já no princípio anseiam achar uma confirmação, ou o oposto daquilo que até o momento acreditou-se achar! Oh, vergonhosos desejos! Como vocês frequentemente buscam o que o produz efeito forte e o que tranquiliza — porque estão cansados! Sempre com ocultas predeterminações de *como* deveria ser a verdade, para que *vocês* pudessem aceitá-la! Ou acreditam que hoje, quando estão gelados e secos como uma clara manhã de inverno e nada lhes ocupa o coração, teriam uma visão melhor? Não se requer calor e entusiasmo para fazer *justiça* a uma coisa do pensamento?[78] — *e justamente isso é ver*! Como se vocês *pudessem* tratar as coisas do pensamento de forma diferente da como lidam com pessoas! Nesse trato há a mesma moralidade, a mesma probidade, as mesmas segundas intenções, a mesma frouxidão, o mesmo temor — o seu amável e odioso Eu! Seus cansaços físicos darão cores cansadas às coisas, suas febres os tornarão monstros! Sua manhã não ilumina as coisas de forma diferente de sua tarde? Não temem reencontrar, na caverna de todo conhecimento, o seu próprio fantasma, como uma trama de que a verdade se mascarou perante vocês? Não é uma horrível comédia, esta na qual querem irrefletidamente representar um papel? —

540. *Aprendizado.* — Michelangelo viu em Rafael o estudo, e em si, a natureza: ali o *aprendizado*, aqui o *talento*. No entanto, isso é pedantismo, com todo o respeito ao grande pedante. Pois o que é talento, senão um nome para uma *mais antiga* aprendizagem, experiência, apropriação, assimilação, seja no estágio de nossos pais ou ainda antes! E, por outro lado: quem aprende, *dá talento a si mesmo*, — ocorre que não é tão fácil *aprender*, e não apenas questão de boa vontade; é preciso ser *capaz* de aprender. Num artista, frequentemente se opõe a isso a inveja, ou aquela soberba que logo eriça os espinhos, ao perceber algo desconhecido, e põe-se involuntariamente num estado de defesa, em vez do de aprendizado. As duas estão ausentes em Rafael, assim como em Goethe, e por isso eles foram *grandes aprendizes* e não apenas exploradores dos filões que se haviam formado dos estratos e da história de seus ancestrais. Rafael desaparece ante nós como aprendiz, em meio à apropriação daquilo que seu grande competidor chamou de *sua* "natureza": diariamente ele levava um pouco dela, esse nobilíssimo ladrão; mas, antes de haver transferido todo o Michelangelo para dentro de si ele morreu — e sua última série de obras, sendo o *começo* de um novo plano de estudos, é menos perfeita e menos boa de forma cabal, pois o grande aprendiz foi interrompido pela morte em sua mais difícil tarefa, levando consigo o derradeiro objetivo justificador que tinha em vista.

541. *Como devemos nos petrificar.* — Tornar-se duro lentamente, lentamente como uma pedra preciosa — e, por fim, jazer silencioso, para alegria da eternidade.

542. *O filósofo e a velhice.* — Não é bom deixar a noite julgar o dia: pois com frequência o cansaço torna-se juiz da força, do êxito e da boa vontade. Assim também é aconselhável extrema cautela em relação à *idade* e seu julgamento da vida, uma vez que a velhice, como a noite, ama disfarçar-se de uma nova e atraente moralidade e sabe humilhar o dia com os vermelhos do crepúsculo e o silêncio apaziguador ou nostálgico. A piedade que dispensamos ao idoso, sobretudo quando é um velho sábio e pensador, facilmente nos torna cegos ao *envelhecimento de seu espírito*, e é sempre necessário fazer sair do esconderijo os *sinais* de tal envelhecimento e cansaço, isto é: expor o fenômeno *fisiológico* por trás da predisposição e preconceito moral, para não nos tornarmos os bobos da piedade e prejudicadores do conhecimento. Pois não raro o homem idoso é tomado pela ilusão de uma formidável renovação e renascimento moral e, a partir dessa sensibilidade, emite julgamentos sobre a obra e o curso de sua vida, como se apenas então chegasse à clarividência: e, no entanto, o que inspira esse bem-estar e esses juízos confiantes não é a sabedoria, mas a *fadiga*. Sua característica mais perigosa pode ser considerada a *crença no próprio gênio*, que apenas nessa idade costuma apoderar-se dos grandes e quase grandes homens de espírito: a crença numa posição excepcional e em direitos excepcionais. O pensador por ela acometido acha lícito *tornar as coisas mais fáceis para si mesmo* e, enquanto gênio, decretar, mais que demonstrar: mas provavelmente é o impulso por *alívio*, experimentado pela fadiga do espírito, a mais poderosa fonte dessa fé, ele a precede no tempo, embora pareça o contrário. E depois, nesse tempo o indivíduo quer *fruir* os resultados de seu pensar, conforme o anseio de fruição de todos os fatigados e idosos, em vez de novamente testá-los e semeá-los, e portanto precisa torná-los palatáveis e saborosos para si, eliminando sua secura, frieza e insipidez; então ocorre que o velho pensador aparentemente se ergue acima da obra de sua vida, mas, na verdade, apenas a estraga com entusiasmos, temperos, doçuras, névoas poéticas e luzes místicas. Foi o que sucedeu enfim a Platão, foi o que sucedeu enfim a esse grande, íntegro francês, Auguste Comte, ao lado do qual alemães e ingleses não têm quem colocar, tanto ele soube enlaçar e domar as ciências estritas. Um terceiro sinal de fadiga: a ambição que agitava o peito do grande pensador quando ele era jovem, e que então não se satisfazia com nada, agora também envelheceu; como quem não tem mais tempo a perder, ele recorre a meios mais grosseiros e imediatos de satisfação, ou seja, àqueles das naturezas ativas, dominantes, violentas, conquistadoras: doravante ele quer fundar instituições que tenham seu nome, não mais edifícios de ideias; que lhe importam ainda as vitórias e honras etéreas no domínio das provas e refutações! Que significa para ele a eternização em livros, o trêmulo júbilo na alma de um leitor! A instituição, por outro lado, é um templo — isso ele bem sabe, e um duradouro templo de pedra mantém vivo o seu deus, com mais segurança do que as oferendas de almas delicadas e raras. Talvez ele também ache pela primeira vez, nessa época, aquele amor destinado antes a um deus que a um homem, e todo o seu ser fica mais brando e mais doce aos raios de tal sol, como um fruto no outono. Sim, ele se torna mais divino e mais belo, o grande idoso — e, no entanto, é a velhice e a fadiga que lhe *permitem* assim amadurecer, silenciar e repousar na luminosa idolatria de uma mulher. Agora acabou o antigo, obstinado anseio, superior a seu próprio Eu, por discípulos autênticos, por genuínos continuadores de seu pensamento, isto é, genuínos opositores: aquele anseio vinha da inquebrantada força, do consciente orgulho de, a cada instante, poder tornar-se ele mesmo o opositor e inimigo mortal de sua própria doutrina — agora ele quer partidários resolutos, camaradas irrefletidos, tropas auxiliares, arautos, um pomposo cortejo. Agora ele não mais suporta o horrível isolamento em que vive todo espírito que voa antes e à frente dos demais, ele rodeia-se de objetos de veneração, de comunhão, de enternecimento e amor, ele quer ter, enfim, as mesmas amenidades de todos os religiosos, e celebrar na *comunidade* o que muito aprecia; sim, ele inventará uma religião apenas para ter uma comunidade. Assim vive o sábio velho, e cai inadvertidamente em tão lamentável vizinhança de excessos clericais e poéticos, que mal podemos recordar sua sábia e severa juventude, sua então estrita moralidade intelectual, seu temor realmente viril a inspirações e entusiasmos. Se antes comparava-se a outros pensadores, mais velhos, isso ocorria para seriamente medir sua fraqueza pela força deles e tornar-se mais frio e mais livre consigo mesmo: agora o faz apenas para inebriar-se em sua própria ilusão. Antes pensava ele confiantemente nos pensadores por vir, sim, com volúpia se enxergava desaparecendo na luz mais plena desses pensadores: agora atormenta-o não poder ser o último, cogita meios de, juntamente com a herança que deixará aos homens, também impor-lhes uma restrição do pensamento soberano, ele receia e calunia o orgulho e a ânsia de liberdade dos espíritos individuais —: depois dele, ninguém mais deve dar livre curso a seu intelecto, ele próprio quer permanecer para sempre, como o baluarte no qual vem rebentar toda a ressaca do pensamento — estes são seus desejos ocultos, talvez nem sempre ocultos! O duro fato por trás desses desejos, no entanto, é que ele próprio *parou* em sua doutrina e nela ergueu seu marco fronteiriço, seu "Até aqui e não mais". Ao *canonizar* a si mesmo, lavrou seu certificado de óbito: doravante seu espírito não *pode* desenvolver-se mais, o tempo acabou para ele, o ponteiro se detém. Quando um grande pensador quer fazer de si uma instituição obrigatória para a humanidade futura, podemos dar por certo que ele ultrapassou o auge de sua força e está muito cansado, muito próximo de seu pôr do sol.

543. *Não fazer da paixão um argumento em prol da verdade!* — Ó vocês, bons e mesmo nobres entusiastas, eu os conheço! Vocês querem ter razão diante de nós, mas também perante vocês, sobretudo perante vocês mesmos! — e uma suscetível e refinada má consciência os aguilhoa e os impele frequentemente *contra* seu entusiasmo! Como tornam-se então engenhosos em malograr e amortecer esta consciência! Como odeiam os honestos, simples, puros, como evitam os seus olhos inocentes! Aquele saber *melhor*, cujos representantes são *eles* e cuja voz ouvem alto demais dentro de si mesmos, quando ela duvida de sua crença — como procuram torná-lo suspeito, como mau hábito, como enfermidade do tempo, como negligência e infecção de sua própria saúde espiritual! Chegam ao ponto de odiar a crítica, a ciência, a razão! Têm de falsificar a história, para que ela testemunhe a seu favor, têm de negar virtudes, para que elas não façam sombra aos seus ídolos e ideais! Imagens coloridas, onde são necessários motivos racionais! Ardor e poder das expressões! Névoa de prata! Noites de ambrosia! Vocês sabem iluminar e obscurecer, e obscurecer *com luz*! E realmente, quando sua paixão entra em fúria, chega um instante em que dizem a si mesmos: agora eu *conquistei* a boa consciência, agora sou magnânimo, corajoso, abnegado, grandioso, agora sou honesto! Como anseiam por esses instantes, em que sua paixão lhes dá inteira, incondicional razão e como que inocência perante si mesmos, em que estão fora de si e além de toda dúvida no combate, na embriaguez, ira, raiva, esperança, em que decretam "quem não está fora de si, como nós, não pode saber o que é e onde está a verdade!". Como anseiam por encontrar homens de sua fé nesse estado — o da *viciosidade do intelecto* — e acender suas chamas no fogo deles! Ai de seu martírio! De seu triunfo da santificada mentira! Vocês têm de infligir *tanto* sofrimento a si mesmos? — *Têm?* —

544. *Como agora se faz filosofia.* — Eu bem observo: nossos jovens, mulheres e artistas que filosofam pedem agora justamente *o oposto* do que os gregos recebiam da filosofia! Quem não ouve o constante júbilo que permeia todo discurso e toda réplica em um diálogo platônico, o júbilo pela nova invenção do pensamento *racional*, que entende essa pessoa de Platão, da filosofia antiga? Naquele tempo as almas se inebriavam, quando se praticava o sóbrio e severo jogo dos conceitos, da generalização, refutação, restrição[79] — com aquela embriaguez que também os velhos, grandes, severos e sóbrios contrapontistas da música talvez tenham conhecido. Naquele tempo, na Grécia, ainda se tinha na boca o outro gosto mais antigo, outrora todo-poderoso; e o novo distinguia-se dele tão encantadoramente que a dialética, a "arte divina", era cantada e balbuciada como num delírio de amor. Mas aquele pensamento antigo estava sob o domínio da moralidade, para a qual havia causas estabelecidas, juízos estabelecidos, e nenhum outro fundamento senão os dados pela autoridade: de modo que pensar era *repetir*, e todo o prazer da fala e da conversa tinha de estar na *forma*. (Sempre que o conteúdo é visto como eterno e universalmente válido, há apenas um grande encanto: o da forma cambiante, ou seja, da moda. Os gregos fruíam também nos poetas, desde os tempos de Homero, e depois nos escultores, não a originalidade, mas o seu contrário.) Foi Sócrates quem descobriu o encanto oposto, o da causa e efeito, do fundamento e da consequência: e nós, homens modernos, fomos tão habituados e educados na necessidade da lógica, que ela é o gosto normal para a nossa boca, e deve ser repugnante para os ávidos e presunçosos. O que se distingue dele os deleita: sua refinada ambição bem gostaria de crer que suas almas constituem exceções, não seres dialéticos e racionais, porém — "seres intuitivos", por exemplo, dotados de "senso interior" ou de "intuição intelectual". Mas querem ser, antes de tudo, "naturezas artísticas", com um gênio na cabeça e um demônio no corpo, e, portanto, também com privilégios neste e naquele mundo, especificamente com o divino privilégio de ser incompreensível. — É *isso* que agora também faz filosofia! Um dia notarão, receio, que se equivocaram — o que querem é religião!

545. *Mas não acreditamos em vocês!* — Vocês bem gostariam de passar por conhecedores dos homens, mas não os deixaremos escapar! Não perceberíamos que se apresentam como mais profundos, mais experientes, mais vivazes, mais completos do que são? Tanto quanto sentimos, naquele pintor, que já em sua pincelada existe presunção: tanto quanto ouvimos, naquele compositor, que, pelo modo como introduz seu tema, quer fazê-lo parecer mais elevado do que é. Vocês viveram *história* dentro de si, comoções, tremores de terra, amplas e demoradas tristezas, fulminantes felicidades? Foram tolos com grandes e pequenos tolos? Realmente suportaram a dor e o delírio dos homens bons? E também a dor e a espécie de felicidade dos piores entre eles? Então me falem de moral, de outra maneira, não!

546. *Escravo e idealista.* — O homem de Epiteto não seria realmente do gosto dos que hoje anseiam pelo ideal. A contínua tensão de seu ser, o incansável olhar voltado para dentro, o que há de reservado, cauteloso, incomunicativo em seus olhos, se um dia ele se vira para o mundo externo; até mesmo o silenciar ou falar pouco: tudo são características da mais severa valentia — que significariam para nossos idealistas, ávidos sobretudo de *expansão*? Além de tudo ele não é fanático, odeia a exibição e a jactância de nossos idealistas: seu orgulho, por maior que seja, não quer perturbar os outros, ele admite uma certa aproximação leve, e não gostaria de estragar o bom humor de ninguém — ele sabe sorrir! Há muita humanidade antiga nesse ideal! O mais belo, porém, é que nele falta completamente o temor a Deus, que acredita estritamente na razão, que não é um pregador da penitência. Epiteto era um escravo: seu homem ideal é sem classe, é possível em todas as classes, mas será encontrado principalmente na massa profunda e baixa, como o indivíduo quieto, autossuficiente no interior de uma servidão geral, que se defende por si mesmo em relação ao exterior e vive continuamente num estado de suprema valentia. Dos *cristãos* ele se distingue sobretudo pelo fato de o cristão viver na esperança, na promessa de "glórias inefáveis", de aceitar obséquios e esperar e receber o melhor do amor divino, da graça divina, e não de si mesmo: enquanto Epiteto não espera e não se faz obsequiar o que tem de melhor — ele o possui, ele o segura valentemente em sua mão, ele o disputa ao mundo inteiro, se este quiser roubá-lo. O cristianismo foi feito para uma outra espécie de escravos antigos, para os fracos de vontade e de razão, isto é, para a grande massa dos escravos.

547. *Os tiranos do espírito.* — A marcha da ciência não é mais atrapalhada pelo acaso de o homem viver aproximadamente setenta anos, como durante muito tempo ocorreu. Outrora a pessoa queria, nesse espaço de tempo, alcançar o fim do conhecimento, e os métodos do conhecimento eram avaliados conforme esse desejo universal. As pequenas perguntas e tentativas isoladas eram vistas como desprezíveis, buscava-se o caminho mais curto, acreditava-se, porque tudo no mundo parecia arranjado *em função do homem*, que também a cognoscibilidade das coisas era arranjada conforme uma medida humana do tempo. Resolver tudo de uma vez, com uma só palavra — este era o desejo secreto: pensava-se na tarefa recorrendo à imagem do nó górdio ou do ovo de Colombo; não se duvidava que também no conhecimento era possível alcançar a meta e liquidar todas as perguntas com uma resposta, à maneira de Alexandre ou de Colombo. "Há um *enigma* a ser resolvido": assim se apresentava, aos olhos do filósofo, o objetivo da vida; primeiro devia-se encontrar o enigma e condensar o problema do mundo na mais simples forma de enigma. A ilimitada ambição e alegria de ser o "decifrador do mundo" alimentava os sonhos do pensador: nada lhe parecia digno de esforço, se não fosse o meio de tudo levar à conclusão *para ele*! Então a filosofia era uma espécie de luta suprema pelo domínio tirânico do espírito — que ele fosse destinado e guardado para um ser muito feliz, fino, inventivo, ousado, violento — um único! — era algo que ninguém duvidava, e vários, por último Schopenhauer, imaginaram ser esse único. — Daí resulta que, em termos gerais, a ciência ficou para trás devido à *limitação moral* de seus discípulos, e que doravante deve ser praticada com um sentimento básico mais elevado e *generoso*. "Que importa eu!" — está inscrito sobre a porta do pensador futuro.

548. *A vitória sobre a força.* — Considerando-se tudo o que até agora foi venerado como "espírito sobre-humano", como "gênio", chega-se à triste conclusão de que, no conjunto, a intelectualidade humana deve ter sido algo muito vulgar e mesquinho: tão pouco espírito foi até agora necessário, para sentir-se logo bem acima dela! Ah, a glória barata do "gênio"! Como foi rapidamente erguido seu trono, e sua adoração tornada costume! Ainda nos achamos de joelhos ante a *força* — segundo velho hábito de escravos — e, no entanto, se devemos estabelecer o grau de *venerabilidade*, apenas o *grau de razão que há na força* é decisivo: temos que medir até que ponto justamente a força foi superada por algo mais elevado e se acha doravante a seu serviço, como instrumento e meio! Mas para uma tal medição há ainda muito poucos olhos, e em geral vê-se ainda como um sacrilégio medir o gênio. E, assim, talvez o mais belo continue a se dar na escuridão, afundando, apenas nascido, na noite eterna — ou seja, o espetáculo daquela força que um gênio não emprega *em obras*, mas *em si como obra*, isto é, na sua própria domação, na depuração de sua fantasia, na escolha e ordenação do afluxo de tarefas e ideias. O grande ser humano é ainda, justamente na maior coisa a exigir veneração, invisível como um astro demasiado distante: sua *vitória sobre a força* continua sem olhos que a vejam, e, portanto, sem canções e cantores. A hierarquia da grandeza ainda não foi estabelecida para toda a humanidade passada.

549. *"Fuga de si."* — Esses homens dados a convulsões intelectuais, impacientes e sombrios consigo mesmos, como Byron ou Alfred de Musset, que em tudo o que fazem semelham cavalos desembestados, e que obtêm de sua própria criação apenas um breve ardor e prazer que quase lhes rebenta as veias e, em seguida, um vazio e amargor tanto mais invernais, como devem suportar isto *em si*? Eles anseiam pela dissolução num "*fora de si*"; se, com tal sede, o indivíduo é cristão, ele objetiva dissolver-se em Deus, "tornar-se um com Ele"; se é Shakespeare, satisfaz-se apenas ao consumir-se[80] em imagens da vida mais plena de paixão; se é Byron, anseia por *atos*, pois estes nos subtraem de nós mais ainda que pensamentos, sentimentos e obras. Então o ímpeto à ação seria, no fundo, fuga de si? — perguntaria Pascal. De fato! Nos mais altos exemplos do ímpeto à ação pode-se demonstrar essa tese: consideremos, com o saber e a experiência de um alienista, como deve ser — que quatro dos homens mais sequiosos de ação de todos os tempos foram epilépticos (Alexandre, César, Maomé e Napoleão): e que também Byron sofria desse mal.

550. *Conhecimento e beleza.* — Se as pessoas, como sempre fizeram, guardam sua reverência e seu sentimento de felicidade para obras de imaginação e dissimulação, não deve surpreender que se achem frias e desanimadas ante o oposto da imaginação e dissimulação. O deleite que já vem com o mínimo passo ou progresso seguro e definitivo na compreensão, que da ciência atual já emana abundantemente e para tantos — nesse deleite não *acreditam*, no momento, todos aqueles que se acostumaram a deleitar-se apenas abandonando a realidade, saltando nas profundezas da aparência. Eles pensam que a realidade é feia: mas não acham que o conhecimento até da realidade mais feia seja belo, nem que quem sabe muito esteja bem longe, enfim, de achar feio o imenso conjunto da realidade, cuja descoberta sempre lhe deu felicidade. Existe, então, algo "belo em si"? A felicidade do homem que conhece aumenta a beleza do mundo e torna mais ensolarado tudo o que há; o conhecimento põe sua beleza não só em torno das coisas, mas, com o tempo, *nas* coisas; — que a humanidade vindoura dê testemunho dessa afirmação! Enquanto isso, lembremos um antigo saber: dois homens bastante diferentes, Platão e Aristóteles, concordaram em que *a felicidade suprema*, não só para eles ou os homens em geral, mas em si mesma, até para deuses de altas venturas, consiste no *conhecer*, na atividade de um bem treinado *entendimento* que procura e inventa (*não* na "intuição", como os teólogos e semiteólogos alemães; *não* na visão, como os místicos, e tampouco no fazer, como todos os práticos). De modo semelhante julgaram Descartes e Spinoza: como devem ter *fruído* o conhecimento todos eles! E que perigo para a sua honestidade, o de assim tornarem-se panegiristas das coisas! —

551. *Das virtudes futuras.* — Como se explica que, quanto mais compreensível tornou-se o mundo, tanto mais decaiu toda espécie de solenidade? Será porque o temor era o elemento básico dessa reverência que de nós se apoderava ante tudo desconhecido, misterioso, e nos ensinava a prostrar-nos e pedir mercê diante do incompreensível? E não teria o mundo perdido algo de seu encanto para nós, pelo fato de nos termos tornado menos temerosos? Juntamente com nossa temerosidade não haveria decrescido também nossa própria dignidade e solenidade, *nossa própria temibilidade*? Teríamos menos respeito pelo mundo e por nós mesmos, desde que pensamos mais corajosamente acerca dele e de nós? Haverá um futuro em que essa coragem do pensar terá crescido de tal forma que, como suprema arrogância, sentir-se-á *acima* dos homens e das coisas — em que o sábio, como o mais corajoso, será aquele que mais verá a si mesmo e a existência abaixo de si? — Essa espécie de coragem, que não está longe de ser uma extravagante generosidade, *faltou* à humanidade até agora. — Oh, se os poetas voltassem a ser o que devem ter sido outrora: — *videntes* que nos dizem algo do que é *possível*! Agora, em que o real e o passado cada vez mais são e têm de ser-lhes retirados das mãos — pois acabou o tempo da inocente falsificação de moeda! Se nos fizessem perceber antecipadamente algo das *virtudes futuras*! Ou de virtudes que jamais existirão na Terra, embora já pudesse haver em algum lugar do mundo — de constelações purpúreas e grandes Vias Lácteas do belo! Onde estão vocês, astrônomos do ideal?

552. *O egoísmo idealista.* — Há estado mais consagrado que o da gravidez? Tudo o que se faz, fazer na tranquila fé de que beneficiará de algum modo o que em nós está vindo a ser! De que *aumentará* seu misterioso valor, no qual pensamos com deleite! Então se evita muita coisa, sem precisar coagir duramente a si mesmo! Então se suprime uma palavra forte, oferece-se conciliadoramente a mão: a criança deve nascer do que há de melhor e mais brando. Assusta-nos a nossa agudeza e brusquidão: como se ela vertesse alguma desgraça no cálice da vida do desconhecido tão amado! Tudo é velado, cheio de pressentimento, nada sabemos de como sucede, aguardamos e buscamos estar *prontos*. Ao mesmo tempo, um puro e purificador sentimento de profunda irresponsabilidade nos domina, quase como o de um espectador ante a cortina fechada — aquilo cresce, aquilo vem à luz: não temos como determinar seu valor nem sua hora. Podemos recorrer apenas a influências indiretas, que bendigam e protejam. "Cresce aqui algo maior que o que somos" — é a nossa mais secreta esperança: tudo arranjamos para que venha ao mundo com viço: não apenas tudo de útil, mas também as amabilidades e coroas de nossa alma. — *Nesta consagração* deve-se viver! Pode-se viver! Seja o aguardado um pensamento, um ato — com toda realização essencial não temos outro vínculo senão o da gravidez, e deveríamos lançar ao vento a presunçosa conversa de "querer" e "fazer"! Eis o autêntico *egoísmo idealista*: sempre cuidar, velar e manter sossegada a alma, para que nossa fecundidade *tenha um belo final*! Assim, dessa maneira indireta cuidamos e velamos pelo *benefício de todos*; e o estado de ânimo em que vivemos, esse ânimo orgulhoso e brando, é um óleo que se espalha amplamente à nossa volta e também sobre as almas inquietas. — Mas são *peculiares* as pessoas grávidas! Então sejamos também nós peculiares e não recriminemos os outros, se têm que sê-lo! E mesmo que isso tenha desfecho ruim e perigoso: em nossa reverência ante o que está vindo a ser, não fiquemos atrás da justiça profana, que não permite ao juiz e ao carrasco tocarem numa grávida!

553. *Por rodeios.* — Aonde quer chegar esta filosofia, com todos os seus rodeios? Faz ela mais que traduzir em razão, digamos, um impulso por sol mais brando, ar mais claro e renovado, vegetação meridional, alento do mar, ligeira alimentação de carne, ovos e frutas, água quente como bebida, silenciosas caminhadas de dia inteiro, poucas falas, raras e cuidadosas leituras, morada solitária, hábitos limpos, simples, quase soldadescos, em suma, por todas as coisas que mais são de meu gosto, que justamente para mim são mais adequadas? Uma filosofia que, no fundo, é o instinto para uma dieta pessoal? Um instinto que busca meu ar, minha altura, meu clima, minha espécie de saúde, pelo rodeio de minha mente? Há muitas outras, e certamente muitas mais altas sublimidades da filosofia, não apenas aquelas que são mais sombrias e mais exigentes que as minhas — talvez todas elas também não sejam outra coisa que rodeios intelectuais de semelhantes impulsos pessoais? — Enquanto isso, enxergo com novo olhar os furtivos e solitários volteios de uma borboleta, no alto das rochas à margem do lago, onde crescem tantas boas plantas: ela adeja para um lado e para o outro, despreocupada de viver apenas um dia, de que a noite será fria demais para a sua alada fragilidade. Para ela também se poderia encontrar uma filosofia: embora certamente não seria a minha. —

554. *Passo avante.* — Quando se exalta o *avanço*, exalta-se apenas o movimento e os que não nos deixam ficar imóveis — e, em determinadas circunstâncias, isso já é muito, especialmente quando se vive entre os egípcios. Mas na volúvel Europa, onde o movimento, como se diz, "entende-se por si"[81] — ah, se *nós* também entendêssemos alguma coisa dele! — eu louvo o *passo avante* e aqueles que prosseguem,[82] isto é, que sempre deixam a si mesmos para trás e não pensam se alguém mais os segue. "Ali onde paro me encontro só: por que deveria parar? O deserto ainda é grande!" — eis o sentimento de quem assim prossegue.

555. *Já bastam os menores.* — Devemos evitar os acontecimentos, ao saber que os *menores* entre eles já nos marcam o suficiente — e a estes não podemos escapar. — O pensador precisa ter, dentro de si, um cânone aproximado de todas as coisas que ainda *quer vivenciar.*

556. *As quatro boas.* — *Honestos* conosco mesmos e quem mais é nosso amigo; *valentes* contra o inimigo; *generosos* para com os vencidos; *corteses* — sempre: assim nos querem as quatro virtudes cardeais.

557. *Marchando sobre um inimigo.* — Como soam bem a música ruim e os maus motivos, quando marchamos sobre um inimigo!

558. *Mas também não esconder suas virtudes!* — Gosto das pessoas que são águas transparentes e, como diz Pope, "deixam ver também as impurezas no fundo de sua corrente". Mesmo para eles, no entanto, há uma vaidade, de espécie rara e sublimada, é certo: alguns querem que vejamos apenas as impurezas, sem atentar para a transparência que permitiu vê-las. Ninguém menos que Gautama Buda imaginou a vaidade desses poucos, na seguinte fórmula: "Deixem que seus pecados apareçam e escondam suas virtudes!". Mas isto significa não apresentar um bom espetáculo ao mundo — é um pecado contra o gosto.

559. *"Não demais!"* — Com que frequência o indivíduo é aconselhado a estabelecer para si uma meta que não pode atingir e que está além de suas forças, para atingir ao menos o que suas forças podem render na *máxima tensão*! Mas isso é realmente tão desejável? Os melhores homens que vivem conforme este ensinamento, e suas melhores ações, não adquirem algo de exagerado e contorcido, justamente porque neles há tensão demais? E uma cinzenta sombra de *fracasso* não se estende sobre o mundo, por vermos sempre atletas em luta, tremendos esforços, e nunca um vencedor coroado e contente da vitória?

560. *O que somos livres para fazer.* — Pode-se lidar com os próprios impulsos como um jardineiro, e, o que poucos sabem, cultivar os germens da ira, da compaixão, da ruminação, da vaidade, de maneira tão fecunda e proveitosa como uma bela fruta numa latada. Pode-se fazer isso com o bom ou o mau gosto de um jardineiro, e como que ao estilo francês, inglês, holandês ou chinês; pode-se também deixar a natureza agir e apenas providenciar aqui e ali um pouco de ornamentação e limpeza, pode-se, enfim, sem qualquer saber e reflexão, deixar as plantas crescerem com suas vantagens e empecilhos naturais e lutarem entre si até o fim — pode-se mesmo ter alegria com esta selva, e querer justamente essa alegria, ainda que traga também aflição. Tudo isso temos liberdade para fazer; mas quantos sabem que temos essa liberdade? Em sua maioria, as pessoas não *creem* em si mesmas como em *fatos inteiramente consumados*? Grandes filósofos não imprimiram sua chancela a este preconceito, com a doutrina da imutabilidade do caráter?

561. *Deixar brilhar também sua felicidade.* — Tal como os pintores que, não podendo alcançar o profundo, luminoso tom do céu real, são obrigados a usar as cores de que necessitam para a sua paisagem alguns tons mais baixo do que as mostra a natureza: como, através desse artifício, obtêm uma semelhança no brilho e uma harmonia de tons que correspondem às da natureza: do mesmo modo têm de saber agir os poetas e filósofos para os quais o brilho da felicidade é inalcançável; ao pintar todas as coisas um pouco mais escuras do que são, a sua luz, que bem conhecem, tem efeito quase solar, similar à luz da felicidade plena. — O pessimista, que dá as cores mais negras e sombrias às coisas todas, emprega apenas flamas e clarões, glórias celestes e tudo o que tem forte intensidade de luz e torna o olho inseguro; com ele, a claridade existe apenas para realçar o espanto e fazer pressentir nas coisas mais horror do que o que têm.

562. *Os sedentários e os livres.* — Apenas no mundo inferior mostram-nos algo do sombrio pano de fundo de toda aquela beatitude aventureira que cerca Ulisses e seus iguais, como uma perene luminosidade do mar — daquele pano de fundo que então não se pode esquecer: a mãe de Ulisses morreu de desgosto e saudade do filho! Um é impelido para lá e para cá, o que parte o coração do outro, do *sedentário* e terno: assim é sempre! A mágoa parte o coração dos que veem justamente quem mais amam abandonar sua opinião, sua fé — isso é parte da tragédia que os espíritos livres *produzem*, e da qual às vezes têm consciência! Então, um dia também devem, como Ulisses, descer até aos mortos, para aliviar sua dor e tranquilizar sua ternura.

563. *A ilusão da ordem moral do mundo.* — *Não há nenhuma necessidade eterna* que exija que toda culpa seja paga e expiada — foi uma ilusão terrível, útil num grau mínimo, crer que tal coisa existisse —; assim como é uma ilusão que seja culpa tudo o que é *sentido como tal*. Não *as coisas*, mas as opiniões *sobre coisas que não existem*, perturbaram dessa forma a humanidade!

564. *Bem ao lado da experiência!* — Também grandes espíritos têm apenas uma *experiência* de cinco dedos de largura — bem ao lado acaba sua reflexão e começa o seu infinito vazio e sua estupidez.

565. *Dignidade e ignorância unidas.* — Quando compreendemos, ficamos amáveis, felizes, inventivos, e sempre que aprendemos tão só o bastante e *criamos* olhos e ouvidos, nossa alma exibe mais encanto e maleabilidade. Mas compreendemos muito pouco e somos pobremente instruídos, de modo que raramente acontece abraçarmos uma coisa e nos fazermos, com isso, dignos de amor: andamos rígidos e insensíveis através da cidade, da natureza, da história, e gabamo-nos um tanto por essa atitude e frieza, como se fosse efeito da superioridade. Sim, nossa ignorância e nossa mínima sede de aprender são muito boas em pavonear-se de dignidade, de caráter.

566. *Viver barato.* — A mais barata e mais inofensiva forma de viver é a do pensador: pois, para dizer logo o mais importante, o que ele mais necessita são justamente as coisas que os outros menosprezam e deixam de resto —. Depois, ele se contenta facilmente e não utiliza caras vias de acesso ao prazer; seu trabalho não é duro, mas meridional, digamos; seu dia e sua noite não são estragados por remorsos; ele se move, come, bebe e dorme segundo a medida em que seu espírito se torna mais tranquilo, mais forte e mais claro; ele se alegra com seu corpo e não tem motivo para temê-lo; ele não precisa de companhia, exceto de quando em quando, para depois abraçar ainda mais ternamente sua solidão; ele encontra nos mortos substitutos para pessoas vivas e mesmo para amigos: ou seja, nos melhores que jamais viveram. — Considerem se não são estes os hábitos e desejos opostos aos que tornam a vida humana custosa e, portanto, árdua, frequentemente insuportável. — É certo que, em outro sentido, a vida do pensador é a mais custosa — nada é bom demais para ele; e privar-se justamente do *melhor* seria, no caso, uma privação *insuportável*.

567. *Em campanha.* — "Temos que levar as coisas de modo mais divertido do que merecem; ainda mais porque durante muito tempo as levamos mais a sério do que merecem". — Assim falam os bravos soldados do conhecimento.

568. *O poeta e o pássaro.* — O pássaro fênix mostrou ao poeta um rolo em chamas, quase carbonizado. "Não se apavore!", disse ele, "é sua obra! Não tem o espírito da época e tampouco o espírito dos que são contra a época: logo, tem de ser queimada. Mas este é um bom sinal. Há muitas espécies de auroras."

569. *Aos solitários.* — Se, nas suas conversas consigo mesmo, alguém não poupa a honra de outras pessoas como faz em público, não é uma pessoa decente.

570. *Perdas.* — Há perdas que transmitem à alma uma sublimidade em que ela se abstém de toda queixa e segue em silêncio, como que sob altos ciprestes negros.

571. *Enfermaria de campo da alma.* — Qual o remédio mais eficaz? — A vitória.

572. *A vida deve nos tranquilizar.* — Quando alguém, como o pensador, vive habitualmente na grande corrente do pensar e sentir, e mesmo nossos sonhos noturnos seguem essa corrente: então se deseja tranquilidade e silêncio da *vida* — enquanto outros querem justamente repousar da vida, ao entregar-se à meditação.

573. *Mudar de pele.* — A serpente que não pode mudar de pele perece. Assim também os espíritos aos quais se impede que mudem de opinião; eles deixam de ser espíritos.

574. *Não esquecer!* — Quanto mais alto nos elevamos, tanto menores parecemos àqueles que não podem voar.

575. *Nós, aeronautas do espírito!* — Todos esses ousados pássaros que voam para longe, para bem longe — é claro! em algum lugar não poderão mais prosseguir e pousarão num mastro ou num recife — e ainda estarão agradecidos por essa mísera acomodação! Mas quem poderia concluir que à sua frente não há mais uma imensa via livre, que voaram tão longe quanto é possível voar? Todos os nossos grandes mestres e precursores pararam, afinal, e não é com o gesto mais nobre e elegante que a fadiga se detém: assim também será comigo e com você! Mas que importa a mim e a você! Outros pássaros voarão adiante! Esta nossa ideia e crença porfia em voar com eles para o alto e para longe, sobe diretamente acima de nossa cabeça e de sua impotência, às alturas de onde olha na distância e vê bandos de pássaros bem mais poderosos do que somos, que ambicionarão as lonjuras que ambicionávamos, onde tudo é ainda mar, mar e mar! — E para onde queremos ir, então? Queremos transpor o mar? Para onde nos arrasta essa poderosa avidez, que para nós vale mais que qualquer outro desejo? Por que justamente nessa direção, para ali onde até hoje todos os sóis da humanidade se puseram, desapareceram? Dirão as pessoas, algum dia, que também nós, rumando para o Ocidente, esperávamos alcançar as Índias — mas que nosso destino era naufragar no infinito? Ou então, meus irmãos? Ou?

NOTAS

A tradução foi feita com base na edição de Karl Schlechta (*Werke*, Frankfurt, Ullstein, 1979, vol. II), sempre cotejada com a edição de Colli e Montinari (*Kritische Studienausgabe*, Munique/Berlim, DTV/ de Gruyter, 2. ed. revista, 1988, vol. 3).

Estas notas são menos numerosas que as de outros volumes da coleção Nietzsche. O leitor que desejar mais esclarecimentos sobre alguns termos do original poderá recorrer a essas outras notas — sobretudo às de *Além do bem e do mal*, o primeiro volume lançado (por exemplo, sobre a versão de *Vorurteil* por "preconceito", já no subtítulo, ver nota 9 de *ABM*).

As versões estrangeiras de *Aurora* consultadas durante a elaboração desta foram: uma espanhola, traduzida por Eduardo Knörr, Madri, Edaf, 1996; uma italiana, traduzida por Ferruccio Masini, Milão, Adelphi, 3. ed., 1984; duas francesas, uma antiga, por Henri Albert (Paris, Hachette/Pluriel, ed. revista, 1987), e uma nova, por Julien Hervier (Paris, Gallimard/Folio, 1980; com as notas e variantes de Colli e Montinari); uma inglesa, por R. J. Hollingdale (*Daybreak*, Cambridge University Press, 1982); e uma holandesa, por Pé Hawinkels, Amsterdã, De Arbeiderspers, 1998). Agradeço a minha irmã, Conceição Souza de Man, pela ajuda em obtê-las; e também a Claudia Schuchart e Julia Brade, pelo esclarecimento de algumas passagens do original.

Enquanto realizava este trabalho soube da morte de R. J. Hollingdale, ocorrida em setembro de 2001, pouco antes de completar 71 anos de idade. Juntamente com Walter Kaufmann, ele contribuiu bastante para o renascimento do interesse por Nietzsche nos países de língua inglesa (e, portanto, em boa parte do mundo). Conhecemo-nos rapidamente em Londres, em 1990, e correspondemo-nos durante os dez anos seguintes, não muito frequentemente, mas com grande simpatia mútua. Foi então que ele me enviou algumas de suas belas traduções de Nietzsche, sempre citadas nas notas às minhas traduções. Deixemos aqui o registro dessa perda, como despedida e homenagem.

PRÓLOGO (pp. 9-14)

(1) Trofônio: personagem mitológico, arquiteto responsável por várias construções importantes na Grécia antiga; depois de um episódio em que teria

roubado o tesouro de um rei, foi engolido pela terra e passou a habitar, como oráculo, uma câmara subterrânea.

(2) Circe: na *Odisseia*, de Homero, é a feiticeira que transforma os companheiros de Ulisses em porcos (Canto X). Algumas linhas adiante, a expressão *aere perennius* ("mais duradouro que o bronze") é citação de um famoso verso de Horácio: "Ergui um monumento mais duradouro que o bronze" (*Odes* III, 30, 1).

(3) Nietzsche cita Kant na edição Rosenkranz, de 1838.

(4) "autossupressão da moral": *Selbstaufhebung der Moral*, no texto original. Sobre a tradução do primeiro termo, cf. nossa edição da *Genealogia da moral*, nota 15 da segunda dissertação. Nas outras versões consultadas de *Aurora*, encontramos: *autoanulación*, *autosoppressione*, *autodépassement*, *auto-dépassement*, *self-sublimation*, *zelfopheffing*.

LIVRO I (pp. 15-67)

(5) "moralidade do costume": *Sittlichkeit der Sitte*. Nas outras versões: *eticidad de la costumbre*, *l'eticità dei costumi*, *moralité des moeurs*, *idem*, *morality of custom*, *zedelijkheid der zede*. Nos trechos de *Aurora* incluídos no volume dedicado a Nietzsche da coleção Os Pensadores, Rubens Rodrigues Torres Filho prefere "eticidade do costume"; ver sua esclarecedora nota à tradução (Nietzsche, *Obras incompletas*, São Paulo, Abril, 2. ed., 1978, p. 159).

(6) "não moral": *unsittlich*; na oração seguinte, a forma verbal "quer" (*will*) acha-se em itálico na edição de Schlechta, mas não na de Colli e Montinari.

(7) "de todo eventual suceder (*post hoc*)": no original, *allem gelegentlich Nachher* (post hoc). Nietzsche substantivou o advérbio *nachher* ("depois, em seguida"); a expressão latina por ele usada entre parênteses é definida com precisão pelo *Dicionário Houaiss da língua portuguesa* (Rio de Janeiro, Objetiva, 2001): "relativo à falácia lógica que consiste em inferir uma relação de causalidade onde há apenas sucessão temporal".

(8) Cf. *Fedro*, 244a.

(9) Cf. Platão, *Íon*, 533d-534e.

(10) Cf. Plutarco, *Sólon*, 8.

(11) "que nisso o homem pode hoje rivalizar com a mais delicada balança": *dass es jetzt hierin der Mensch mit der delikatesten Goldwage aufnehmen kann*. As traduções consultadas divergem nesse ponto: *que ahora el hombre puede calibrarlo con la más delicada balanza de precisión; che ora l'uomo lo può rilevare con la più sensibile bilancia di precisione; que l'homme peut maintenant, en cette matière, se mesurer avec le trébuchet le plus sensible; que l'homme peut maintenant le peser au plus délicat trébuchet; that in this respect man is now a match for the most delicate gold-balance; dat de mens op dit punt tegenwoordig* [atualmente] *met de meest delicate goudweegschaal kan wedijveren* [rivalizar]. Alguns desses tradutores não

perceberam que o verbo *aufnehmen* ("recolher, apanhar, levantar") é aqui usado na expressão *es mit jemandem aufnehmen*, que significa "medir-se, equiparar-se a alguém (algo, nesse caso)".

(12) "a noção que têm os outros animais": *die Vorstellung anderer Tiere* — utilizou-se aqui uma outra versão para o termo *Vorstellung*, tradicionalmente vertido por "representação" ou "ideia"; alguns tradutores sentiram igualmente necessidade de recorrer a outro termo: *imaginación*, *rappresentazione*, *imagination*, *faculté de représentation*, *perceptions*, *voorstelling*.

(13) Éris é a personificação da Luta ou Discórdia; Hesíodo distingue entre a Éris maléfica, que apenas incita ao combate destrutivo, e a benéfica, que representa a competição positiva (cf. *Os trabalhos e os dias*, vv. 11-26). Na frase seguinte, a outra menção a Hesíodo diz respeito aos versos 90-9 da mesma obra. Em sua tradução de *Os trabalhos e os dias* (ed. bilíngue, São Paulo, Iluminuras, 1990), Mary de Camargo Neves Lafer prefere "Expectação", em vez de "Esperança", justificando-o numa nota (p. 29).

(14) "pena imposta a si mesmo": "*selbstgeschaffene Pein*" — segundo nota do tradutor Henri Albert, é citação de um cântico do século XVII.

(15) As palavras entre colchetes não se acham na edição de Schlechta, sendo um acréscimo — devidamente explicitado — da edição de Colli e Montinari. Mas são naturalmente solicitadas pelo contexto; tanto assim que algumas versões feitas antes do surgimento da edição crítica recorrem a elas — por exemplo, a francesa de Henri Albert ("*de son esprit*") e a inglesa de R. J. Hollingdale ("*of his thinking*").

(16) "Afastar-se da consideração sensorial": *Sich dem sinnlichen Anschauen zu entfremden* — nas traduções consultadas: *Distanciarse de la contemplación sensorial*, *Estraniarsi dall'intuizione sensibile*, *Devenir étranger aux considérations des sens*, *Se détacher de la contemplation sensuelle*, *To abstract oneself from sensory perception*, *Van de zintuiglijke* [sensorial] *aanschouwing te vervreemden*. Note-se as diferentes versões para o substantivo — verbo substantivado — *Anschauen* ("olhar, contemplar").

(17) Montaigne, *Ensaios*, III, XIII. A frase de Montaigne diz, mais precisamente: "*Oh, que c'est un doulx et mot chevet et sain que l'ignorance et l'incuriosité à reposer une tête bien faicte*"; na versão de Sérgio Milliet: "Como a ignorância e a ausência de curiosidade constituem um doce e mole travesseiro para descansar uma cabeça equilibrada" (*Ensaios*, livro III, Porto Alegre, Ed. Globo, 1961, p. 328); cf. nota de Colli e Montinari sobre esta citação, no volume 14 da *Kritische Studienausgabe* (também se acha na versão francesa da Gallimard).

(18) "O tornar-se arrasta atrás de si o haver sido": *Das Werden schleppt das Gewesensein hinter sich her*; nas traduções consultadas: *El devenir arrastra tras de sí la existencia de ser que se ha tenido*, *Il divenire si strascica dietro l'essere stato*, *Le devenir traîne derrière lui ce qui fut le passé*, *Le devenir traîne à sa suite l'avoir été*, *The becoming drags the has-been along behind it*, *Het worden sleept het geweest-zijn achter zich aan*.

(19) "tortura animal": *Tierquälerei* — nas outras versões: *vesanía, bestiale tormento, mauvais traitements, méchanceté envers les animaux, vivisection, dierenmishandeling.* Cf. *Genealogia da moral*, II, nota 32 da tradução.

(20) "aguçados": tradução dada a *gewitzigt*, particípio passado de *witzigen* — verbo aparentado a *Witz* (engenho, espírito, graça, piada) que, segundo o dicionário *Wahrig*, significa "tornar prudente ou sabido [*klug*] mediante experiências ruins"; as outras versões oferecem: *espabilado, smaliziato, donné de l'esprit, idem, made* [...] *sharp-witted, heeft* [...] *esprit gegeven.*

(21) "compaixão": *Mitleid* (*mit*, "com"; *Leid*, "sofrimento"); "unipaixão", "*unidade na paixão*": *Ein-leid, Ein-leidigkeit* — os dois últimos termos são criação de Nietzsche.

(22) Tácito, *Anais*, XV, 44.

(23) Cf. II *Macabeus*, 7, 11.

(24) George Whitefield: pregador religioso inglês da segunda metade do século XVIII.

(25) "Com este sinal vencerás": frase que teria surgido no céu ao imperador Constantino, sob a imagem de uma cruz, quando ele se encaminhava para uma batalha decisiva (em 312 d.C.), e que depois foi por ele adotada como lema; Constantino foi o primeiro imperador romano a converter-se ao cristianismo.

LIVRO II (pp. 68-108)

(26) "Música das esferas. Hist. Filos. Expressão que remonta aos pitagóricos (v. pitagorismo) e que se relaciona à crença de que os corpos celestes, no seu curso, produzem sons musicais. [Cf. harmonia das esferas.]" (*Novo Aurélio — Dicionário eletrônico*, Lexikon/Nova Fronteira); cf. aforismo 4.

(27) Em latim no original.

(28) "para os fundamentos e a falta de fundamento": *in die Gründe und die Grundlosigkeit;* nas traduções consultadas: *a las profundidades y los abismos, in fondo negli abissi senza fine, au fond des raisons et des déraisons, les fondements et les abîmes sans fond, the deep and the unfathomable depths, de gronden en de grondeloosheid.* Nietzsche se vale do rico significado da palavra *Grund*: "razão, motivo, alicerce, fundo, fundamento"; cf. nota 176 de nossa tradução de *Além do bem e do mal.*

(29) Segundo nota de Colli e Montinari, a citação é de *Aus Schopenhauers handschriftlichem Nachlaß* [Do espólio literário manuscrito de Schopenhauer], edição Frauenstädt, Leipzig, 1864, volume que foi achado entre os livros pertencentes a Nietzsche.

(30) "a razão inventiva": *die dichtende Vernunft* — nas outras versões: *la razón fabuladora, la ragione poetica, la raison créatrice, la raison inventive, the inventive reasoning faculty, de dichtende rede* [razão]. O adjetivo remete ao verbo

dichten, "escrever, criar, poetar" (daí *Dichter*, "poeta" no sentido amplo de escritor imaginativo, não apenas aquele que escreve poemas). No entanto, diferentemente do que afirma o poeta e crítico Ezra Pound no seu *ABC da Literatura* (São Paulo, Cultrix, trad. de Augusto de Campos e José Paulo Paes, 2. ed., 1973, pp. 40 e 86), o outro sentido desse verbo não é "condensar", mas "vedar, tornar impermeável". Enquanto, no primeiro sentido, *dichten* se relaciona etimologicamente ao verbo latino *dictare* ["ditar"], no segundo origina-se do adjetivo *dicht* ["denso, apertado"; *tight*, em inglês]. Pound baseou-se num poeta inglês que, folheando um dicionário alemão-italiano, teria constatado que "*dichten = condensare*". Nos dois dicionários alemão-italiano que pudemos consultar (Mondadori e Sansoni), o equivalente apresentado para *dichten* foi *impermeabilizzare*, *stagnare*; não há menção de *condensare*. Uma variante desse verbo alemão se acha no título deste aforismo, *Erleben und Erdichten*, que traduzimos por "Viver e inventar", e os demais tradutores por *Experimentación e ilusión*, *Esperienza vissuta* [vivida] *e finzione poetica*, *Vivre et imaginer*, *Expérimenter et imaginer*, *Experience and invention*, *Beleven en verdichten*.

(31) "figuras", "figurabilidade": *Bilder*, *Bildlichkeit* — nas outras versões: *imágenes*, *figuración; figure*, *figuratività; images*, *vision en images; images*, *représentation imagée; pictures*, *pictorialness; beelden*, *beeldkarakter*.

(32) Perséfone: na mitologia grega, deusa dos Infernos ou "mundo inferior", esposa de Hades.

(33) Em latim no original.

(34) Em nenhuma das edições e traduções utilizadas encontramos a origem desta citação francesa.

(35) "afecções simpáticas": *sympathische Affectionen*; cf. nota 39 do tradutor, em *Além do bem e do mal*.

(36) Passagem extraída do *Nachlaß* [Espólio] de Schopenhauer (edição Frauenstädt, Leipzig, 1864), já citado anteriormente.

LIVRO III (pp. 109-46)

(37) No original há aqui um ponto de exclamação; mas, considerando nuances que em outros trechos nos levaram a mudar o sinal – e também o fato de que pelo menos um dos tradutores consultados (o italiano) fez esta mudança —, optamos pela interrogação.

(38) Platão, *Resp.* 605c-d.

(39) "sem princípios, mas com instintos": *ohne Grundsätze, aber mit Grundtrieben*. O último termo poderia ser vertido por "impulsos fundamentais", como fez o tradutor espanhol; os demais tradutores usaram: *basilari impulsi*, *instincts*, *idem*, *strong drives*, *gronddriften*.

(40) Nietzsche refere-se ao herói de um longo poema dramático de lorde Byron, cujo título é o nome do protagonista.

(41) Lazare Carnot (1753-1823): político e matemático francês, pai de Sadi Carnot, famoso físico (1796-1832); B. G. Niebuhr (1776-1831), historiador e político alemão.

(42) Uma nota da edição Colli-Montinari chama a atenção para esta passagem do livro *Roma, Nápoles e Florença*, de Stendhal, sublinhada por Nietzsche no exemplar que possuía (agora conservado no Arquivo Nietzsche, em Weimar): "*Le plaisant, c'est que nous prétendons avoir le goût grec dans les arts, manquant de la passion principale qui rendait les grecs sensibles aux arts* [O engraçado é que nós pretendemos ter o gosto grego nas artes, carecendo da paixão principal que tornava os gregos sensíveis às artes]".

(43) "*Credat Judaeus Apella,/ Non ego*:" "Creia nisso o judeu Apella, não eu" — Horácio, *Sátiras*, 1, 5, vv. 100-1.

(44) Hesíodo, *Os trabalhos e os dias*, vv. 143-72.

(45) No original: "*Schicksal, ich* folge *dir! Und wollt'ich nicht/ ich* müsst' *es doch und unter Seufzen tun!*". Os versos são do próprio Nietzsche.

(46) "Iluminismo": em alemão, *Aufklärung*, que pode designar tanto a inclinação geral da civilização europeia para o uso da razão, o Esclarecimento, como o movimento histórica e geograficamente circunscrito (século XVIII, França) que expressou mais vivamente essa inclinação, o Iluminismo ou Ilustração. Nietzsche usa o termo nos dois sentidos alternadamente. O verbo *aufklären*, do qual ele é derivado, significa simplesmente "esclarecer, explicar", e liga-se ao adjetivo *klar*, "claro" — trata-se, portanto, de um substantivo mais concreto e corriqueiro do que seus equivalentes em outras línguas. Um exemplo de sua natureza mais "vulgar" se encontra no título de um ensaio de Sigmund Freud, "Zur sexuellen Aufklärung der Kinder" ("O esclarecimento sexual das crianças", de 1907).

(47) *Odisseia*, XX, 18.

(48) Plutarco, *Vida de Temístocles*, 11.

(49) "tempestade e ímpeto": versão literal de *Sturm und Drang*. Os tradutores franceses, o italiano e o inglês conservaram a expressão original, sem qualquer explicação. *Sturm und Drang* é como se tornou conhecida uma tendência literária (entre 1767 e 1781) que precedeu o Romantismo alemão. O nome vem do título de uma peça do dramaturgo Fr. M. Klinger, mas a expressão já era do alemão corrente, e por isso foi aproveitada no título. Nota-se, pelo contexto, que Nietzsche não está se referindo ao movimento literário, de modo que não se justifica deixá-la no original. Foi o que fizeram os tradutores holandês e espanhol: o primeiro, cuja língua é tão próxima do alemão, preferiu simplesmente *elan* (do francês *élan*, também usado em português); o segundo recorreu a *tormenta e impulso* — mas, considerando que essa versão espanhola de *Aurora* é a pior das seis aqui utilizadas, com inúmeros erros primários de leitura, ele provavelmente acertou mais por ignorância do que por sabedoria.

(50) Citação do poema *Camponês Helmbrecht*, de Wernher von Gartenaere (segunda metade do século XIII).

(51) Dânae: na mitologia grega, filha de um rei que, encerrada numa câmara pelo pai, para impedir que tivesse relações com algum homem, foi fecundada por Zeus sob a forma de uma chuva de ouro.

LIVRO IV (pp. 147-96)

(52) Cf. Aristóteles, *Retórica*, II, 15.

(53) Cila e Caribdes: monstros que habitavam os dois lados do estreito de Messina, entre a Itália e a Sicília. Na *Odisseia* (canto XII), Ulisses escapa de Caribdes, mas Cila engole vários de seus homens.

(54) Cf. *Mateus*, 26, 39; a frase é de uso corrente na língua alemã, um dos muitos exemplos da influência da *Bíblia* de Lutero. Em português, embora não seja de uso tão comum, é mencionada na bela canção "Cálice" (1973), de Chico Buarque e Gilberto Gil.

(55) "eu falei, lutei, venci": *ich habe gesprochen, gekämpft, gesiegt*. Nesse aforismo, a tese de que o ser humano parece agir somente com a finalidade de possuir baseia-se tão só nas línguas em que o passado mais utilizado é o composto (verbo auxiliar "ter" mais particípio passado do verbo principal). Isso não acontece no português, em que o passado simples é corrente e castiço — como em muitas outras línguas. Por acaso, as principais línguas europeias recorrem sobretudo ao passado composto: *he hablado, ho parlato, j'ai parlé, I have spoken*, lê-se em algumas outras versões deste livro. Ao fazer essa generalização, Nietzsche foi provincianamente eurocêntrico.

(56) "representação mental" foi a tradução aqui dada a *Vorstellung* — nas outras versões: *imaginación*, *rappresentazione*, *représentation*, idem, *imagination*, *voorstelling*. No mesmo aforismo, *wirklich* foi traduzido por "efetivamente", *wirken* por "ter efeito" e *Wirklichkeit* por "realidade".

(57) "monstro solitário de Lemnos": alusão a Filoctetes, personagem da mitologia grega, na versão do mito apresentada por Sófocles na tragédia de mesmo nome. Filoctetes era um guerreiro que havia herdado o arco e as flechas de Héracles, mas, após adquirir uma ferida malcheirosa no pé, foi abandonado na ilha de Lemnos pelos demais gregos, que rumavam para a guerra de Troia. No entanto, eles vieram a necessitar da arma de Filoctetes para vencer a guerra, e enviaram Ulisses, juntamente com Neoptólemo, filho de Aquiles, para obtê-la do herói abandonado.

(58) John Wesley (1703-91): pregador inglês, fundador da seita metodista.

(59) "Quietismo: [Do fr. *quiétisme*.] *S. m.* Doutrina mística, especialmente difundida na Espanha e na França no séc. XVII, segundo a qual a perfeição moral consiste na anulação da vontade, na indiferença absoluta, e na união contemplativa com Deus" (*Novo Aurélio — Dicionário eletrônico*, Lexikon/Nova Fronteira).

(60) "Estilita [Do gr. tard. *stylítes.*] *S. m.* Anacoreta que fazia a sua cela no cimo de pórticos ou de colunas em ruína" (*Ibidem*).

(61) Cf. Horácio, *Ars poetica*, 359.

(62) "manifestar-se": *sich äußern*, que também admite outras versões, como as propostas por alguns tradutores: *expresarse, estrinsecarsi, se manifester, s'extérioriser, to express itself, zich uiten* [exprimir-se].

(63) Nietzsche recorre a uma expressão idiomática alemã, *jemandem auf die Finger sehen* ("observar os dedos de alguém"), que no texto foi vertida simplesmente por "vigiar bastante". A imagem da agulha que pode ferir os dedos do próximo (ou "vizinho", é a mesma palavra em alemão), em seguida, está relacionada àquela expressão. Os outros tradutores verteram-na literalmente, com exceção de R. J. Hollingdale, que utilizou "*to observe their neighbor as closely as they can*"; o tradutor holandês beneficiou-se do fato de a expressão ter o mesmo sentido em sua língua.

(64) "Ai de mim, Atlas infeliz!": *Ich, unglückseliger Atlas!* — palavras iniciais de um poema de Heinrich Heine (1797-1856). Atlas foi o gigante da mitologia grega que tinha de sustentar nos ombros a abóbada celeste.

(65) "Onde se acham nossas deficiências é que têm livre curso nossas exaltações": *Dort, wo unsere Mängel liegen, ergeht sich unsere Schwärmerei* — a frase alemã contém mais de uma palavra de significado complexo, o que torna pertinente a reprodução das outras versões: *Donde yacen nuestros defectos se yerguen nuestros fanatismos; Laddove sono i nostri difetti, si diffonde il nostro fantasticare; Là où se trouvent nos manques vont s'égarer nos exaltations; Notre imagination se donne libre cours là où résident nos manques; It is where our deficiencies lie that we indulge in our enthusiasm; Daar waar onze gebreken liggen, gaat onze dweepzucht zich te buiten.* Na frase seguinte, o adjetivo cognato de *Schwärmerei* aparece na expressão *schwärmerischer Satz*, que aqui vertemos por "exaltado princípio", e os outros por: *máxima fanática, fantastico principio, principe fantasque, principe fantaisiste, command* [omissão do adjetivo], *dweperige stelling.*

(66) "amor em troca": *Gegenliebe*, no original; nas outras versões: *el amor recíproco, esser riamati, l'amour en retour, l'amour partagé, love in return, de wederliefde.*

LIVRO V (pp. 197-251)

(67) "capacidade": *Tüchtigkeit* — nas outras versões: *inteligencia, valore, capacité, capacités, efficiency, flinkheid* [robustez].

(68) "radicais/ raiz": *gründlich/ Grund — escrupulosos/ fondo último, radicali/ radice, fondamentaux/ dernier fond, radicaux/ fond des choses, thorough/ grounds, grondige/ grond.* No final do aforismo há também *Gründlichkeit* ("radicalidade") e *die lieben Untergründlichen* ("nossos caros do subsolo", possível alusão ao

Unterirdischer, "subterrâneo", do Prólogo). Mais uma vez, Nietzsche se vale da riqueza de sentidos de *Grund* e seus cognatos; cf. nota 28, acima.

(69) "*provisória/ póstuma*": *vorläufig/ nachläufig*; o segundo adjetivo foi cunhado por Nietzsche, num jogo com os prefixos *vor*, "antes de", e *nach*, "depois de". As outras versões oferecem: *provisional/ a posteriori*, *provvisoria/ postuma*, *préliminaire/ retardataire*, idem, *a prelude/ a postlude*, *voorlopig/ vertraagd*.

(70) *Hic Rhodus, hic salta*: "Aqui é Rodes, salta aqui" — tradução latina de uma frase de Esopo (da fábula "O Gabola"). "É a exclamação de um dos circunstantes que ouvem um jactancioso gabar-se do salto enorme que deu em Rodes" (Paulo Rónai, *Não perca seu latim*, Rio de Janeiro, Nova Fronteira, 5. ed., 1980).

(71) *Ubi pater sum, ibi patria*: provavelmente do próprio Nietzsche, parodiando uma famosa frase de Cícero, *Ubi bene, ibi patria* [Ali onde estou bem é minha pátria].

(72) Cf. Platão, *Cartas*, VII, 324b.

(73) "leito de Procusto": "Leito de ferro onde, segundo a mitologia grega, este famigerado salteador estendia aqueles que capturava, cortando-lhes os pés quando o ultrapassavam e estirando-os quando não lhe alcançavam o tamanho" (*Novo Aurélio — Dicionário eletrônico*, Lexikon/Nova Fronteira).

(74) "sua anonimidade e sua inexorabilidade com a verdade": *sein Incognito und seine Rücksichtslosigkeit in der Wahrheit* — nas outras versões: *su incógnito y su falta de atención ... en la verdad*, *il suo incognito e la sua spregiudicatezza nella verità*, *son incognito et son radicalisme dans la verité*, *son incognito et son absence de retenue envers la verité*, *his incognito and his ruthlessness for truth*, *zijn incognito en zijn meedogenloosheid* [implacabilidade] *in de waarheid*.

(75) Em latim no original.

(76) "de modo eremita-sociável, devorando e devorado": *einsiedlerisch-gesellig, verzehrend und verzehrt — ermitañamente en sociedad, consumiendo y consumido; da eremiti socievoli, divorando e lasciandosi divorare; en ermite, dévorant et dévoré; en ermite sociable, dévorant et dévoré; one retires a little from social life, becomes more solitary; kluizenaarsachtigsociaal, verterend en verteerd.*

(77) "egoístas": tradução não muito satisfatória para *Selbstlingen*, substantivo criado por Nietzsche com base em *Selbst* ("si-mesmo", *self*, em inglês). Os demais tradutores também se viram obrigados a usar "egoístas" — com exceção do inglês, que transformou o termo em adjetivo e acrescentou-lhe um substantivo: *self-opinionated believers* (algo como "crentes muito seguros de si").

(78) "uma coisa do pensamento": *einem Gedankendinge — un asunto intelectual, una realtà pensata, une chose de la pensée, une chose qui relève de la pensée, a thing of thought, een gedachteding.*

(79) "restrição": tradução aqui dada a *Engführung* — segundo as outras versões: *intimación*, *strozamento dialettico*, [omissão na primeira versão francesa], *des strettes*, *limitation*, *het stretto bedreven werd*.

(80) "dissolução", "dissolver-se", "consumir-se": *Aufgehen*, no original — nas outras versões: *elevación, ascensión; risolversi; s'anéantir; se dissoudre; to dissolve, to be dissolved; opgaan.*

(81) "entende-se por si": tradução literal de *von selber versteht* ("é evidente, não requer explicação"). A literalidade foi mantida, no caso, porque Nietzsche faz um jogo com esse verbo na frase seguinte: "Se *nós* também entendêssemos". Os demais tradutores recorreram a: *se sobrentiende, è una cosa ovvia, va de soi, est "chose entendue", goes without saying, vanzelf spreekt.* Os dois últimos conseguiram aproximar-se do original na frase seguinte (R. J. Hollingdale, por exemplo, diz: "*ah, if only* we *knew what to say about it!*").

(82) "passo avante", "prosseguem": *Vorschritt, die Vorschreitenden;* no começo do parágrafo, "avanço" foi a tradução dada a *Fortschritt*, que se costuma traduzir por "progresso".

APÊNDICE A ESTA EDIÇÃO

Nota: Nietzsche visitou Messina, na Sicília, em abril de 1882. Os oito poemas que ele denominou "Idílios de Messina" foram publicados alguns meses depois, numa revista mensal dirigida por Ernst Schmeitzner, que era então o editor de seus livros. Em sua maioria, eles foram incorporados à segunda edição de *A gaia ciência* (1887), fazendo parte das "Canções do príncipe Vogelfrei". No entanto, todos tiveram seus títulos mudados, e alguns sofreram ainda outras mudanças: substituição de palavras ou versos e corte ou acréscimo de estrofes. Assim como em *A gaia ciência*, não se tentou, aqui, oferecer uma versão poética deles, mas apenas uma tradução aproximadamente literal.

IDYLLEN AUS MESSINA

PRINZ VOGELFREI

So hang ich denn auf krummem Aste
Hoch über Meer und Hügelchen:
Ein Vogel lud mich her zu Gaste —
Ich flog ihm nach und rast' und raste.
Und schlage mit den Flügelchen.

Das weisse Meer ist eingeschlafen,
Es schläft mir jedes Weh und Ach.
Vergessen hab'ich Ziel und Hafen,
Vergessen Furcht und Lob und Strafen:
Jetzt flieg ich jedem Vogel nach.

Nur Schritt für Schritt — das ist kein Leben!
Stäts Bein vor Bein macht müd und schwer!
Ich lass mich von den Winden heben,
Und liebe es, mit Flügeln schweben
Und hinter jedem Vogel her.

Vernunft! — das ist ein bös Geschäfte:
Vernunft und Zunge stolpern viel!
Das Fliegen gab mir neue Kräfte
Und lehrt' mich schönere Geschäfte,
Gesang und Scherz und Liederspiel.

Einsam zu denken — das ist weise.
Einsam zu singen — das ist dumm!
So horcht mir denn auf meine Weise
Und setzt euch still um mich im Kreise,
Ihr schönen Vögelchen, herum!

IDÍLIOS DE MESSINA

PRÍNCIPE VOGELFREI

Eis que me acho sobre um galho torto
Balançando o meu cansaço.
Um pássaro convidou-me,
Eu o segui e descansei
E bato com as asas.

O mar branco adormeceu
Dorme para mim todo suspiro e dor.
Olvidei objetivo e porto,
Olvidei temor, castigo e louvor:
Agora sigo em voo todo pássaro.

Andar passo a passo — isso não é vida!
Pé ante pé torna cansado e pesado!
Deixo que os ventos me alcem,
Adoro com as asas planar
E perseguir todo pássaro.

Razão? — é uma má ocupação:
Razão e língua tropeçam muito!
Voar deu-me novas forças
E ensinou-me ocupação mais bela,
Canto, brincadeira e folgança.

Pensar sozinho — isto é sábio,
Mas cantar sozinho — é tolo!
Então escutem minha melodia
E sentem-se calados em círculo,
Belos passarinhos, ao meu redor!

DIE KLEINE BRIGG, GENNANT "DAS ENGELCHEN"

Engelchen: so nennt man mich —
Jetzt ein Schiff, dereinst ein Mädchen,
Ach, noch immer sehr ein Mädchen!
Denn es dreht um Liebe sich
Stäts mein feines Steuerrädchen.

Engelchen: so nennt man mich —
Bin geschmückt mit hundert Fähnchen,
Uns das schönste Kapitänchen
Bläht an meinem Steuer sich,
Als das hundert erste Fähnchen.

Engelchen: so nennt man mich —
Überall hin, wo ein Flämmchen
Für mich glüht, lauf ich ein Lämmchen
Meinen Weg sehnsüchtiglich:
Immer war ich ein solch Lämmchen.

Engelchen: so nennt man mich —
Glaubt ihr wohl, dass wie ein Hündchen
Bell'n ich kann und das mein Mündchen
Dampf und Feuer wirft um sich?
Ach, des Teufels ist mein Mündchen!

Engelchen: so nennt man mich —
Sprach ein bitterböses Wörtchen
Einst, dass schnell zum letzten Örtchen
Mein Geliebtester entwich:
Ja, er starb an diesem Wörtchen!

Engelchen: so nennt man mich —
Kaum gehört, sprang ich vom Klippchen
In den Grund und brach ein Rippchen,
Dass die liebe Seele wich:

O PEQUENO BRIGUE DENOMINADO "ANJINHO"

Anjinho: assim me chamam —
Agora um barco, um dia uma garota,
Ah, ainda bastante uma garota!
Pois sempre gira em torno do amor
A sutil roda de meu leme.

Anjinho: assim me chamam —
Sou ornado de cem bandeirolas,
E o mais belo capitão
Pavoneia-se em meu timão,
Como a centésima primeira bandeirola.

Anjinho: assim me chamam —
Em toda parte em que brilha
Uma chama para mim, percorro saudosamente,
Um cordeirinho, o meu caminho:
Sempre fui tal cordeirinho.

Anjinho: assim me chamam —
Acreditam vocês que como um cão
Sei ladrar, e que minha boca
Lança vapor e fogo em volta?
Ah, do Demônio é minha boca!

Anjinho: assim me chamam —
Disse uma palavra zangada certa vez
E logo meu amado
escapou para o derradeiro lugar:
Sim, ele morreu por essa palavra!

Anjinho: assim me chamam —
Mal escutei, pulei do recife ao chão
E quebrei uma costela,
De modo que a alma se foi:

Ja, sie wich durch dieses Rippchen!

Engelchen: so nennt man mich —
Meine Seele, wie ein Kätzchen,
Tat eins, zwei, drei, vier, fünf Sätzchen,
Schwang dann in dies Schiffchen sich —
Ja, sie hat geschwinde Tätzchen.

Engelchen: so nennt man mich —
Jetzt ein Schiff, dereinst ein Mädchen,
Ach, noch immer sehr ein Mädchen!
Denn es dreht um Liebe sich
Stäts mein feines Steuerrädchen.

LIED DES ZIEGENHIRTEN
(*An meinen Nachbar Theokrit von Syrakusa*)

Da lieg ich, krank im Gedärm, — —
Mich fressen die Wanzen.
Und drüben noch Licht und Lärm!
Ich hör's, sie tanzen.

Sie wollte um diese Stund'
Zu mir sich schleichen:
Ich warte wie ein Hund —
Es kommt kein Zeichen!

Das Kreuz, als sie's versprach!
Wie konnte sie lügen?
Oder läuft sie Jedem nach,
Wie meine Ziegen?

Woher ihr seidner Rock? —
Ah, meine Stolze?
Es wohnt noch mancher Bock

Sim, ela se foi por essa costela!

Anjinho: assim me chamam —
Minha alma, como um gato,
Deu um, dois, três, quatro, cinco pulos,
Arrojou-se então a este barco —
Sim, ela tem patas ligeiras.

Anjinho: assim me chamam —
Agora um barco, um dia uma garota,
Ah, ainda bastante uma garota!
Pois sempre gira em torno do amor
A sutil roda de meu leme.

CANÇÃO DO PASTOR DE CABRAS
(Ao meu vizinho Teócrito de Siracusa)

Eis-me deitado, doente do intestino —
Os percevejos me devoram.
Lá adiante ainda há luzes e barulho!
Escuto-os dançarem.

Ela queria, a esta hora,
Escapar até onde estou:
Espero como um cão —
Não vejo sinal dela!

E o sinal da cruz quando prometeu?
Como podia ela mentir?
Ou corre atrás de qualquer um,
Como minhas cabras?

Onde arranjou o vestido de seda? —
Ah, minha orgulhosa!
Haverá outros bodes ainda

An diesem Holze?

Wie kraus und giftig macht
Verliebtes Warten!
So wächst bei schwüler Nacht
Giftpilz im Garten.

Die Liebe zehrt an mir
Gleich sieben Übeln, —
Nichts mag ich essen schier.
Lebt wohl, ihr Zwiebeln!

Der Mond ging schon in's Meer,
Müd sind alle Sterne,
Grau kommt der Tag daher —
Ich stürbe gerne.

DIE KLEINE HEXE

So lang noch hübsch mein Leibchen,
Lohnt sich's schon, fromm zu sein.
Man weiss, Gott liebt die Weibchen,
Die hübschen obendrein.
Er wird's dem art'gen Mönchlein
Gewisslich gern verzeihn,
Dass er, gleich manchem Mönchlein
So gern will bei mir sein.

Kein grauer Kirchenvater!
Nein, jung noch und oft rot,
Oft gleich dem grausten Kater
Voll Eifersucht und Not!
Ich liebe nicht die Greise,
Er liebt die Alten nicht:
Wie wunderlich und weise

Nesse bosque?

Como torna confuso e envenenado
A espera amorosa!
Assim brota, na noite abafada,
O cogumelo venenoso.

O amor me consome
Como sete males —
Não tenho apetite para nada
Adeus, cebolas!

A lua já se pôs no mar,
Cansadas estão as estrelas,
Cinzento nasce o dia —
Eu bem que morreria.

A PEQUENA FEITICEIRA

Enquanto é belo meu corpo
Vale a pena ser devota.
Sabe-se que Deus ama as mulheres,
As belas acima de tudo.
Ele certamente perdoará
Ao gentil monge, que,
Como muitos monges, tanto
Gosta de estar ao meu lado.

Não é um cinzento pai da Igreja!
Não, ainda jovem e rubicundo,
Muitas vezes, como o mais escuro gato,
Cheio de ciúme e aflição!
Eu não gosto dos idosos,
Ele não gosta das velhas:
De que forma singular e sábia

Hat Gott dies eingericht!

Die Kirche weiss zu leben,
Sie prüft Herz und Gesicht.
Stäts will sie mir vergeben: —
Ja wer vergibt mir nicht!
Man lispelt mit dem Mündchen,
Man knixt und geht hinaus,
Und mit dem neuen Sündchen
Löscht man das alte aus.

Gelobt sei Gott auf Erden,
Der hübsche Mädchen liebt
Und derlei Herzbeschwerden
Sich selber gern vergibt!
So lang noch hübsch mein Leibchen,
Lohnt sich's schon, fromm zu sein:
Als altes Wackelweibchen
Mag mich der Teufel frein!

DAS NÄCHTLICHE GEHEIMNIS

Gestern Nachts, als Alles schlief,
Kaum der Wind mit ungewissen
Seufzern durch die Gassen lief,
Gab mir Ruhe nicht das Kissen,
Noch der Mohn, noch, was sonst tief
Schlafen macht — ein gut Gewissen.

Endlich schlug ich mir den Schlaf
Aus dem Sinn und lief zum Strande.
Mondhell war's und mild — ich traf
Mann und Kahn auf warmem Sande,
Schläfrig beide, Hirt und Schaf:—
Schläfrig stiess der Kahn vom Lande.

Deus arranjou isso!

A Igreja sabe como viver,
Ela sonda o coração e o rosto.
Está sempre disposta a me perdoar: —
Sim, pois quem não me perdoa?
Cochicham à boca pequena,
Ajoelham-se e vão embora,
E com um novo pecadilho
Tiram o velho da memória.

Louvado seja Deus neste mundo
Por amar as moças bonitas
E tais dores do coração
A si mesmo perdoar!
Enquanto é belo meu corpo
Vale a pena ser devota:
Quando eu for velha e gagá
Que o Diabo me peça a mão!

O SEGREDO NOTURNO

Ontem à noite, quando tudo dormia
E o vento, com lamentos
Indecisos, pelas vielas corria,
Não me dava repouso o travesseiro
Nem a papoula, nem o que normalmente
Dá sono profundo — a consciência tranquila.

Enfim renunciei ao sono
E corri para a praia. Havia luar
E o tempo era bom — encontrei
O homem e o barco na areia morna,
Os dois sonolentos, pastor e ovelha: —
Sonolento, afastou-se da terra o barco.

*

Eine Stunde, leicht auch zwei,
Oder war's ein Jahr? — da sanken
Plötzlich mir Sinn und Gedanken
In ein ew'ges Einerlei,
Und ein Abgrund ohne Schranken
Tat sich auf: — da war's vorbei! —

Morgen kam: auf schwarzen Tiefen
Steht ein Kahn und ruht und ruht — —
Was geschah? so riefs, so riefen
Hundert bald — was gab es? Blut? —
Nichts geschah! Wir schliefen, schliefen
Alle — ach, so gut! so gut!

"PIA, CARITATEVOLE, AMOROSISSIMA"
(*Auf dem campo santo*)

O Mädchen, das dem Lamme
Das zarte Fellchen kraut,
Dem Beides, Licht und Flamme,
Aus beiden Augen schaut,
Du lieblich Ding zum Scherzen.
Du Liebling weit und nah,
So fromm, so mild von Herzen,
Amorosissima!

Was riss so früh die Kette?
Wer hat dein Herz betrübt?
Und liebtest du, wer hätte
Dich nicht genug geliebt —
Du schweigst — doch sind dir Tränen
Den milden Augen nah:
Du schwiegst — und starbst vor Sehnen,
Amorosissima!

*

Após uma hora, talvez duas,
Ou teria sido um ano? — subitamente
Meus sentidos e pensamentos mergulharam
Numa eterna monotonia,
E um abismo sem limites
Se abriu: — tudo acabou!

— Veio a manhã: em negras profundezas
Há um barco que repousa, repousa...
Que aconteceu? alguém gritou, logo gritaram
Centenas de vozes: que houve? Sangue? —
Nada aconteceu! Nós todos dormíamos,
Dormíamos — ah, tão bem!

"PIA, CARITATEVOLE, AMOROSISSIMA"
(No campo santo)

Ó menina, que alisas
O delicado pelo do cordeiro,
Na qual luz e flama
Luzem de ambos os olhos,
Coisa graciosa de brincar,
Querida em toda parte,
Piedosa, branda de coração,
Amorosissima!

O que partiu tão cedo a cadeia?
Quem turvou teu coração?
E, se amaste, quem não a teria
Amado o suficiente? —
Silencias — mas as lágrimas
Estão juntas aos olhos brandos:
Silenciaste — e morreste de nostalgia.
Amorosissima!

VOGEL ALBATROSS

Oh Wunder! Fliegt er noch?
Er steigt empor und seine Flügel ruhn?
Was hebt und trägt ihn doch?
Was ist ihm Ziel und Zug und Zügel nun?

Er flog zu höchst — nun hebt
Der Himmel selbst den siegreichen Fliegenden:
Nun ruht er still und schwebt,
Den Sieg vergessend und den Siegenden.

Gleich Stern und Ewigkeit
Lebt er in Höhn jetzt, die das Leben flieht,
Mitleidig selbst dem Neid —:
Und hoch flog, wer ihn auch nur schweben sieht!

Oh Vogel Albatross!
Zur Höhe treibt's mit ew'gem Triebe mich.
Ich dachte dein: da floss
Mir Trän' um Träne, — ja, ich liebe dich!

VOGEL-URTEIL

Als ich jüngst, mich zu erquicken,
Unter dunklen Bäumen sass,
Hört' ich ticken, leise ticken,
Zierlich, wie nach Takt und Mass.
Böse wurd' ich, zog Gesichter,
Endlich aber gab ich nach,
Bis ich gar, gleich einem Dichter,
Selber mit im Tiktak sprach.

Wie mir so im Versemachen
Silb' um Silb' ihr Hopsa sprang,

PÁSSARO ALBATROZ

Que maravilha! Ele ainda está voando?
Ele sobe e as suas asas repousam?
Que é que o levanta e carrega?
Qual é, para ele, a meta, o curso e o freio?

Ele voou até o mais alto — agora
O próprio céu sustenta o vitorioso voador:
Agora ele descansa e paira,
Esquecido da vitória e do vencedor.

Como as estrelas e a eternidade
Vive ele agora em alturas de que a vida foge,
Tendo compaixão até mesmo da inveja —:
E voou alto quem apenas o viu planar!

Ó pássaro albatroz!
Para o alto me empurra um eterno impulso.
Pensei em ti: então me correram
Lágrimas e lágrimas — sim, eu te amo!

JUÍZO DE PÁSSARO

Há pouco, na penumbra das árvores
Sentado, para descansar,
Ouvi um leve tique-taque,
Delicado, como num compasso.
Irritei-me, fiz cara feia,
E afinal cedi,
Até mesmo, como um poeta,
Falei naquela linguagem.

Ao ver as sílabas saltando,
Fazendo-me versos,

Musst' ich plötzlich lachen, lachen
Eine Viertelstunde lang.
Du ein Dichter? Du ein Dichter?
Stehts mit deinem Kopf so schlecht? —
„Ja, mein Herr, Sie sind ein Dichter"
— Also sprach der Vogel Specht.

Tive subitamente que rir e sorrir
Por uns bons quinze minutos.
Você, poeta? Poeta, você?
Está assim tão mal da cabeça?
“Sim, meu senhor, é um poeta”,
— Assim falou o pica-pau.

POSFÁCIO

As primeiras anotações do que viria a ser *Aurora* foram feitas no início de 1880, quando Nietzsche se achava em Riva del Garda, no Norte da Itália. Depois prosseguiram em Veneza, com a ajuda do amigo Heinrich Köselitz ("Peter Gast"), pois o autor mal conseguia ler e escrever, às voltas com a saúde frágil. Foi apenas em Gênova, no inverno de 1880-81, que elas tomaram forma de livro, inicialmente com o título *Die Pflugschar* ("A relha do arado"). Quando Gast lhe chamou a atenção para uma bela frase dos textos sagrados hindus, Nietzsche resolveu usá-la como epígrafe e mudar o título para *Aurora* — com o qual foi publicado, em junho de 1881.

Tomando a tradicional divisão da obra de Nietzsche em três períodos, este livro se inscreve no período intermediário ou "positivista", inaugurado por *Humano, demasiado humano* (1878). No entanto, algo que o diferencia deste e de seus dois complementos, *Opiniões e sentenças várias* (1879) e *O andarilho e sua sombra* (1880), e que representa mais um passo na libertação da influência de Wagner e Schopenhauer, é a ênfase dada por Nietzsche à "paixão do conhecimento". Essa nova paixão é entendida, num plano universal, como o impulso em que a humanidade mesma sacrifica-se em prol do conhecimento (cf. seções 45 e 429), algo que o autor viria a chamar de "vontade de verdade" (*Além do bem e do mal*, §1).

A crítica da moralidade cristã, já prenunciada em *Humano...*, toma corpo em *Aurora*, transforma-se mesmo em campanha, e continuará sendo refinada nas obras seguintes. Para Nietzsche, a concepção cristã do mundo utiliza categorias falsas e prejudiciais à vida humana: "alma", "pecado", "Deus", "vida após a morte" não passam de ilusões que, pretendendo nos consolar, apenas caluniam e depreciam a existência. Tal concepção influiu em noções filosóficas como "sujeito" e "livre-arbítrio", impregnou a ideologia do Ocidente, de modo que os filósofos sempre foram "sacerdotes mascarados". Mas, ainda segundo ele, a paixão do conhecimento, a exigência de verdade a todo custo, tem raízes na própria moral cristã, pois a fé na ciência derivaria, em última instância, da fé em Deus como verdade, da crença metafísica na verdade. É a conclusão a que chega em *A gaia ciência* (§344) e na *Genealogia da moral* (terceira dissertação), e que explicita no prólogo acrescentado a *Aurora* em 1886. Nele afirma que a confiança na razão "é, sendo confiança, um fenômeno *moral*", e que, portanto, a moral é questionada *por moralidade* (como um bicho que se alimentasse das próprias entranhas, somos tentados a dizer).

Mas a discussão da moral cristã-ocidental não é o único tema do livro. *Aurora* não tem gozado da fama de outros títulos do autor, talvez por não incluir muitas formulações ousadas. No entanto, uma época que valorize observações serenas e penetrantes, comunicadas num estilo quase clássico, pode vir a estimá-lo tanto quanto seus livros mais famosos. E tais observações dizem respeito a praticamente todos os âmbitos da experiência humana.

O tradutor Henri Albert, responsável por numerosas versões de Nietzsche para o francês — feitas há quase cem anos e até hoje lidas —, propôs a seguinte classificação geral dos temas tratados em *Aurora*: I. Aforismos 1-40: Da história dos costumes e da moralidade; 41-51: Da história do pensamento e do conhecimento; 52-96: Dos preconceitos (isto é, "pré-conceitos", "pré-juízos") cristãos; II. Aforismos 97-113: Da natureza e história dos sentimentos morais; 114-30: Dos preconceitos filosóficos; 131-48: Dos preconceitos da moral altruísta; III. Aforismos 149-78: Cultura e culturas; 179-207: O Estado, a política, os povos; IV. Aforismos 208-422: Coisas humanas; V. Aforismos 423-575: O universo do pensador. Essa divisão poderia ser mais precisa, sem dúvida, e sabemos, além disso, como os temas se entrelaçam em Nietzsche. Mas ela pode ser útil numa aproximação inicial à obra.

Há que considerar, igualmente, que a sucessão dos aforismos pode não ser aleatória: talvez eles tenham sido justapostos de modo a provocar determinados efeitos e reflexões no leitor. Este também depara, aqui e ali, com trechos aparentemente vagos ou herméticos, em que o autor parece dirigir-se a si próprio, ou dialogar com um imaginário Outro, debatendo, matizando, deixando o registro de impressões e estados de alma. Nietzsche já foi chamado de "o simbolista entre os filósofos", e várias seções de *Aurora* — e de outros livros seus — poderiam fazer parte de um volume que se intitularia, como o de Baudelaire, *Meu coração desnudado*.

Juntamente com *A gaia ciência*, esta é a obra que o próprio autor considerava a mais pessoal e que lhe era mais simpática (ver o apêndice a *Ecce homo*, nesta coleção). Numa carta que enviou à irmã em julho de 1881, recomendou-lhe que o lesse de um ponto de vista pessoal, algo que desaconselhava para outros leitores. E que lesse principalmente o livro V (à maneira dos antigos, ele usava o termo "livro", em vez de "capítulo"), onde há "muita coisa entre as linhas". Em aparente contradição a ele, acrescentemos uma recomendação àquela que faz no final do prólogo: não apenas o leiam devagar, mas também nas entrelinhas, buscando o que é pessoal-universal — pois esses dois adjetivos não se excluem.

Paulo César de Souza

TÍTULOS DOS AFORISMOS

LIVRO I

1. Racionalidade *a posteriori*
2. Preconceito dos eruditos
3. Tudo tem seu tempo
4. Contra a pretensa desarmonia das esferas
5. Sejam agradecidos!
6. O prestidigitador e seu oposto
7. Reaprendendo o sentimento do espaço
8. Transfiguração
9. Conceito da moralidade do costume
10. Relação inversa entre sentido da moralidade e sentido da causalidade
11. Moral popular e medicina popular
12. A consequência como acréscimo
13. Para a reeducação do gênero humano
14. Significação da loucura na história da moralidade
15. Os mais antigos meios de consolo
16. Primeira norma da civilização
17. A boa e a má natureza
18. A moral do sofrimento voluntário
19. Moralidade e estupidez
20. Livres-agentes e livres-pensadores
21. "Cumprimento da lei"
22. Obras e fé
23. No que somos mais sutis
24. A prova de um preceito
25. Costume e beleza
26. Os animais e a moral
27. O valor da crença em paixões sobre-humanas
28. A disposição de espírito como argumento
29. Os comediantes da virtude e do pecado
30. A refinada crueldade como virtude
31. O orgulho pelo espírito
32. O entrave
33. O desprezo das causas, das consequências e da realidade
34. Sentimentos morais e conceitos morais

LIVRO II

LIVRO III

LIVRO IV

281. O Eu quer tudo possuir
282. Perigo na beleza
283. Paz doméstica e paz na alma
284. Apresentar o novo como velho
285. Onde cessa o Eu?
286. Animais domésticos e de estimação
287. Dois amigos
288. Comédia dos nobres
289. Onde não se pode dizer nada contra uma virtude
290. Um desperdício
291. Presunção
292. Uma espécie de incompreensão
293. Agradecido
294. Santos
295. Refinamento no servir
296. O duelo
297. Estrago
298. O culto do herói e seus fanáticos
299. Aparência de heroísmo
300. Complacente com o adulador
301. "De caráter"
302. Uma vez, duas vezes, três vezes verdade!
303. Passatempo do conhecedor dos homens
304. Os aniquiladores do mundo
305. Avareza
306. Ideal grego
307. *Facta!* Sim, *facta ficta*!
308. É nobre não entender do comércio
309. Temor e amor
310. Os bonachões
311. O que é chamado de alma
312. Os esquecidiços
313. O amigo não mais desejado
314. Na companhia dos pensadores
315. Despojar-se
316. Seitas frágeis
317. O julgamento vespertino
318. Cautela com os sistematizadores!
319. Hospitalidade
320. Sobre o tempo
321. Perigo na inocência
322. Viver sem médico, se possível
323. Escurecimento do céu

LIVRO V

ÍNDICE REMISSIVO

Os números se referem a seções, não a páginas.

Friedrich Wilhelm Nietzsche nasceu no vilarejo de Roecken, perto de Leipzig, na Alemanha, em 15 de outubro de 1844. Perdeu o pai, um pastor luterano, aos cinco anos de idade. Estudou letras clássicas na célebre Escola de Pforta e na Universidade de Leipzig. Com 24 anos foi convidado a lecionar filologia clássica na Universidade da Basileia (Suíça). Em 1870 participou da Guerra Franco-Prussiana como enfermeiro. No período em que viveu na Basileia foi amigo de Richard Wagner e escreveu *O nascimento da tragédia* (1872), *Considerações extemporâneas* (1873-6) e parte de *Humano, demasiado humano*. Em 1879 aposentou-se da universidade, devido à saúde frágil. A partir de então levou uma vida errante, em pequenas localidades da Suíça, Itália e França. Dessa época são *Aurora*, *A gaia ciência*, *Assim falou Zaratustra*, *Além do bem e do mal*, *Genealogia da moral*, *O caso Wagner*, *Crepúsculo dos ídolos*, *O Anticristo* e *Ecce homo*, sua autobiografia. Nietzsche perdeu a razão no início de 1889 e viveu em estado de demência por mais onze anos, sob os cuidados da mãe e da irmã. Nessa última década suas obras começaram a ser lidas e ele se tornou famoso. Morreu em Weimar, em 25 de agosto de 1900, de uma infecção pulmonar. Além das obras que publicou, deixou milhares de páginas de esboços e anotações, conhecidos como "fragmentos póstumos".

Paulo César de Souza fez licenciatura e mestrado em história na Universidade Federal da Bahia e doutorado em literatura alemã na Universidade de São Paulo. Além de muitas obras de Nietzsche e de Freud, traduziu *O diabo no corpo*, de Raymond Radiguet, *Poemas (1913-1956)* e *Histórias do sr. Keuner*, de Bertolt Brecht. É autor de *A Sabinada: A revolta separatista da Bahia* e *As palavras de Freud: O vocabulário freudiano e suas versões*, entre outros livros. Coordena as coleções de obras de Nietzsche e Freud publicadas pela Companhia das Letras.

COMPANHIA DE BOLSO

Jorge AMADO
Capitães da Areia
Mar morto
Carlos Drummond de ANDRADE
Sentimento do mundo
Hannah ARENDT
Homens em tempos sombrios
Origens do totalitarismo
Philippe ARIÈS, Roger CHARTIER (Orgs.)
História da vida privada 3 — Da Renascença ao Século das Luzes
Karen ARMSTRONG
Em nome de Deus
Uma história de Deus
Jerusalém
Paul AUSTER
O caderno vermelho
Ishmael BEAH
Muito longe de casa
Jurek BECKER
Jakob, o mentiroso
Marshall BERMAN
Tudo que é sólido desmancha no ar
Jean-Claude BERNARDET
Cinema brasileiro: propostas para uma história
Harold BLOOM
Abaixo as verdades sagradas
David Eliot BRODY, Arnold R. BRODY
As sete maiores descobertas científicas da história
Bill BUFORD
Entre os vândalos
Jacob BURCKHARDT
A cultura do Renascimento na Itália
Peter BURKE
Cultura popular na Idade Moderna
Italo CALVINO
Os amores difíceis
O barão nas árvores
O cavaleiro inexistente
Fábulas italianas
Um general na biblioteca
Os nossos antepassados
Por que ler os clássicos
O visconde partido ao meio
Elias CANETTI
A consciência das palavras
O jogo dos olhos
A língua absolvida
Uma luz em meu ouvido
Bernardo CARVALHO
Nove noites
Jorge G. CASTAÑEDA
Che Guevara: a vida em vermelho
Ruy CASTRO
Chega de saudade
Mau humor
Louis-Ferdinand CÉLINE
Viagem ao fim da noite
Sidney CHALHOUB
Visões da liberdade
Jung CHANG
Cisnes selvagens
John CHEEVER
A crônica dos Wapshot
Catherine CLÉMENT
A viagem de Théo
J. M. COETZEE
Infância
Juventude
Joseph CONRAD
Coração das trevas
Nostromo
Mia COUTO
Terra sonâmbula
Alfred W. CROSBY
Imperialismo ecológico
Robert DARNTON
O beijo de Lamourette
Charles DARWIN
A expressão das emoções no homem e nos animais
Jean DELUMEAU
História do medo no Ocidente
Georges DUBY
Damas do século XII
História da vida privada 2 — Da Europa feudal à Renascença (Org.)
Idade Média, idade dos homens
Mário FAUSTINO
O homem e sua hora
Meyer FRIEDMAN,
Gerald W. FRIEDLAND
As dez maiores descobertas da medicina
Jostein GAARDER
O dia do Curinga
Maya
Vita brevis
Jostein GAARDER, Victor HELLERN,
Henry NOTAKER
O livro das religiões

Fernando GABEIRA
O que é isso, companheiro?
Luiz Alfredo GARCIA-ROZA
O silêncio da chuva
Eduardo GIANNETTI
Auto-engano
Vícios privados, benefícios públicos?
Edward GIBBON
Declínio e queda do Império Romano
Carlo GINZBURG
Os andarilhos do bem
História noturna
O queijo e os vermes
Marcelo GLEISER
A dança do Universo
O fim da Terra e do Céu
Tomás Antônio GONZAGA
Cartas chilenas
Philip GOUREVITCH
Gostaríamos de informá-lo de que amanhã seremos mortos com nossas famílias
Milton HATOUM
A cidade ilhada
Cinzas do Norte
Dois irmãos
Relato de um certo Oriente
Um solitário à espreita
Patricia HIGHSMITH
Ripley debaixo d'água
O talentoso Ripley
Eric HOBSBAWM
O novo século
Sobre história
Albert HOURANI
Uma história dos povos árabes
Henry JAMES
Os espólios de Poynton
Retrato de uma senhora
P. D. JAMES
Uma certa justiça
Ismail KADARÉ
Abril despedaçado
Franz KAFKA
O castelo
O processo
John KEEGAN
Uma história da guerra
Amyr KLINK
Cem dias entre céu e mar
Jon KRAKAUER
No ar rarefeito
Milan KUNDERA
A arte do romance
A brincadeira
A identidade
A ignorância
A insustentável leveza do ser
A lentidão
O livro do riso e do esquecimento
Risíveis amores
A valsa dos adeuses
A vida está em outro lugar
Danuza LEÃO
Na sala com Danuza
Primo LEVI
A trégua
Alan LIGHTMAN
Sonhos de Einstein
Gilles LIPOVETSKY
O império do efêmero
Claudio MAGRIS
Danúbio
Naguib MAHFOUZ
Noites das mil e uma noites
Norman MAILER (JORNALISMO LITERÁRIO)
A luta
Janet MALCOLM (JORNALISMO LITERÁRIO)
O jornalista e o assassino
A mulher calada
Javier MARÍAS
Coração tão branco
Ian McEWAN
O jardim de cimento
Sábado
Heitor MEGALE (Org.)
A demanda do Santo Graal
Evaldo Cabral de MELLO
O negócio do Brasil
O nome e o sangue
Luiz Alberto MENDES
Memórias de um sobrevivente
Gita MEHTA
O monge endinheirado, a mulher do bandido e outras histórias de um rio indiano
Jack MILES
Deus: uma biografia
Vinicius de MORAES
Antologia poética
Livro de sonetos
Nova antologia poética
Orfeu da Conceição
Fernando MORAIS
Olga

Helena MORLEY
Minha vida de menina
Toni MORRISON
Jazz
V. S. NAIPAUL
Uma casa para o sr. Biswas
Friedrich NIETZSCHE
Além do bem e do mal
O Anticristo
Aurora
O caso Wagner
Ecce homo
A gaia ciência
Genealogia da moral
Humano, demasiado humano
O nascimento da tragédia
Adauto NOVAES (Org.)
Ética
Os sentidos da paixão
Michael ONDAATJE
O paciente inglês
Malika OUFKIR, Michèle FITOUSSI
Eu, Malika Oufkir, prisioneira do rei
Amós OZ
A caixa-preta
O mesmo mar
José Paulo PAES (Org.)
Poesia erótica em tradução
Orhan PAMUK
Meu nome é Vermelho
Georges PEREC
A vida: modo de usar
Michelle PERROT (Org.)
História da vida privada 4 — Da Revolução Francesa à Primeira Guerra
Fernando PESSOA
Livro do desassossego
Poesia completa de Alberto Caeiro
Poesia completa de Álvaro de Campos
Poesia completa de Ricardo Reis
Ricardo PIGLIA
Respiração artificial
Décio PIGNATARI (Org.)
Retrato do amor quando jovem
Edgar Allan POE
Histórias extraordinárias
Antoine PROST, Gérard VINCENT (Orgs.)
História da vida privada 5 — Da Primeira Guerra a nossos dias
David REMNICK (JORNALISMO LITERÁRIO)
O rei do mundo
Darcy RIBEIRO
Confissões
O povo brasileiro
Edward RICE
Sir Richard Francis Burton
João do RIO
A alma encantadora das ruas
Philip ROTH
Adeus, Columbus
O avesso da vida
Casei com um comunista
O complexo de Portnoy
Complô contra a América
A marca humana
Pastoral americana
Elizabeth ROUDINESCO
Jacques Lacan
Arundhati ROY
O deus das pequenas coisas
Murilo RUBIÃO
Murilo Rubião — Obra completa
Salman RUSHDIE
Haroun e o Mar de histórias
Oriente, Ocidente
O último suspiro do mouro
*Os versos satânicos*Oliver SACKS
Um antropólogo em Marte
Enxaqueca
Tio Tungstênio
Vendo vozes
Carl SAGAN
Bilhões e bilhões
Contato
O mundo assombrado pelos demônios
Edward W. SAID
Cultura e imperialismo
Orientalismo
José SARAMAGO
O Evangelho segundo Jesus Cristo
História do cerco de Lisboa
O homem duplicado
A jangada de pedra
Arthur SCHNITZLER
Breve romance de sonho
Moacyr SCLIAR
O centauro no jardim
A majestade do Xingu
A mulher que escreveu a Bíblia
Amartya SEN
Desenvolvimento como liberdade
Dava SOBEL
Longitude
Susan SONTAG
Doença como metáfora / AIDS e suas metáforas
A vontade radical

Jean STAROBINSKI
Jean-Jacques Rousseau
I. F. STONE
O julgamento de Sócrates
Keith THOMAS
O homem e o mundo natural
Drauzio VARELLA
Estação Carandiru
John UPDIKE
As bruxas de Eastwick
Caetano VELOSO
Verdade tropical
Erico VERISSIMO
Caminhos cruzados
Clarissa
Incidente em Antares
Paul VEYNE (Org.)
História da vida privada 1 — Do Império Romano ao ano mil
XINRAN
As boas mulheres da China
Ian WATT
A ascensão do romance
Raymond WILLIAMS
O campo e a cidade
Edmund WILSON
Os manuscritos do mar Morto
Rumo à estação Finlândia
Edward O. WILSON
Diversidade da vida
Simon WINCHESTER
O professor e o louco

1ª edição Companhia das Letras [2004] 2 reimpressões
1ª edição Companhia de Bolso [2016] 1 reimpressão

Esta obra foi composta pela Verba Editorial
em Janson Text e impressa pela Gráfica Bartira em
ofsete sobre papel Pólen Soft da Suzano S.A.